学习其实超有趣

拿来就用的思维图示学习法

赵巍 著

机械工业出版社
CHINA MACHINE PRESS

用孩子喜欢的方式引导孩子学习，才能更有效地激发孩子的学习兴趣，启发孩子的学习思维，让孩子在天性中获得更强的学习能力。思维图示法就是这样一种既让孩子喜欢，又能充分激发孩子思维能力的方式。本书将八大思维图示和思维导图有效结合，根据幼小衔接阶段孩子的特点，用“T+M 思维训练法”帮助孩子从单一思维过渡到多元思维，从点对点学习过渡到点对面、面对体的学习，在思维上实现跨越式成长，顺利从幼儿园的学习过渡到小学的学习。用高效的工具将学习变得越来越有趣，让孩子的大脑越来越聪明，思维越来越敏捷。

图书在版编目（CIP）数据

学习其实超有趣：拿来就用的思维图示学习法 / 赵巍著. — 北京：机械工业出版社，2024.1

ISBN 978-7-111-74954-7

Ⅰ. ①学…　Ⅱ. ①赵…　Ⅲ. ①学习方法－儿童读物　Ⅳ. ①G791-49

中国国家版本馆CIP数据核字（2024）第024353号

机械工业出版社（北京市百万庄大街22号　邮政编码100037）

策划编辑：刘文蕾　　责任编辑：刘文蕾　陈　伟

责任校对：王小童　宋　安　责任印制：任维东

北京瑞禾彩色印刷有限公司印刷

2024年5月第1版第1次印刷

169mm × 239mm · 20.5印张 · 1插页 · 206千字

标准书号：ISBN 978-7-111-74954-7

定价：99.00元（含手册）

电话服务　　网络服务

客服电话：010-88361066　　机　工　官　网：www.cmpbook.com

010-88379833　　机　工　官　博：weibo.com/cmp1952

010-68326294　　金　书　网：www.golden-book.com

封底无防伪标均为盗版　　机工教育服务网：www.cmpedu.com

自 序

用孩子喜欢的方式去学习

用这本书来感谢我的宝贝儿子，因为他，才有了这本书的存在。

每位家长都会为教育孩子而焦虑、担忧，也都曾因为不知道如何让孩子更高效地学习而倍感烦恼过。初为人母，即使从事教育工作，我也和所有父母一样有过这样的经历。从成为妈妈开始，我一直为此寻找答案，希望用一种孩子喜欢的方式去引导他学习。

这本书，就是答案的一部分，希望能够帮助每个家庭在快乐中培养孩子，让孩子在自己的天性中、用喜欢的方式去学习。

绘画是孩子的一种率真的信息传递方式，尤其是低龄阶段的孩子，会特别喜欢用画笔去表达，不论是毫无章法地乱涂鸦，还是有目标地绘制。我的儿子从小就特别喜欢画画，从上幼儿园到初中，他的绘画语言无处不在。

《我眼中的妈妈》（刘艺思4岁画）

《梦系列》（刘艺思6岁画）

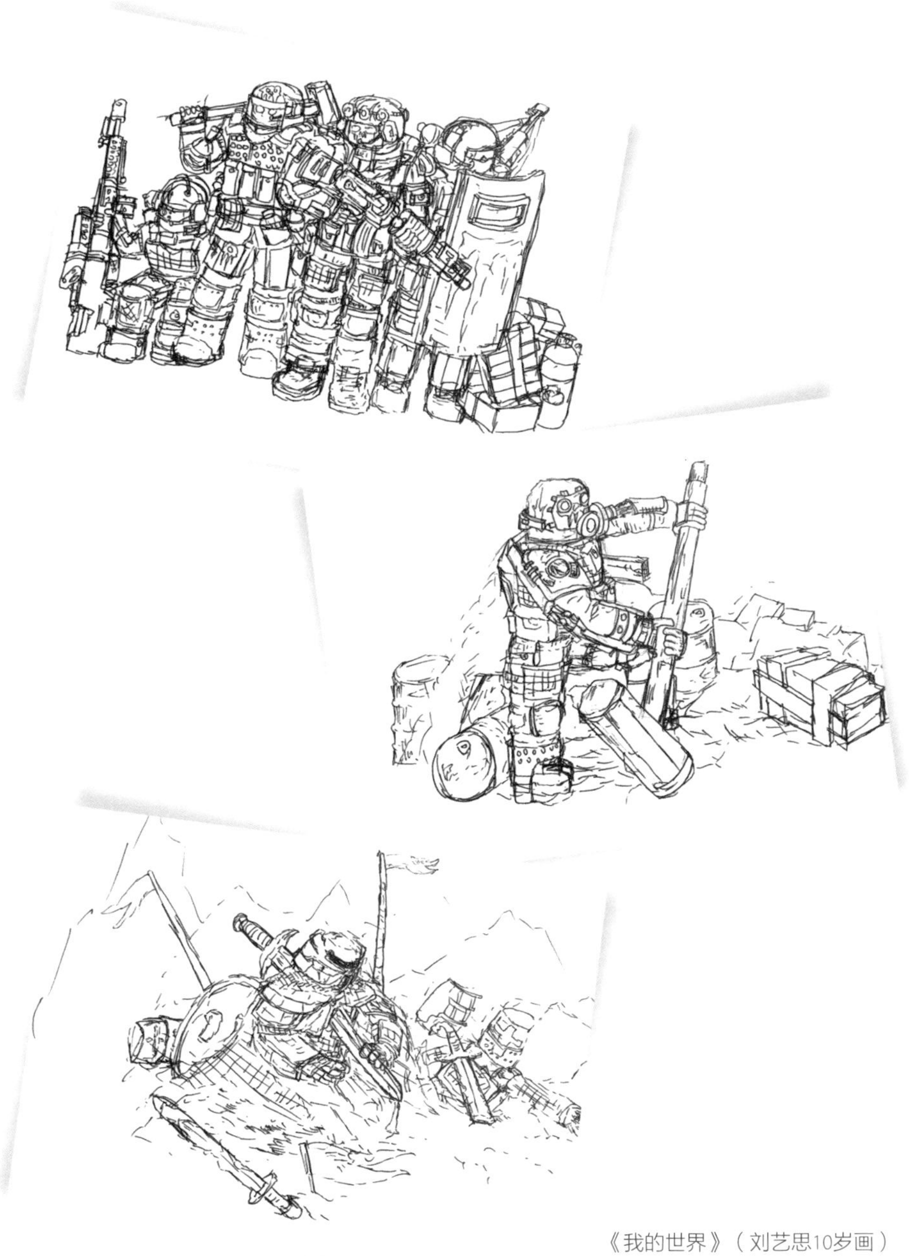

《我的世界》（刘艺思10岁画）

《随笔》（刘艺思13岁画）

很多家长会觉得画画和学习没有任何关系，甚至会影响学习，这种认知是大错特错的。在没有发明文字之前，人们就是用图像来传递信息的，从一个人到另一个人，从一个部落到另一个部落，从一代人到下一代人，人们用图像记录着生活。图像是人类最原始的信息工具，是人类最初的语言。我们的祖先已经具备了看图、识图、画图的能力，这是我们的本能和天性。

我一直想用一种孩子喜欢的、本能的、直观有效的方法来激发他的学习兴趣，启发他的学习思维。在他 4 岁时，我接触到了八大思维图示（Thinking Maps）——通过不同形态的好玩的图示，把信息进行一定的关系整理——绘制简单、应用广泛、没有局限性，能够培养孩子的多种思维能力。

孩子不会写字，就可以用图中图的方式，借助不同的图示框架进行思维梳理，帮助孩子在看事情、想事情、做事情时搭建思维框架。这种图示法特别适合幼小衔接阶段的孩子，可以帮助他们把抽象的思维用具象的方式展示出来。

等孩子大一点时，我又接触了思维导图（Mind Map），这一工具能够集合多种思维于一体，对孩子进行更多元化的培养。我的孩子一直坚持使用思维图示工具，如今上初中的他，已经形成了强大的思维能力，已经真正地让工具为他所用、为他服务。本书中的大部分案例都是我和孩子在实际学习中应用的方法，在此分享给大家。

本书共分为五个章节，分别从大脑、思维、工具三个维度进行介绍。

其中，在工具维度中，分别从对工具的介绍、工具对思维的训练、工具在各学科中的应用三个方面进行阐述。

首先，作为幼小衔接阶段孩子的家长或老师，一定要先了解孩子大脑的状态，认识大脑结构和发育的关键点，才能知己知彼，在关键期给予孩子最好的培养。

其次，万变不离“思维”，要知道思维的重要性，掌握孩子思维的发展规律及关键要素，有目标、有重点地进行培养。

最后，在符合孩子大脑发育规律的基础上，通过工具帮助孩子养成思维习惯，提高学习成绩，让孩子真正学会学习，从收获暂时的高分，变为收获永久的学习能力。

本书最大的亮点是提出了“T+M 思维训练法”，没有将八大思维图示（Thinking Maps）和思维导图（Mind Map）割裂开进行教条式的讲解和介绍，而是给孩子一幅学习线路图。

本书分析了 Thinking Maps 和 Mind Map 两大思维图示法的相同点和不同点，并在思维训练中有效嫁接，符合幼小衔接这一特殊阶段的特点，帮助孩子完成从幼儿园到小学的过渡，从单一思维到多元思维的融合，从零散的知识点学习到系统化学习。“T+M 思维训练法”为孩子提供了思维成长的空间，让孩子的思维有提升式、融合式、互惠式、包容式的跨越。

建议各位家长按照从前到后的顺序阅读本书，不要着急直接进入工具的学习。只有先了解大脑和思维的理论基础，才能根据大脑结构和思维发展的关键期对孩子进行有针对性的培养，做到有的放矢。

本书中的案例本着幼儿园和小学衔接的原则递进式呈现。在此特别强调，因为每个孩子的基础能力不同，每个地区要求的必知必会的知识点不同，所以案例不作为具体标准，只是作为方法应用的示例供大家参考，要根据孩子的能力灵活调整练习内容。

思维图示法目前在全球不仅受到教育界各个学段的重视，而且在各行业都非常受欢迎。对思维图示法进行学习获得的是终身能力，在此希望家长们通过本书教会孩子一个学习工具，帮助孩子撬动知识的地球，给孩子无限的可能，让孩子真正做到会学习、善学习。如果孩子真正掌握了这一学习工具，不仅孩子可以减负，家长也可以减负。

希望每个孩子都能快乐学习，幸福成长。

赵 巍

目 录

第四章
让方法越来越强大

第五章
让学习越来越有趣

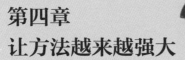

导　言

大脑是身体中最重要的器官之一，影响着我们的思维、行为、感觉和记忆等很多方面。虽然每个人的大脑有着相似的结构和功能，但是受遗传、环境和后天训练等多种因素的影响，每个人的大脑又存在着差异，而这种差异关系着我们的思维力、智力、学习力等各种能力的发展。未来是脑力竞争的时代，要想培养好我们的孩子，第一步就是要认识大脑。了解大脑、优质育脑、科学用脑，可以让孩子在信息高速演化中有的放矢、得心应手。

第一章 让大脑越来越聪明

- 重新认识大脑：重视大脑培养
- 优化大脑发育：抓住黄金时期
- 爱护大脑机能：判断正误方法
- 推翻传统认知：为未来而教育
- 科学管理时间：提升用脑效率
- 高效学习方法：激活最强大脑

重新认识大脑：重视大脑培养

大家都有过这样的经历，当我们的大脑很舒适、很健康时，工作和学习就会很顺畅，效率也会很高，但是当大脑不舒服时，工作和学习的效率就会极低。所以，大脑的状态影响着工作和学习的状态。本书并不是从神经学、脑科学的角度来分析大脑，而是从教育、生理的角度，帮助大家初步认识大脑，科学挖掘孩子的大脑潜能，帮助孩子调整大脑状态，使其时刻处于最佳状态。通过提升大脑各方面的主要功能，最终提升思维力和学习力。

1. 神奇的大脑

大脑是最为复杂又奇妙的器官，是思维的器官。大脑内含有大约上百亿个神经元，每个神经元又和其他同类神经元发生关联，从而产生更多的神经连接。

我们的每个行为和属于我们的所有特质都囊括在我们的大脑活动中，它负责控制和协调我们的各种生理和心理活动。大脑具有巨大的潜能，每个人都可以打造天才大脑。因此，如果想让孩子学习好，首先要激发大脑潜能，实现科学用脑；然后通过思维力训练进行思维开发；最后对学习力进行培养。脑力、思维力、学习力的全面开发和培养，可以帮助孩子善学善思，轻松愉悦地学习。

2. 大脑区域

大脑外部结构及作用

额叶区：聚焦、前瞻性思考、管理运动。

颞叶区：记忆、学习、稳定情绪、视觉和听觉处理。

顶叶区：处理身体感觉、味觉、触觉等。

枕叶区：处理视觉影像。

小脑：运动技能、思考协调、处理复杂问题。

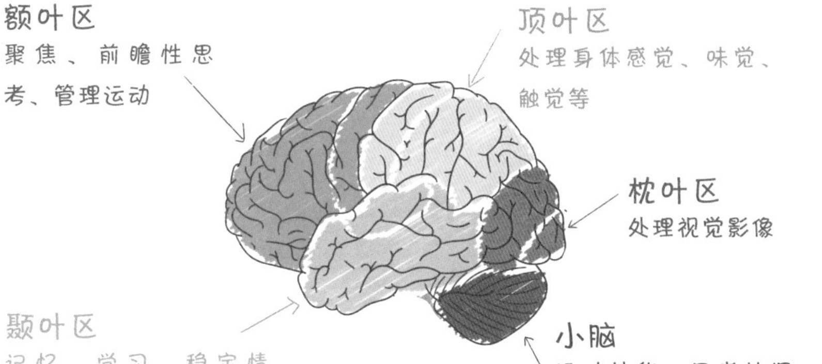

大脑内部结构及作用

前扣带回：转移注意、侦测错误。

基底核：愉悦、动机、调节动作。

丘脑：大脑边缘系统的一部分，控制感觉信号，处理情绪。

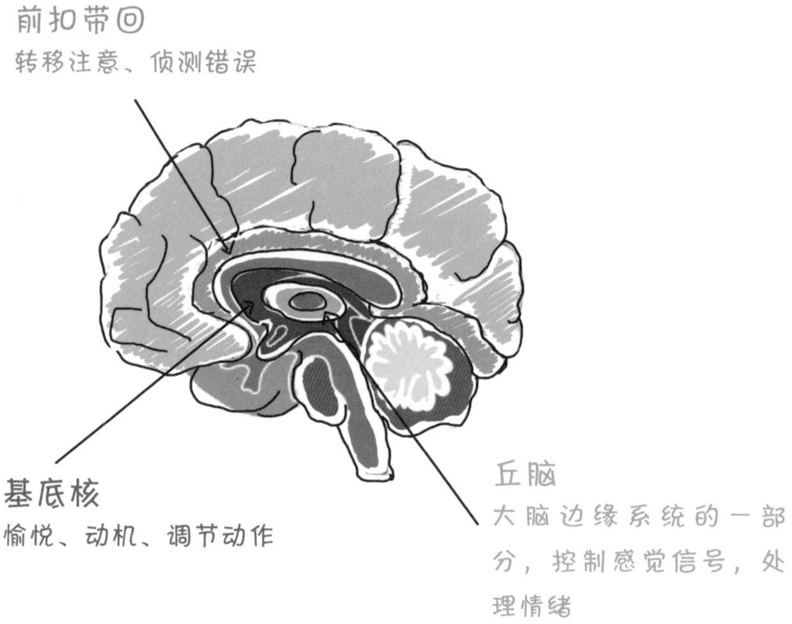

3. 大脑功能

大脑的主要功能包括感知、思考、记忆、情感、行为和意识。

感知：大脑通过感觉器官接收外界的刺激，如视觉、听觉、触觉、味觉和嗅觉等。

思考：大脑能够对感知到的信息进行处理、分析和综合，从而产生出复杂的思维和认知活动。

记忆：大脑对过去的经验和知识进行存储和提取，以便在未来的行为和决策中使用。

情感：大脑对外界刺激的心理反应，如愉悦、恐惧、愤怒、悲伤等。

行为：大脑在外界刺激下引起的反应，如运动、语言、表情和姿态等。

意识：大脑对自身和外界的感知和认知，以及对自身行为和决策的意识和理解。

优化大脑发育：抓住黄金时期

时间	出生前 从受精卵开始	婴儿期 出生后前几个月	幼儿期 2~6岁	儿童期 6~12岁	青少年期 12~18岁	成年期 18岁至中年	老年期 中年至晚年
名称	神经发生期	快速发育期	大脑关键期	大脑重要期	大脑重塑期	大脑巩固期	大脑退化期
神经元数量	250000个/分钟	700000个/分钟	100000个/分钟	50000个/分钟	10000个/分钟	1000个/分钟	每年减少1%

从上面的大脑发育图表中不难看出，人类大脑发育主要在 0~12 岁这个阶段。很多数据表明，0~3 岁大脑的神经连接和突触发育成形 70%~75%，6~7 岁达到 80%，12 岁左右发育基本完成。因此，家长一定要抓住 0~12 岁儿童大脑发育的黄金期，这一时期对大脑的培养在孩子的一生中有不可逆的重要性。

0~3 岁大脑发育期

人的一生当中脑细胞最多、最活跃的时期是婴儿期。0~3 岁这一时期大脑的神经元数量和连接不断增加，父母要为孩子提供多元刺激，比如抚触。抚触是通过对婴儿皮肤进行科学温和的刺激，以达到促进其健康发育的目的。抚触对婴儿大脑发育有很重要的作用。

首先，抚触有助于促进神经元的生长和连接。抚触可以刺激婴儿的神经系统，促进神经元的生长，帮助婴儿建立更多的神经元连接，从而促进大脑的发育。

其次，抚触有助于促进大脑皮层的发育。抚触可以促进大脑皮层，特别是婴儿的触觉和运动皮层，这些皮层对婴儿的感知和运动发展非常重要。

最后，抚触有助于促进大脑中神经递质的释放。如多巴胺、血清素等，这些神经递质对婴儿的情感和行为发展非常重要。

抚触最常见的方法就是按摩，在这一时期，父母要多给孩子拥抱或者按摩，这对孩子的大脑及智力发育有促进作用。

3~6 岁大脑关键期

在这一阶段，孩子的知觉、语言、计算能力等各方面活动会基本完成，喜悦、伤心、愤怒等情绪活动也会逐步完成。在这一阶段要特别重视对“五感”——听觉、视觉、味觉、触觉、嗅觉五个方面的充分刺激，同时鼓励孩子尝试探索和学习新事物。可以在玩中学，但是不要“用力过度”让孩子产生压力，否则会适得其反。

6~12 岁大脑重要期

在这一阶段，大脑发育对孩子的学习、行为和情感发展有着重要影响。基于 3~6 岁孩子玩中学的基础，6~12 岁要在学中玩，逐渐培养良好的学习习惯、情绪价值和思考能力。父母要提供丰富的学习和生活环境，给孩子更多独立思考的空间，教他们学习如何与他人建立友谊、如何与人相处，逐步建立自我认知和自我价值感。

爱护大脑机能：判断正误方法

1. 对大脑有伤害的做法

头部创伤：由跌倒、运动事故或其他意外事件所导致的脑部受损。

环境毒素：酒精、毒品、有毒化学物质铅、汞等毒素，会破坏神经元，干扰神经传递，导致认知和行为出现问题。

负面思考：负面思考会促进焦虑情绪的产生，更严重的还会造成抑郁。焦虑或者抑郁对大脑的伤害是非常大的，所产生的皮质醇和肾上腺素都会影响记忆力和决策力。

慢性压力：长期的慢性压力会使大脑的激素水平发生变化，导致神经元死亡，出现认知障碍。

饮食不良：长期摄入垃圾食品，或缺乏某些营养素，如 B12、叶酸、铁等微量元素，也会对大脑造成损伤。

睡眠不足：睡眠不足会影响大脑的正常功能，包括记忆力、注意力和情绪调节等。

缺乏运动：缺乏运动会导致大脑中的海马体萎缩而影响记忆力，大脑中的前额叶皮层变薄会影响记忆力，而且缺乏运动会导致大脑中的多巴胺水平下降，从而影响情绪稳定。

固化思维：很多成年人在成长中积攒了很多“经验”，所以无论什么样的信息传递到大脑，都根据“经验”来面对，不去思考，这就大大束缚了大脑的创新能力和活跃性。特别要注意“呆滞学习型”的孩子，他们的学习成绩虽然很好，但是只知道书本学习，只围绕成绩思考，所以容易造成思维呆滞。

2. 对大脑有益处的做法

体能运动：运动时会产生大脑神经生长因子，这是神经元的营养剂，在不同的年龄阶段进行不同的运动可以更好地激发大脑的各项功能。

年龄	5~12岁	13~18岁	19~50岁	50岁以上
运动项目	跳绳、游泳、跑步	打篮球、跑步、游泳	瑜伽、有氧运动、力量运动	散步、健身操、跳舞

学习新事物：学习新事物可以延缓认知衰退，提高神经元的活动水平，改善神经元之间的连接，使大脑保持活跃状态。

建立情感关系：在婴儿期和幼儿期，孩子与父母及照顾者的情感关系建立非常重要，情感联系和互动可以通过亲密的身体接触、面部表情、声音和语言等方式来建立，这些互动可以促进大脑的发育，尤其是促进情感和社会能力的发展。

树立目标：树立目标可以提高做事的动机和意愿，增强注意力和记忆力。孩子有一个明确的目标，有利于大脑中前额皮层的发育。

营养充足：儿童需要摄入足够的蛋白质、脂肪，以支持身体和大脑的发育。同时要保证维生素和矿物质，如维生素 B、铁、锌和镁的摄入，这些营养素可以促进神经元的形成和连接。父母应该确保孩子的饮食均衡，鱼、坚果、全麦食品、水果和蔬菜等食物可以支持大脑功能和身体发育，还要保持水分摄入并避免过度依赖加工食品和高糖食物。

大脑训练：大脑训练不同于体育运动，是针对大脑的发育规律和自身特点进行的“脑部锻炼”。大脑中存在着很多没有被开发的区域，很多脑细胞可以通过训练刺激让大脑变得更加灵活。

充足睡眠：不同年龄段需要的睡眠时间是不同的，我们可以参考下表调整自己的睡眠时间。睡眠过多或不足都是不正确的。

年龄	0~3个月	4~12个月	幼儿（1~2岁）	学龄前儿童（3~5岁）	小学生（6~13岁）	青少年（14~17岁）	成年人（18~64岁）	老年人（65岁及以上）
睡眠时间	14~17小时/天	12~15小时/天	11~14小时/天	10~13小时/天	9~11小时/天	8~10小时/天	7~9小时/天	7~8小时/天

推翻传统认知：为未来而教育

错误认知1：大脑神经的可塑性是一成不变的

传统观点认为神经的可塑性发生在儿童时期，而成年人的大脑则相对固定。但是最新研究表明，成年人的大脑同样具有可塑性，可以通过学习和训练加以改变。

比如，很多父母只关注低幼孩子的大脑发育，而当孩子进入高中，成绩不理想时，便认为是大脑固化的原因，这是错误的认知。长期的训练和有效的方法是可以改变大脑机能的，从而增强特定的认知能力，所以，父母要具有终身学习的意识，用成长型思维对孩子的大脑进行锻炼。

错误认知 2：早教一定会让孩子赢在起跑线上

大脑的开发并不是越早越好，大脑的发育是有其自身规律的，违背发育规律，过早、过度、过量的早教会损伤儿童大脑，适得其反。只有大脑具备了接受学习的神经回路后，适时、适量地学习才会有效吸收所学的内容。

比如，很多父母认为对语言的学习越早越好，从孩子出生开始就进行多种语言早教。但根据科学依据，包含语言中枢的大脑颞叶部位在孩子 6~12 岁时发育最快，这个阶段进行语言教育才是效果最佳的。

错误认知 3：单一的右脑开发

传统观点认为，大脑的决策和行为是由一个单一的“执行中心”控制的，但是最新的研究表明，大脑的决策和行为是由多个区域和网络共同协作完成的。左右脑是合作无间的，所以并不存在单一的右脑开发。

例如，一个正在学习骑自行车的 6 岁男孩，当他第一次尝试骑车时，他的大脑需要同时控制多个区域来完成这项任务。比如，他需要使用视觉皮层来观察自行车和周围的环境，使用运动皮层来控制肌肉运动，使用前额叶皮层来做出决策和规划行动，使用小脑来协调肌肉运动，使用丘脑来控制情绪和注意力。

在第一次尝试中，他可能会感到不安和紧张，进而影响他的情绪和注意力。这可能会导致他的大脑在执行任务时出现一些问题，比如他可能会忘记如何保持平衡，或者在转弯时动作不协调。这表明大脑不是一个单一的“执行中心”，而是一个由多个区域组成的复杂系统，这些区域需要协调合作才能完成任务。

错误认知 4：大脑的结构和功能之间是相互独立的

传统观点认为，大脑的结构和功能是相互独立的，但是最新的研究表明，大脑的结构和功能之间存在着更加复杂的关系，结构的变化会影响功能的表现，而功能的变化也会影响结构的改变。

假设一个 5 岁的男孩正在学习画画。在他的大脑中，视觉皮层和运动皮层之间的神经连接会不断加强，使得他能够更好地控制手部运动，从而更好地画画。同时，他的大脑中的前额叶皮层也在不断发育，这使得他能够更好地规划和执行复杂的任务，如画一幅复杂的画。

此外，这个男孩的大脑中的海马体和杏仁核也在发育。这些区域与情绪和记忆力有关，因此，当他画画时，他的情绪和记忆力也会受到影响。比如，如果他感到紧张或兴奋，他的杏仁核可能会释放出更多的神经递质，这可能会影响他的创造力和表现。

大脑的不同区域之间的神经连接和发育会影响孩子的行为和思维，而孩子的行为和思维反过来也会影响大脑的发育和神经连接。

错误认知 5：大脑的信息处理方式是线性的

传统观点认为，大脑的信息处理方式是线性的，即输入的信息经过一系列的处理后，最终产生输出。但是最新的研究表明，大脑的信息处理方式可能是非线性的，即输入的信息可以同时在多个区域和网络中进行处理和整合。

例如，孩子正在学习搭乐高积木。一开始，他可能会试图按照说明书上的步骤一步一步地组装积木，但很快他会发现这种方法并不总是有效的。有时候，他可能会遇到一些问题，比如某些积木无法正确地组装在一起，或者发现缺少某些积木。在这种情况下，孩子的大脑会开始寻找其他解决问题的方法。他可能会试图重新排列积木，或者尝试使用不同的积木来代替缺失的部分。此时大脑不是按照线性步骤来处理信息的，而是通过试错、尝试不同的方法和思考多种可能性来解决问题的，这些思考过程是非线性的。

此外，孩子的大脑还会提取之前的经验，并将这些经验应用于新的问题中。比如，如果孩子之前组装过类似的积木，他可能会使用之前的经验来解决新的问题。这种学习过程也是非线性的，因为它涉及将之前的经验与新的问题相结合，以找到最佳的解决方案。

科学管理时间：提升用脑效率

1. 在对的时间做对的事情

记忆时间段：早晨起床和午睡后一小时内，是大脑记忆效率最高的时间段，在这些时间段安排背诵课文等需要记忆的学习内容，可以达到事半功倍的效果。

学习时间段：上午是大脑专注力比较高的时段，可以在上午进行新知识的学习或者需要注意力高度集中的活动，比如进行头脑风暴等有高难度挑战的任务，可以更高效地解决问题。

巩固时间段：睡前一小时可以进行短期或者长期复盘，会有一定的巩固作用，并且带着思考入睡，一些没有解决的问题或重点内容会在潜意识里继续思考，使答案更容易浮出水面。

运动时间段：在进行高强度的集中学习后，建议进行运动，缓解大脑的疲劳。同时，运动可以释放多巴胺，把大脑再次调节到最好的状态，有助于再次进入高效率的学习状态。

2. 抓住首因效应、近因效应

首因效应：指最开始接触到的内容更容易记忆和关注。

近因效应：指最后接触到的内容更容易记忆和关注。

有科学数据表明，大脑记忆力和专注力最好的时间点就是一个时间段的开始和结尾。所以要想提高用脑效率，就要增加首因和近因的频率。就像上课下课一样，每一个上课下课循环都有一个新的首因和近因，这样会大大提高课堂的学习效率，远比一直学习没有休息的状态要好。所以父母应该根据不同年龄段孩子注意力时长的不同，按照节奏进行首因和近因的循环。

年龄	0~2岁	3~5岁	6~12岁	13~18岁	19岁以上
专注力时长	几秒钟	几分钟	10~20分钟	20~45分钟	45~60分钟

高效学习方法：激活最强大脑

1. 连接各个功能区

大脑有 8 大功能区，各个功能区之间并不是割裂的，而是相互联系的。要想让大脑越用越灵活，我们就要加强大脑区域的连接，让每个功能区相互配合。比如，一边读书一边做笔记，连接了视觉功能区和思考功能区；一边听音乐一边跳舞，连接了听觉功能区和运动功能区，这种功能区域连接会激发脑神经的活跃性，让大脑越来越聪明。

2. 激活大脑休眠区

大脑的区域不都是被主动刺激和运用的。每个人都有思维惯性，在大脑的多个功能区域中，有很多功能区被忽略了，或被惯性思维所遗忘。大脑也有舒适区。比如运动员，普通运动员喜欢练习自己掌握的动作，而顶尖运动员喜欢在熟练动作的基础上挑战各种高难度动作。这种挑战就是不安于现状，敢于突破舒适区。

而这种突破能激活大脑休眠区，让大脑越来越灵活。比如偏科现象，孩子越是哪一科好就越愿意学哪一科，而越是不好的学科越不愿意去思考，这就让一些大脑区域越来越处于休眠状态。这些休眠的大脑区域越不用就越不灵活。因此，要想越来越聪明，就一定要尽可能多地调动大脑区域，激发脑活力。

3. 思维图示学习法

思维图示是一种可视化的学习工具，通过抓重点、理逻辑，帮助孩子更好地组织和理解信息。思维图示学习法可以调动五感全方位学习，激发大脑多个功能区域进行学习和思考，既是很好的大脑训练方式，又能提高学习效率，激发大脑潜能。

导　言

杨振宁说过：“优秀的学生并不在于有优秀的成绩，而是有优秀的思维方式。”在“信息洪水”的时代，思维对于每个孩子及家庭都具有非常重要的作用。思维指引我们怎么想、如何做。思维是大脑最好的武器，思维能力的高低影响着一个人一生的工作与学习效率，是看不见的竞争力。可以说，思维即命运。

第二章 2
让思维越来越敏捷

- 认识思维与思维力
- 思维力在儿童发展中的重要性
- 儿童思维力的发展是有规律可循的
- 影响儿童思维力发展的五大关键因素
- 幼小衔接思维力的特点

认识思维与思维力

1. 什么是思维

关于思维的定义，不同的领域有不同的解读。在心理学上，思维是指有意识的大脑对客观现实的本质属性、内部规律产生自觉的、间接的和概括的反映。我们经常说“让我思考一下”“请你想一想”“这件事再考虑考虑”，这里面的“思考”“想”“考虑”其实就是思维。思维是大脑对信息进行处理、分析、推理、判断、记忆、想象、创造等一系列心理活动的过程，是人类认知能力的核心，是人类智慧的源泉。

观察下面这张图片：

从这张照片中可以观察到满地的落叶、金黄色调的画面、凛冽的大风和艰难行走的路人，这是对画面最直接的反映。但同时通过这个画面可以间接地知道，图片表达的是秋天的景色。而这个间接的结果是由平时积攒的生活经验概括出来的：我们经历的秋天，或从不同途径中了解的秋天。

对这个画面概括、推理的过程就是思维，这就是我们大脑主体对这个画面客体产生的思维，它并不是孤立的活动，而是在观察、记忆、理解、想象、推理等基础上产生的。

2. 什么是思维力

作用在思维上的能力就是思维力。思维力有三个要素：思维的强度、广度和深度。

强度体现在想事情能够非常精准，直击命脉，就好像一位医生能够对患者对症下药、药到病除一般；广度体现在做事情时想得比较周全，能够对一件事情最大限度地全面分析，就像医生不光要治好病，还要给病人休养建议，使病人在痊愈的同时能够注意保养；深度是对一件事情能够深入钻研、细致思考，就像医生开药不光要考虑对症，还要考虑是否符合病人的体质。

强大的思维能力应该是强度、广度、深度三者兼具，我们称之为系统思维力。

观察下面这张图片，同样是这幅画，不同年龄、不同经历的人看到会产生不同的思维结果。

不同年龄的思维呈现：

孩子会想到在树林里捡叶子来玩耍

大人会想到秋天是收获的季节

老人会想到增添衣物，不受风寒

不同经历的思维呈现：

艺术家享受秋天的颜色，科学家感受秋天的气候，农民渴望硕果累累的丰收。

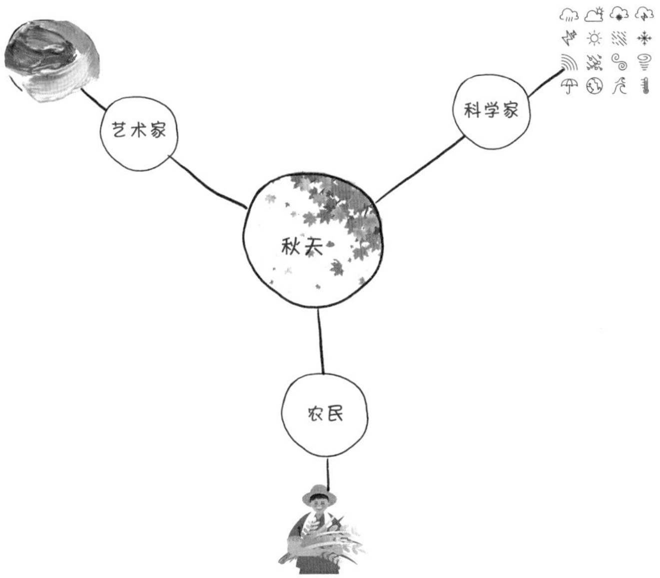

可见思维力是可以通过后天的经历和培养而改变的。人与人之间最大的差别就是思维，思维决定了看问题的角度、做事情的方法。思维能力的高低、强弱，决定了解决问题的能力和产生的结果。思维力产生方法，方法指引行为。所以，思维力是看不见的竞争力，是事物发展的原动力，是面对现在、挑战未来的核心能力。

柏拉图说："教育之初决定未来之路。"思维力的培养应先于学习。儿童思维力的培养，特别是入学前的幼小衔接思维力的培养尤为重要，因为有了好的思维能力，才会有终身学习的能力。

怎么学比学什么更重要，会学习比学会更重要，主动学比被动学更重要。因此，思维力培养决定了孩子的学习之路，幼小衔接思维力的培养决定了孩子的终身学习之路。

思维力在儿童发展中的重要性

1. 儿童思维力是智力发展的核心

儿童思维是指孩子从出生的那一刻起，一直到青春期结束这个阶段的思维活动。儿童思维力是智力发育的核心能力，智力包括观察力、记忆力、注意力、想象力、应变力、推理力、思维力，而思维力在儿童智力中占有极为重要的地位。

案例 1：司马光砸缸。小朋友掉进缸里，在大家惊慌失措的时候，司马光急中生智，从地上捡起一块大石头，使劲儿向水缸砸去，水缸破了个窟窿，水流了出来，小孩获救了。这个故事可谓家喻户晓，体现了司马光在出现危险状况时的智慧和勇敢。

案例 2：够苹果。5 岁的孩子想拿放在餐桌上的苹果，但是桌子很高够不到，他想了想，搬来了自己的小凳子，然后站在凳子上拿到了苹果。父母看到孩子的这个行为，经常会夸奖孩子非常聪明，知道自己想办法在安全范围内达成自己的目标。

在上述两个例子中，大家通常会用“聪慧”或者“智慧”来评价孩子。其实，追根溯源，这是由强大的思维力来支撑的。司马光的智慧来自于能认识到石头和缸的关系，通过用石头砸缸能间接达到救人的目的；5岁的孩子则是能够认识到凳子和苹果的关系。这种揭示事物之间关系的能力，就是基础的思维能力，只有想到才会有与其配备的执行力。

2. 儿童思维力是学习力的基础

美国纽约州立大学的教育心理学家做过一次调研，在采访大量的家庭之后，他们得出来一个有趣的结论：“80% 的家庭冲突来自于孩子的学习问题。”爱学习、会学习、学习好已经成了每个家庭或者个人追求的重点。

如何让孩子爱学习、会学习、学习好呢？这也是父母最头疼的问题。很多父母在孩子成绩差的时候让其疯狂刷题，或者请家教来单独指导，不会的题反复讲、反复练。然而，这种补救不能从根源上解决问题，只能就题论题。当孩子离开家教，离开反复刷题后，成绩又会回归到原点。

我们会发现，那些所谓的学霸并不是靠天天刷题或者补课培养出来的，甚至有的学霸从来都没有补过课，反而能很轻松地学习。而且他们不仅学习好，其他方面也很优秀，其本质差别就在于学习力。

学习力是学习过程中的能力和素养，包括学习动机、方法、策略、态度等方面。而学习力的基础就是思维力。现代物理学家阿尔伯特·爱因斯坦说：“学习知识要善于思考，思考，再思考。”我国古代思想家孟子也曾说：“心之官则思，思则得之，不思则不得也。”这句话的意思是说，思考是获取知识的关键，只有通过思考，才能真正理解和掌握知识，如果不思考就不会有收获。

学习的过程就是思考的过程，思维是学习的核心，思维力是学习力的基础，所以提高思维力，才能全面提升学习力。我们要用善于思考来代替死记硬背。

3. 儿童思维力影响儿童情绪与性格

思维力会影响情绪与性格，特别是儿童，情绪、性格相比于成年人有着不稳定性，受到思维的影响更大。

一个有思维广度的孩子，想象力会非常强，看问题的角度比较丰富，能够多方面地看问题；遇到问题也会积极乐观地解决，会产生不同的小点子来化解。这样的孩子一般都比较开朗，即使遇到解决不了的问题和挫折，也会转换自己的思维来调整情绪。

一个有思维深度的孩子，做事情会比较严谨，并且比较精专，有不达目的不罢休的韧劲。这样的孩子一般都比较专一，情绪比较专注，如果遇到挫折或者困难也不容易深陷其中。

一个有思维强度的孩子，一定是一个比较有立场的孩子，刚正不阿，性格直爽。可见，儿童思维力对情绪和性格有着深远的影响，是儿童认知和情感发展的重要组成部分。

综上，思维力是智力发展的核心，是学习力的基础，同时渗入儿童的情绪领域。我们必须十分重视儿童思维力的培养，并且进行系统的培养。创新思维之父德博诺说：“教育就是教人思维。”重视幼小衔接思维力的培养，把基础思维与学科思维有效衔接，才能培养高效的系统思维竞争力。

4. 儿童思维力不足的四个痛点

第一，想不出来

一味地重视成绩，只会让孩子成为学习机器；填鸭式、灌输式教育，只会让孩子被动接受，习惯于教什么学什么，而没有了主动思考的能力。儿童思维力差的第一个痛点就是想不出来。没有想法，就没有方法，有想法是一切的源头。

没有目标：爱因斯坦说，“在一个崇高的目标支持下，不停地工作，即使慢，也一定会成功”。做事情没有目标，相当于行走没有方向。很多孩子每天都是在父母和老师的安排中度过的，毫无自己的目标可言，久而久之，甚至不知道目标的概念。离开父母和老师的安排就无所事事，不会主动学习、主动思考。

没有想法：如果说没有目标感是一种引领性的缺失，那么没有想法就是一副空荡荡的皮囊。有一种孩子，俗称“听话”的孩子，你说什么就是什么，从不思考对错，不会质疑与否定，更不会有自己独特的立场，脑子空空如也，只接受别人的想法，久而久之会形成随波逐流的性格。

没有方法：欧阳修曾说："任其事必图其效；欲责其效，必尽其方。"美国波士顿大学解剖和神经生物学科的金大植教授说："天才的大脑与普通人的大脑的差别在于，对于一个问题到底能从几个方面来思考。"我们不仅要让孩子做事情有方法，而且要会举一反三。要学会从不同方面思考问题，得出不同的解决方案。

没有创意：我们正从信息时代走向概念时代，创意是不可或缺的能力，而创新思维的强弱直接影响孩子的创意能力。没有创意，孩子就会缺乏好奇心、探索欲和爱冒险的精神。

没有主见：没有主见的孩子通常不去思考，不带着辩证的思维去分析问题，而是否有个人主见和判断事物的能力决定了孩子是否有主动权。

没有目标，孩子就没有动力；没有想法，孩子就没有热情；没有方法，孩子就只会等待；没有创意，孩子就少了很多乐趣；没有主见，孩子只能盲从。想不出来是孩子缺少思维力最直接的表现。培养孩子的思维力，可以让孩子从没想法到有想法，从想法少到想法多，从被动思考到主动思考。

第二，说不清楚

表达力是思维力的外在呈现，只有想明白了才能说明白。说话逻辑清晰，表达直接准确的人都有一个共同的特点，就是具备良好的逻辑思维。说不清楚不仅体现在没话说、说得少，还体现在表达没有逻辑、没有重点、让别人不知道你在说什么。

无话可说：从幼儿园开始，孩子就有了社交活动，聚会上会发现有的孩子在进行自我介绍时，大脑是一片空白的，而有的孩子不用准备就能很顺畅地表达自己，瞬间建立起良好的人际关系，找到好朋友。无话可说会影响孩子的社交能力。

滔滔不绝：有的人打开话匣子就会不停地说，或者想到什么就说什么，说话毫无逻辑可言。滔滔不绝会影响表达的清晰度和准确性。

没有重点：幼儿园经常会出现告状的情况，两个小朋友吵架发生矛盾，一同到老师面前去找老师评理。一个小朋友说了很多，但是老师越听越糊涂，另一个小朋友用简单的一句话做了总结，老师恍然大悟。这就是典型的说话要抓住重点，只有说重点，才能准确、快速地表达出想要表达的内容。

《麦肯锡选人用人法则》一书中提出一种沟通法则——30 秒电梯法则，即 30 秒内就把结果表达清楚。麦肯锡认为，通常人们只能记住 123，而记不住 456，因此叙述事情要做好归纳。无话不说、滔滔不绝、没有重点都会影响孩子长大后的学习与工作。

第三，做不正确

学习的最终目的不是停留在知识的获得上，而是要将学到的知识转化为能力。世间万物瞬息万变，我们生活在一个充满问题和变化的世界，每天都会遇到各种问题。思维力弱会对事情的判断有误，提出问题、分析问题和解决问题的能力就会弱，导致怎么努力都做不正确。

提出问题：提出问题往往比解决问题更重要。牛顿看到苹果落地后不断地问自己“苹果为什么不向天上飞？”瓦特看到水开了之后问自己：“壶盖为什么会响？”这些看似很可笑的问题，却造就了万有引力定律和蒸汽机的发现和发明。能够通过现象进行思考，然后提出问题，是因为有很强的思考力。孩子在很小的时候都喜欢问为什么，这就是他们思考的过程，因此我们要鼓励孩子多问为什么，并鼓励孩子去探索答案。

分析问题：分析问题的过程是思维分化的过程，思维不同，看问题的角度就会不同。有的是逆向思维，以结果为导向，有的是正向思维，从起始进行推导。

一个善于思考的孩子，总是能把一个数学题分解为各个部分，找出其中的关联；能从多个角度去分析作文题目，然后选择最优的角度深入撰写。不善于思考就会出现作文千篇一律的情况，比如同样的作文命题，大家写出来都大同小异，写好人好事，基本都是拾金不昧等事件。这就是思维发散得不够，大家都从一个大方向去思考问题、分析问题。

解决问题：解决问题指在面对困难和挑战时，通过思考和行动找到解决方案的能力。勤于思考、善于思考是我们提高解决问题能力的重要途径。具有强大思维能力的人通常能够更好地理解问题的本质和复杂性，分析和评估不同的解决方案，相反，思维能力弱，解决问题的能力就弱。

思维力能从根本上决定孩子的成功与失败，思维是超越现实的起点，同时也可能成为禁锢创新的枷锁。

第四，学不明白

学习上包括三个转化：

知识上的转化——从不知到知，从知少到知多。

情感上的转化——从要我学到我要学。

能力上的转化——从学会到会学。

学习是一种思考，而不是一种记忆。缺少思考的学习、死读书、读死书，无法实现学习的转化，会越学越累，怎么学都学不会。

重“练”轻“思”——学习刻苦，成绩不高

四年级的小明，在班级里是非常用功的孩子，白天上课会一字不落地记住老师的讲解，晚上回家天天挑灯夜战，但考试成绩却总是不理想。每次考试前，老师问小明复习得怎么样，小明都不知道如何回答。看了很多书，做了很多题，可是一到考试还是感觉一片茫然。

这就是重“练”轻“思”的结果。学习是有规律和方法的，缺乏思路，不善于思考，即使埋头苦学，也是收效甚微，或者徒劳无功。只顾着练习，而不经过思考，也只能是做大量的无用功。

重“知”轻“能”——忽高忽低，起伏不定

有的孩子只要每天刻苦地学习，大量地刷题、补课，成绩就会非常好，但是一旦不刻苦努力，脱离重复地练习和补课，成绩就会迅速下滑。一旦放松题海战术，成绩也就放松了，这就是典型的重“知”轻“能”。孩子虽然刻苦，但是仅仅局限于“知道”，并没有举一反三的能力，这就是被动学习。

重“能”轻“知”——套路很深，基础不牢

有的孩子各种才艺样样精通，而且举止言谈都接近成人，有着较强的人际交往能力与应变能力，但是学习掌握知识不牢固，不扎实。平时问他问题都能回答得很好，但是一到考试就会出现因为“马虎”而丢分的情况，基本都丢在基础分上。这就是重“能”轻“知”。这样的孩子如果不重视知识的积累，只重视外显的能力，那能力的持久性就会变弱，因为内力修养不够，外力再彰显也会受牵制。

重“理”轻“情”——除了学习一无所知

有的孩子除了书本上的知识，对其他毫无所知。这就是我们经常说的“伪学霸”。虽然成绩名列前茅，但非常古板，既没有幽默感，也没有生活乐趣。性格、情绪都非常理性，没有丰富的情感，只为了学习而学习。很多学霸高分低能，自我调节能力与变通能力差，到了大学或者社会遇到挫折时，就会采取极端的方式来面对。这就是典型的重“理”轻“情”。

思维力不足就会出现想不出来、说不清楚、做不正确、学不明白的情况。父母要重视孩子思维力的锻炼，用“未来智慧”培养孩子的思维力，引导孩子积极、主动、广泛、综合地进行有意义的学习。

儿童思维力的发展是有规律可循的

柳宗元在《种树郭橐驼传》一文中用“顺木之天，以致其性”表述种树之道，“天”指树木的生长规律，“性”指树木的自然本性。尊重树木生长的自然规律，树木自然会根深叶茂。十年树木，百年树人，树木和树人是相通的，都强调一个“顺”字。古人云：“顺之者成，逆之者败”，也是同样的道理。教育孩子应该做到顺而不逆。要想顺应孩子的心理、生理发展需求，父母就要了解儿童思维力的发展规律和不同年龄的思维特点。

儿童思维力主要是通过对信息的转化、事物的理解、问题的分析和推理等无数独特经历逐渐积累发展的。各国儿童心理学界为儿童思维发展的研究提供了大量的事实和研究成果。

联合国大会通过的《儿童权利公约》对儿童的界定是18岁以下的任何人，也就是0~18岁的孩子我们都可以称之为儿童。在这段较长的发展过程中，呈现了非常明显的、有层次的动态发展规律，一般是从行动思维阶段发展到形象思维阶段，再发展到抽象思维阶段。掌握儿童思维力的发展规律，是进行思维训练的重要依据。

第一阶段：0~1岁，感知运动思维

0~1岁是儿童思维活动的起点，这个阶段的孩子虽然没有掌握语言，但是已经有了思维的萌芽。思维依靠感知和动作来完成。出生1个月左右，孩子会通过无条件反射来适应外部环境，比如看见奶头就会吸吮，感觉饥饿就会哭闹。

到了4~5个月，可以把若干个动作连接起来形成某种习惯动作，比如听见声音眼睛会寻找声源。

第9个月，已经意识到为达到目的可以做某个相关的动作，比如把手伸向自己够不到的地方，表明他在做伸手动作之前已经有够取物品的意向。

我们经常用四个字来形容婴儿的思维——不见就忘。几个月大的婴儿常用的玩具就是小摇铃，看到鲜艳的摇铃就会试图伸手去抓，但是当摇铃从视线中移开，他就不再寻找了，看不见就忘记了。但是，如果把藏起来的摇铃继续摇响，婴儿会非常惊讶，因为没有看到东西，只听到声音，可是他不会试图伸手去抓了。当再次把摇铃拿到他看得见的地方，即使不发出声音，只要看到东西，他又会伸手去抓。这就是我们说的“不见就忘”的思维。

第二阶段：1~3 岁，直觉行动思维

婴儿 1 岁时，他们的思维中开始有记忆的成分。当球滚动到桌子下面时，婴儿会用眼睛去寻找，而不是认为球从世界上消失了。这个阶段的思维活动局限在对具体事物的感知上，为进一步认知奠定了基础。

3 岁左右的孩子开始有了明显的思维活动，能够解决在自己力所能及的范围内的问题，但是在解决问题、表达心情时必须借助动作和活动。比如，看到喜欢的布娃娃时，就会亲一亲、抱一抱、拍一拍；表达不喜欢时，就会夸张地拍打、按压等，将思维用动作直白地反映出来。

同时这个年龄的孩子会通过不断试错来解决新的问题。比如，桌子上放着一个布娃娃，孩子够不到，就会伸手乱抓一气，如果偶然间发现抓住桌布能移动布娃娃的位置，便会通过抓桌布来辅助自己得到布娃娃。

总之，这个阶段的孩子，在发展思维的过程中，动作起着极为重要的作用，无论是必然的情绪表达，还是偶然的问题解决，都离不开动作。

第三阶段：3~7 岁，具体形象思维

3~7 岁的孩子进入幼儿期，开始从动作思维过渡到形象思维。他们的思维可以依靠头脑中的表象和对具体事物的联想展开，不过在这个阶段，孩子的思维都是以自我为中心，从自己的角度看问题，很难从环境或者别人的角度看问题。正因为这种自我角度，会出现很多童言无忌的表达。比如，一个 4 岁的孩子，对自己的姐姐说：“姐姐，你现在这么年轻，我叫你姐姐，那等很多很多年之后，你老了，我是不是要叫你姥姥呢？”

著名心理学家皮亚杰设计了一个实验，让两辆玩具火车沿着平行的轨道向同一个方向行驶，当火车停止运动时，皮亚杰问孩子们：“哪辆火车

行驶的时间长？”大多数4~5岁的孩子只能关注火车的停车点，他们认为停车点远的火车速度快，行驶时间更长，行驶距离更远，而忽略了火车行驶的起止时间和火车运行的总时长。

以上这两个例子说明，具体的形象和当下的形象都会影响孩子对事物的正确理解，他们是通过感官、具体事物进行推理的。

这种思维的第一个特点是，重视静止状态，而不是变化状态，比如他们只关注火车静止时的停车点，而忽略了时间、速度和行驶距离的变化。第二个特点是，他们容易从自己的角度看问题，很难从别人的角度看问题，比如只注意到自己看到的姐姐的年龄状态。

这种具体形象思维，说明这个阶段的孩子的认知方式还相对简单，只能用感官思考问题，还不能用头脑准确地分析和判断事物。

第四阶段：7~9岁，具体逻辑思维

7~9岁的孩子初步具备了逻辑推理能力，已经能掌握基本的逻辑关系，比如传递关系。但是这个阶段的孩子的逻辑推理能力还离不开具体事物的支持，否则他们会感到困难。

比如，假定A<B，B<C，问A与C哪个大，处于具体逻辑思维阶段的孩子还不能回答这个基于传递关系的推理问题。但是如果换个提问方式：小明比小白矮，小白比小张矮，问小明和小张谁更矮，并将这个具体问题转换成图像，孩子就能正确并快速地回答出来了。

这就是逻辑思维的具体运用。这个阶段也是从具体逻辑思维到抽象逻辑思维的过渡阶段，思维具有具体性、守恒性、传递性、认知不平衡性等特点。

第五阶段：9~12 岁，抽象逻辑思维

抽象逻辑思维是指用抽象的概念，根据事物本身的逻辑关系来进行的思维，比如时间、空间、数量、形状等。群集运算，是初步的抽象逻辑思维，但还不能离开具体事物的支持，所以运算还带有具体性。这个阶段的孩子能够理解抽象的概念，如“自由、公正”。反思和批判思维能力也会增强，可以对自己和他人的观点进行评估和分析。

第六阶段：12~18 岁，辩证逻辑思维

这个阶段的孩子已经能够全面地思考所有的可能性，根据特定时间和假设关系进行逻辑推理。孩子可以看到问题的多个方面，不仅能看到表面的问题，还能够深入分析问题的本质和根源，能够识别和评估信息的来源和可靠性，从而做出明智的决策。他们还能进行多元化思考，考虑不同的观点和立场，表达自己的观点，进行有意义的对话和辩论。

影响儿童思维力发展的五大关键因素

思维发展是极其复杂的过程，与很多因素有关。儿童思维力发展的特点是发展快、变化多。其发展受多种因素的影响，其中包括先天性因素、生理性因素、决定性因素、主导性因素和基础性因素。其中任何一种因素都会影响儿童思维力发展的速度和高度。

1. 先天性因素——遗传因素

我们都听过很多关于遗传基因的谚语，以大环境来说，如“一方水土养一方人”；以小家庭来说，如“虎父无犬子”“有其父必有其子”等。很多家庭都会出现一种现象，子承父业，甚至一个大家族都从事同一个行业。出现这种现象，很大一部分原因来自于遗传因素。

在一次亲子课堂上，有一个绘制曼陀罗的环节，每个人对曼陀罗画稿进行填色。在所有人都看不到其他人绘制的情况下，有一对母子的曼陀罗填色完全一样。这种巧合出现的概率虽然很小，但是足以证明当下的亲子思维模式相似度很高。

这种思维模式的复制现象，除了生理遗传因素，还与父母对孩子思维的耳濡目染有关。父母是孩子的第一位思维老师，父母的思维影响着孩子的思维。父母看问题的方式，深深影响着孩子看问题的方式。

第一，遗传因素是儿童思维能力发展的生物前提和物质基础。

遗传是生物现象，澳大利亚昆士兰大学的研究人员分析了来自 4 个国家上万名儿童的遗传数据和智商得分，发现儿童智商 20%~40% 归结于遗传因素。因此，良好的遗传因素无疑是儿童思维能力发展的前提条件。

现在很多父母攀比心切，想让孩子从小就能全面发展，给孩子报多个兴趣班，特别担心孩子有哪个方面不如别人，结果孩子和父母都身心俱疲。父母应从遗传因素占优势的方面挖掘孩子的最大潜力，让孩子的长处更长，而不是注重补短。

第二，遗传因素是儿童思维能力发展的必要条件，但不是决定条件。

遗传因素在儿童思维能力发展中有一定的作用，但是受遗传因素影响的强弱是因人而异的。例如 2017 年沧州市高考理科状元庞众望，他的父亲是精神分裂患者，母亲下肢瘫痪，常年卧病在床，家徒四壁。庞众望虽然在这样的环境中长大，但是依然阳光开朗，以理科裸分 684 分的高考成绩被清华大学录取，并通过了清华大学“自强计划”的考核。可见，遗传因素在儿童思维能力发展中是一种客观存在，但不是决定因素。

第三，遗传因素对儿童思维能力的影响会随着儿童年龄的增长而减弱。

遗传因素影响儿童思维能力发展的力度和年龄的增长成反比，年龄越大，受遗传因素影响越小，而受教育和环境的影响会越来越明显。比如双胞胎在小的时候思维品质非常接近，但随着年龄增长，在不同的环境下他们的思维差异便会开始显现，思考问题的方式及人生轨迹开始变得不同。

综上所述，遗传因素作为前提条件对儿童思维力发展的影响是非常明显的，但是遗传因素不会脱离环境独自发挥作用，同一个遗传基因在不同的时间和空间下，起到的作用也不同，因此我们应该客观地看待遗传因素。

2. 生理性因素——生理发展

思维的发展，离不开生理的发育和成熟。培养儿童思维能力，要遵从生理发育规律，抓住决定性时期，把握关键节点。

（1）脑的发育与思维发展的关系

脑的重量与思维发展

人脑的重量与儿童思维发展有着密切的关系，人脑平均重量的发育趋势为：

年龄	新生儿	8~9个月	2~3岁	6~7岁	9~10岁	12~13岁
重量	390克	660克	990~1011克	1280克	1350克	1400克

在这组数据中，脑重量的变化转折期为 8~9 个月、2~3 岁、9~10 岁，而这三个时期也正是儿童运算思维能力发展的加速期。

脑波的发展与思维发展

脑波也称为脑电波，是神经元细胞之间传递信息时产生的生物电信号。只要脑细胞活动就会产生相应的生物电，通过树突来与其他脑细胞进行连接，形成思维网络。研究发现，脑波发育有两个显著的加速期，第一个是 5~6 岁，第二个是 13~14 岁，而这两个时期与儿童和青少年思维发展，特别是逻辑思维发展的关键期相吻合。

（2）感统发育与思维发展的关系

儿童通过视觉、听觉、嗅觉、味觉、触觉、动觉等各种感统体系来发展自身的智力与思维力，感统发展和完善的程度与思维力的发展存在着一致性。

例如，一个动作发育迟缓的孩子，思维的敏捷性、灵活性、深刻性、独创性都会受到不同的影响。相反，一个动作灵活的孩子，会通过眼睛、耳朵、手、嘴等感官系统迅速地协调活动，比动作迟缓的孩子活动范围广、观察信息多、创新思维丰富。

感统发育是孩子认识外界事物的一扇窗，很多专家学者将“手”称为思维的一面镜子，“抓握”等感统机能是孩子思维发展的起源。

（3）性别与思维发展的关系

男孩和女孩的大脑结构是不同的，大脑结构的差异导致大脑功能存在差异，同时带来思维能力的差异。

第一，男孩倾向于演绎思维，女孩倾向于归纳思维。

同样是到超市买蛋糕，男孩走进超市，会快速拿起要买的蛋糕出来，而女孩会花费比男孩更多的时间去拿蛋糕、牛奶或者更多的东西。这种现象是性别差异的表现。在学校学习中，我们会发现女生倾向于学习文科，男生倾向于学习理科。用思维术语来分析，就是男生擅长演绎推理，从一般性的前提出发而得出结论，而女生擅长归纳思维，根据一类事物的局部推理出整体。

第二，男生擅长抽象逻辑思维，女孩擅长具象逻辑思维。

例如，男孩的空间方位感要比女孩好，而女孩的语言表达能力要优于男孩。

因此，父母必须了解不同性别孩子思维方式的倾向性，给予孩子正确的思维培养。

3. 决定性因素——环境影响

人的生活环境包括社会环境和自然环境，社会环境是指一个人或群体所处的社会背景和文化环境，包括社会制度、价值观念、文化传统、经济状况、政治体制、教育水平、科技发展等方面的因素。社会环境对个体的行为、思想、情感、态度等方面都会产生影响。“孟母三迁”的故事，典型地说明了环境对一个人成长的影响至关重要，良好的环境是孩子形成正确思想和优秀人格的基础。

（1）社会环境对儿童思维力的影响

社会是一个不断变化的环境，每个时代的社会环境都不同，或者说不同的时代孩子的思维方式是不一样的。一个时代的社会环境影响着这个时代孩子的发展走向，也对孩子提出期望与要求。在变化比计划快的社会环境中，孩子必须具备成长型思维，具备改变预期条件的思维，具备鉴别事情和行为内在关联的思维。

AI 时代已经到来，人工智能将全面挑战人类智能，因此，我们需要更加重视儿童思维力的发展，以便他们能够在未来发展中保持竞争力。

第一，培养创造力和创新能力。人工智能可以执行重复性任务，但它们缺乏创造力和创新能力。因此，我们应该鼓励孩子在学习中发挥创造力和创新能力。

第二，培养批判性思维。人工智能可以提供大量的信息和答案，但它们缺乏批判性思维。因此，我们应该教孩子如何评估信息的可靠性和真实性，以及如何提出有意义的反驳问题。

第三，培养合作和沟通能力。人工智能可以执行单一任务，但它们缺乏合作和沟通能力。因此，我们应该鼓励孩子在团队中合作，学习如何有效地沟通和协作。

第四，培养适应性和灵活性。人工智能可以执行特定的任务，但它们缺乏适应性和灵活性。因此，我们应该教孩子如何适应不同的情境和环境，并学习如何灵活地解决问题。

第五，培养道德和伦理意识。人工智能可以执行任务，但它们缺乏道德和伦理意识。因此，我们应该教孩子如何在使用人工智能时考虑道德和伦理，以及如何保护个人隐私和数据安全。

（2）自然环境对儿童思维力的影响

自然环境对儿童思维力的发展有着极大的影响。人与自然是共生的关系，大自然是最好的老师，可以启迪孩子去探索世界，激发孩子的好奇心。亲近大自然，开拓孩子思考问题的能力，儿童思维力会在自然环境中变得强大而丰富。

例如，问一个 2 岁的孩子，1 头牛加上 1 匹马等于什么时，如果这个孩子回答等于两个会耕地的动物，那么父母会兴奋不已。这个兴奋与喜悦不是孩子回答出了 1+1=2 的数学题，而是在计算一道数学题的基础上，总结了牛和马是两个会耕田的动物。这种思考问题的能力来自于孩子对大自然的感受和与自然有关的自然环境教育。

4. 主导性因素——教育教学

哈佛知名教育家丽莎·高曼（Lisa Goldman）指出，教育决定一个人的思维，而思维决定一个人的一生。所以教育在儿童思维力发展中有着特殊的意义，是主导性因素。教育包括家庭教育、学校教育和社会教育，不同的教育在儿童特定时期有着不同的作用。

（1）家庭教育

父母是孩子的第一任老师，家庭是孩子生活最基本的社会单位。越是低龄儿童，家庭教育对孩子的影响越大。父母是孩子的第一位思维老师，父母的思维影响孩子的思维。一个人在原生家庭中受到的最重要的熏陶就是思维方式。

（2）学校教育

不同学校有不同的教育理念，其教育目标也不尽相同，儿童智力和思维力的发展在很大程度上取决于教师的教学。例如，北京师范大学教育技术学院教授、我国第一位教育技术学博士生导师何克抗老师提出儿童思维发展的新理论，以及基于儿童思维发展新理论的创新儿童语文教学模式、教学方法与策略，构建了小学语文教学的新的理论体系，提出了语文教育中的创造性思维培养、小学生作文的心理过程模型与作文教学模式等教育改革，为学校教育影响儿童思维力发展做了一个扎扎实实的榜样。

（3）社会教育

人的思维是在教育中发展起来的，除了家庭教育、学校教育，随着年龄的增长，孩子会慢慢接触社会这个大环境。社会教育会逐渐影响孩子的思维发展，使儿童思维力有节奏地、循序渐进地、健康地向前发展。

5. 基础性因素——实践活动

早在 20 世纪 50 年代，苏联心理学家就强调实践活动在儿童发展中的作用，“直接决定儿童心理发展的，乃是儿童活动本身”。而心理发展是思维发展的内化过程，儿童的心理和思维发展与实践活动是分不开的。无论是遗传因素、生理因素，还是环境因素、教育因素，都要通过儿童的实践活动来体现。

现在很多家庭把孩子看作掌上明珠，呈现 421 的家庭结构，两代人对孩子倍加呵护。大人不仅对孩子的事情大包大揽，甚至代替孩子去做，极大地限制了孩子的实践活动。要想让孩子在玩中想、想中学，就要有实践活动做保障，否则孩子的思维就会固化其中，不爱动脑、不爱思考，凡事坐享其成。

孩子低幼时，父母担心孩子年龄小，给予极大地保护；等孩子进入学龄阶段，繁重的课业压力随之而来，又占据了孩子的实践时间。因此，在日常生活中一定要重视孩子的实践活动，多提供机会与环境满足孩子“自己的事情自己做”的愿望。

实践活动是儿童思维发展的源泉。首先，实践活动推动孩子不断地进行新的思考；其次，实践活动的过程为孩子提供了丰富的学习材料，让孩子逐渐认识事物的本质和规律；再次，实践活动能够呈现思维的显性过程，检验思维的能力，呈现思维的不足；最后，实践活动能提高孩子的思维能力。

因此，我们必须重视孩子的实践活动，让孩子多实践，为孩子创造发展思维的基础性条件。

幼小衔接思维力的特点

1. 什么是幼小衔接

幼小衔接指的是 6~8 岁的孩子从幼儿园过渡到小学的过程。幼儿有两个重要的转折期，第一个是进入幼儿园，家幼衔接；第二个是升小学，幼小衔接。幼小衔接是教育界和家庭高度关注的阶段。

从幼儿园升入小学这个过渡期对于孩子来说是一个重要的转折点，因为他们需要适应新的学习环境、学习方式和社交环境。做好幼小衔接的目的是确保孩子在这个过渡期能够平稳地适应新的学习和生活，从而为他们未来的学习和发展奠定良好的基础。

幼小衔接通常包括以下四个方面：

学习内容的衔接：确保幼儿园和小学的学习内容相互衔接，避免重复或跳跃。

学习方式的衔接：帮助孩子适应小学的学习方式，如课堂教学方式、作业和考试等。

社交环境的衔接：帮助孩子适应小学的社交环境，如与同学和老师的相处、遵守学校规则和纪律等。

家庭和学校的合作：父母和学校应该密切合作，共同关注孩子的学习和发展，为他们提供必要的支持和帮助。

这四个方面的核心是思维力的衔接，只有思维力得到了提升和转换，孩子才会依据思维主导顺利进行有效衔接。

2. 幼小衔接思维力的特点

（1）从游戏思维到学习思维

游戏是幼儿的基本活动，幼儿游戏能力的发展反映了幼儿思维能力的发展。幼儿阶段玩游戏时会忽略现实与想象之间的界限，我们经常会看到幼儿园小朋友在游戏中扮演某个角色时会十分认真和投入。比如，小朋友经常玩过家家的游戏，在游戏中，游戏的内容、形式、时间、情节的变化发展，说明了孩子在游戏中不断进行着深入体会，这种角色的呈现反映了幼儿思维发展水平的变化。

进入小学之后，正规的学习生活成了小学生的主导活动，这是一个重大的转折。刚进入小学阶段最重要的不是对学习成绩的关注，而是在小学低年级树立良好的学习态度、寻找高效的学习方法、培养良好的学习习惯。

从幼儿园到小学，孩子会从以游戏为主导过渡到以学习为主导，从游戏思维到学习思维。学习和游戏最大的不同，就是学习有严格的强制性，而游戏有自主性。因此幼小衔接思维力应该注重从游戏到学习的过渡，把游戏变成学习——玩中学，把学习变成游戏——学中玩。让孩子在过渡期爱上学习，对学习产生兴趣。

（2）从具象思维到抽象思维

学龄前的孩子思维上的一个重要特点就是具象思维，也叫形象思维。越是鲜活的形象，孩子越容易理解。抽象思维又叫逻辑思维，具象思维与抽象思维就像思维的两端，而幼小衔接则是从具象思维到抽象思维的过渡期。比如孩子在幼儿时期进行的是绘本阅读，到了小学则是图文阅读或纯文字阅读；幼儿园的孩子借助手指数数、算加减法，到了小学直接通过加减法的逻辑推理就能解答。

（3）从动手思维到动脑思维

能够控制手部动作和直立行走是人与动物的区别。幼儿动作的发展顺序是：从整体动作到精细动作，从大肌肉动作到小肌肉动作，从简单动作到复杂动作。比如孩子涂鸦时，最开始会用身体带动肘部涂鸦，涂鸦的线条比较笼统，随着年龄增长，会用手部代动腕部绘制，然后发展为用腕部带动手指绘制，画面效果开始越来越精细具体。动手能力可以提高思维力，同时思维力反过来能激发动手能力。

幼儿时期，不管是在幼儿园还是在家庭中，孩子的动手实践都是非常多的，课堂教学与家庭娱乐多数都需要动手来实现。

到了小学，孩子逐渐开始进入规规矩矩的课堂模式。相比于幼儿园的动手参与性活动，小学课堂更多采用的是回答问题、写作业、做练习等静态学习方式，对孩子的专注力、观察力、记忆力、理解力有了更高的要求。

因此，在幼小衔接的过程中，我们要帮助孩子从动手思维过渡到动脑思维，为后续学习打好基础。

导 言

工匠工作时需要借助强大的工具并且具备运用工具的技巧。工匠有运用工具做任何事情的自由，但前提是必须知道自己正在运用什么工具，如果能掌握工具的强大功能，就能更好地进行工作。想让孩子越来越聪明，思维能力越来越强，也需要给孩子强大的工具，并且让孩子成为使用这个工具的高手，在使用的同时转换为能力的提升。

第三章

让工具越来越有效

- 适合幼小衔接的思维工具——思维图示法
- Thinking Maps基础绘制方法
- Mind Map基础绘制方法

适合幼小衔接的思维工具——思维图示法

1. 思维图示法的优势

（1）谁都可以做到——简单易懂

图示的绘制极其简单，只要会画线条就可以绘制图示。图示法图文并茂的形式是把潜意识显性表达出来的最佳途径，孩子可以通过语言、图像、行为等进行表达。幼小衔接阶段的孩子的理解能力并不是很强，图像表达的使用优于语言表达，因为语言过于抽象，图像表达的使用也优于行为表达，因为行为过于具体，因此图像集语言和行为二者的优点，使表达更为清晰和真实。图示法绘制简单，清晰易懂，无论孩子是否会识字、写字，只要会画图、识图，就可以使用。

（2）谁都可以看到——思维可视

幼小衔接阶段的孩子很容易沉浸在自己的世界里，正所谓一叶障目，不见泰山。孩子在思考问题时容易沉迷于局部内容，看不到全局和整体。图示法并不是简单的图像，而是通过结构图把信息串联起来，基于图像思维的走势，可以很好地利用结构图示将内容从局部拓展到整体。没有想法时，可以通过图示法获得巧思；思绪万千时，可以通过图示法梳理思路。

俗语说，“耳听为虚，眼见为实”，这个阶段的孩子使用图示法学习，可以通过图像绘制让思维看得见。孩子自我回顾时，能够加深记忆，父母和老师可以通过孩子的图示分析了解孩子的想法和能力，给予针对性的指导。

（3）谁都可以用到——包罗万象

孩子的世界是充满想象的世界，他们的思考天马行空，他们的探索出其不意，他们需要一种工具满足他们对外部世界猎奇式的观察，而不仅仅停留在学习文字和公式上。而图示法就是这个有效的工具。它作为一种载体承载着幼小衔接孩子的各种应用需求，满足在各个领域探索的孩子及不同学习类型（听觉型、视觉型、动觉型）的孩子的使用需求，帮助孩子在图示法中探寻未知世界，揭秘答案。

（4）谁都可以得到——一树百获

大数据时代、人工智能时代已经到来，培养孩子什么样的能力才能立足未来、与机器人博弈，拥有自己的一席之地呢？那就是思维能力，思维力可以基于数据与信息预测问题、分析问题、解决问题。图示法是培养孩子思维力的有效工具，图示法的使用不局限于幼小衔接阶段，还可以延伸到未来，用于工作和生活中，使用图示法所获得的能力也是受益终身的。因此，图示法不是获得昙花一现的学习效果，而是帮助孩子获得终身能力。

2. 思维图示法的分类

思维图示就是把抽象的思维转换成具象的视觉图像，用可视化的结构图像来展示思维、培养思维、检视思维、精进思维。思维图示是一种提高学习与工作效率的好玩、好看、好学、好用的高效工具。目前最常见的思维图示有两种：Thinking Maps 和 Mind Map。

（1）Thinking Maps

Thinking Maps 也称八大思维图示，是 1988 年由美国教育学博士大卫·海勒（David Hyerle）在语义学和认知心理学的基础上发明的，用来构建知识、发散思维，是一种帮助孩子思考、提升学习能力的可视化工具。它以脑神经科学为基础，把八种基础思维，用八个不同的图示进行表达，每种图示可以重点培养一种思维并连带培养多种思维。八个图示分别为：圆圈图、气泡图、双气泡图、括号图、树形图、流程图、复流程图和桥形图。

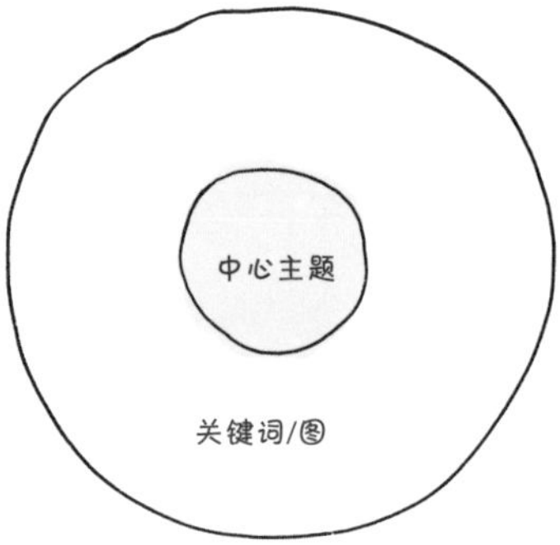

圆圈图

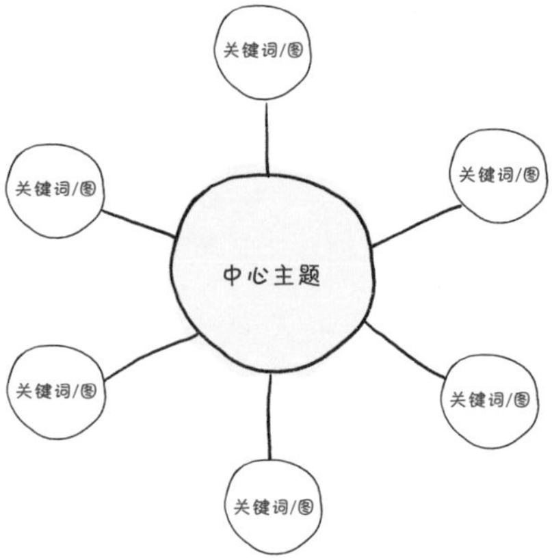

气泡图

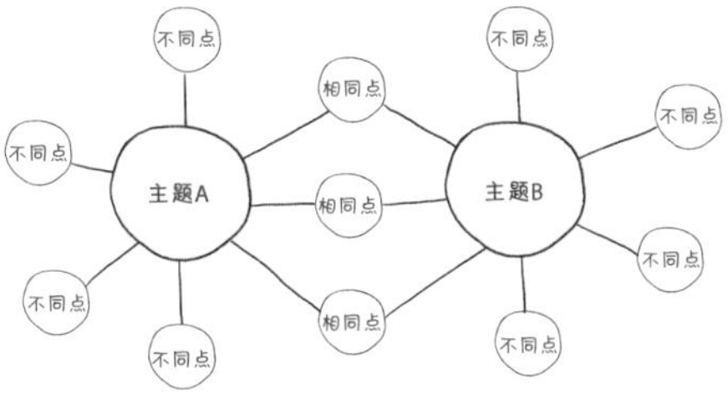

双气泡图

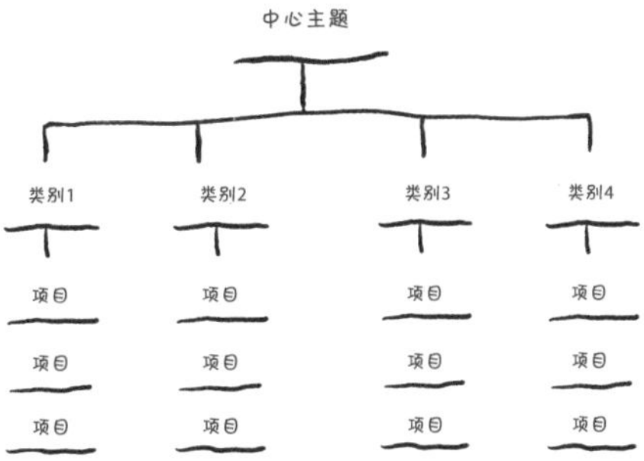

树形图

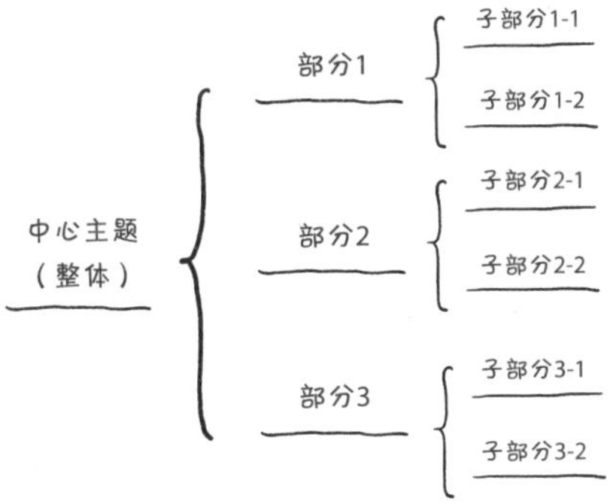

括号图

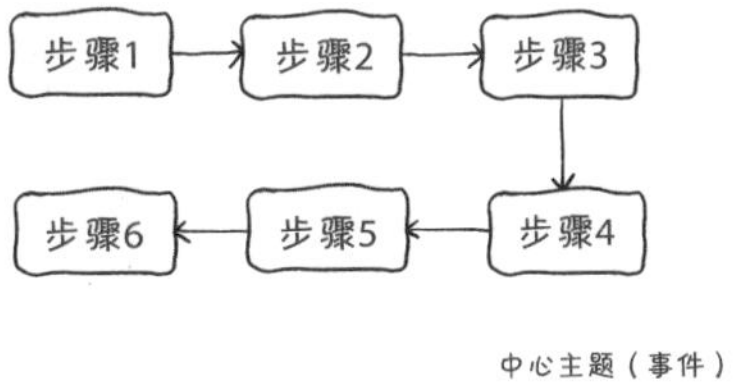

流程图

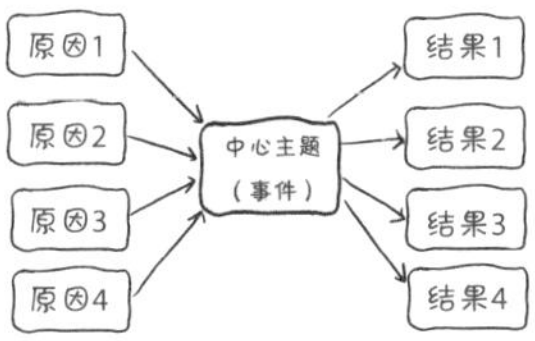

复流程图

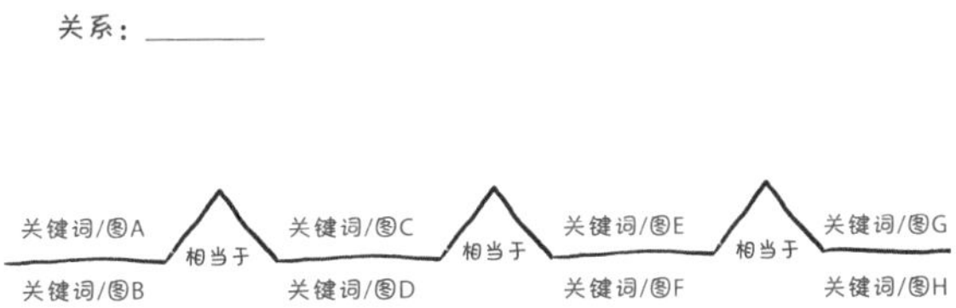

桥形图

（2）Mind Map

Mind Map 也称思维导图，是由世界著名心理学家、教育学家、人类大脑潜能与学习法研究专家东尼·博赞（Tony Buzan）基于科学与艺术、逻辑与想象、脑学科与心理科学等领域的研究在 20 世纪 60 年代发明的思考工具与学习工具，Mind Map 兼具思维系统性、使用广泛性、领域多样性，被誉为“21 世纪革命性的思维工具”。

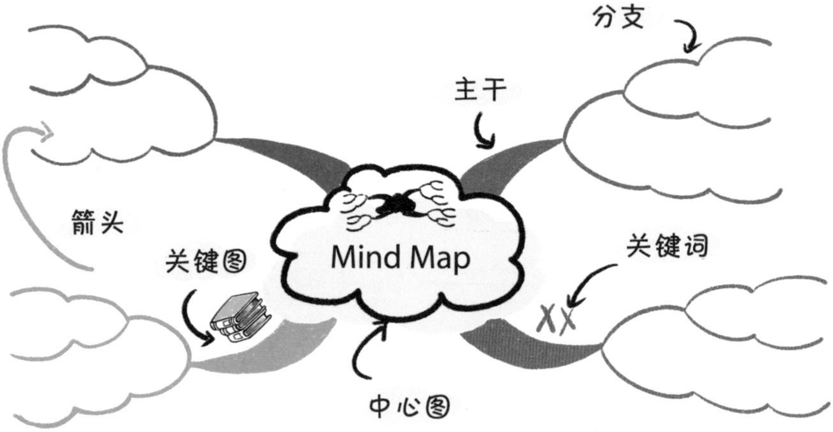

（3）Thinking Maps 和 Mind Map 的相同点和不同点

相同点	
可视思维	Thinking Maps和Mind Map都是思维可视化的图像工具，通过不同形式的图形框架呈现信息逻辑结构，通过画图进行思维整理、训练与展示，通过看图进行思维分析、评价与提升。

（续）

相同点	
抓关键词	Thinking Maps和Mind Map两种工具都强调了关键词的重要性，通过提取关键词，在表达上紧抓重点、简明扼要、以少胜多，直观明了地展示信息，有助于提高记忆力和理解力。
图文并茂	Thinking Maps和Mind Map都是图文并茂的，包含关键词、关键图、颜色，通过图示展示不同的逻辑程序，表达事物和关系，构建链接，最后形成思维图示系统。图示绘制过程有助于提高注意力，图像和文字可以调动全脑，激发学习兴趣，提高效率。
相互融合	无论是Thinking Maps，还是Mind Map，每一个图示展示的思维都不是孤立的，而是相融合的，只是有重点的思维倾向，但绝不是割裂、独立、单一的思维训练和展示，因为万事万物都是相互联系的，所有图示呈现的思维链接都是相互融合后的结果。

不同点		
名称	Thinking Maps	Mind Map
起源	美国	英国
发明时间	1988年	20世纪60年代
发明人	大卫·海勒（David Hyerle）	东尼·博赞（Tony Buzan）
图示	系统	单一
思维	单一	系统
要素	灵活、精准、多样	广度、深度、强度

3. 思维图示认知误区

误区 1：画图就是美术，只有会画画的孩子才能学习思维图示法

这种对思维图示的理解是错误的，思维图示不是美术，而是图示化的思维工具，依靠文字与关系图示传达信息，比单纯的文字表达更简单、更直观。美术强调艺术性、赏析性，而思维图示则强调技术性、工具性。因此大家不要认为画图就是美术，也不要认为只有会画画的人才可以使用图示法，思维图示适用于每个人。在全球，各行各业、各个年龄阶段的人都在用图示化的方式工作、学习。

误区 2：画图太浪费时间

画图的过程是思考的过程，对于幼小衔接阶段的孩子来说，正处于画图表达的黄金期，图像就如同他们的语言一样，是一种表达方式和呈现方式。画图并不是浪费时间，而是用图示带动思考的过程。建议家长在没有时间限制的情况下，给予孩子充足的时间，让孩子尽情地畅想，甚至去聆听孩子的解读，走进孩子的思维深处。

通过可视化图示了解孩子的思维能力和心理状态，可以更好地、更有针对性地陪伴和培养孩子。而且随着孩子年龄的增长和能力的提升，绘制速度是可以掌控的，根据不同的使用场景可快可慢。正确使用工具、拥有使用工具的能力，只会节约时间、提高效率。因此，画图浪费时间的认知是错误的。

误区 3：只有识字、会写字才能学习并使用思维图示

还记得小时候的一个游戏——跳房子吗？画一个房子扔一个石子，通

过向前跳动进行格子闯关，没有任何文字，但是也是一种思维的表达。因此，思维的培养不是必须要用文字的，也不是只有识字、会写字才能学思维图示。无论是 Thinking Maps 还是 Mind Map 都有三种类型：第一种类型，全图图示；第二种类型，图文图示；第三种类型，全文字图示。不识字可以识图，不会写字可以画图，不必局限于文字。

误区 4：学会了工具就解决问题了，就可以成为思维高手和学习强者了

正如《荀子·儒效》中所言："不闻不若闻之，闻之不若见之，见之不若知之，知之不若行之。学至于行之而止矣。"其意思就是没有听到的不如听到的，听到的不如见到的，见到的不如了解到的，了解到的不如去实行。学会了工具只是了解了，如果不去践行，工具就只是工具，并不能转换成能力带来收获。所以，学会了工具要去使用，工具在使用中才能发挥作用。

Thinking Maps基础绘制方法

1. 绘制工具

八大思维图示的常用绘制工具就是纸和笔，为幼小衔接阶段的孩子准备工具可以灵活多变一些。只有当孩子喜欢上工具才会去使用，因此，为

幼小衔接阶段的孩子准备工具时，可以多融入一些趣味性和娱乐性因素，这样更能激发孩子的使用兴趣。

选纸：可以选择常规的白纸，也可以选择带有颜色的卡纸。常规的纸张大小为 A3、A4，也可以根据使用需求准备更大或更小的纸张。

选笔：幼小衔接阶段的孩子对色彩非常敏感，喜欢颜色鲜艳的画面，建议选择安全的普通水彩笔，12 色即可。彩铅和普通铅笔色彩不够明亮，一是会影响孩子的绘制兴趣，二是可视化效果不清晰。

2. 图示组成

圆圈图

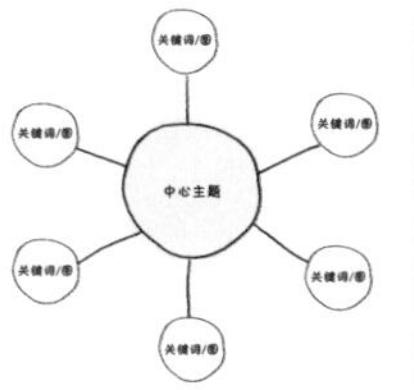

气泡图

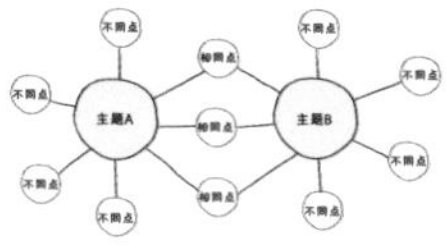

双气泡图

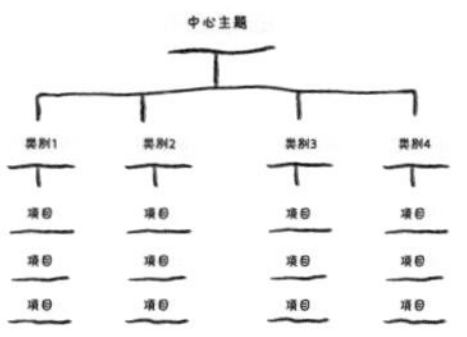

树形图

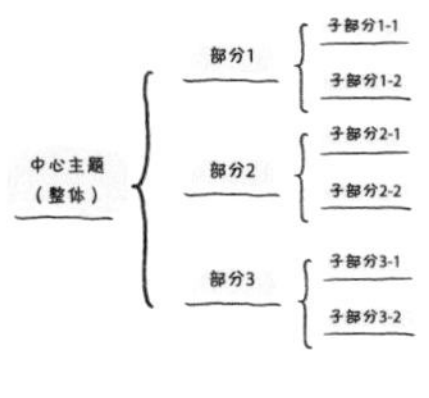

括号图

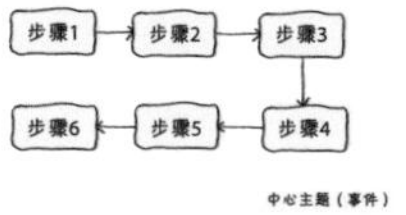

流程图

复流程图

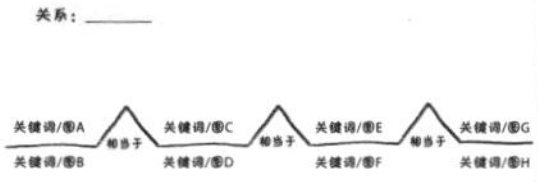

桥形图

3. 绘制法则

（1）圆圈图

◎ **以图育思**（图示展示）

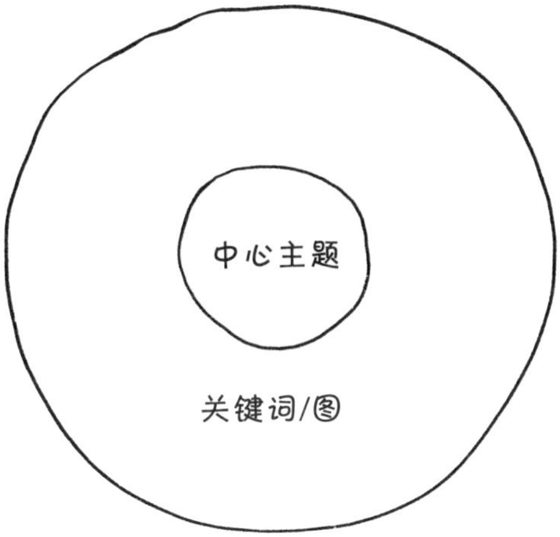

圆圈图主要用于培养发散性思维和创新思维。当做事情没有想法，或者对一件事情无从下手时，可以用圆圈图扩展思维，产生有创意的想法，打开思考问题的角度；也可以用来做知识的总结、复习和概念的描述，帮助记忆和创新。

◎ **思图同步**（绘制步骤）

步骤 1，画内圆，写中心主题。

步骤 2，画外圆。

步骤 3，填关键词 / 图。

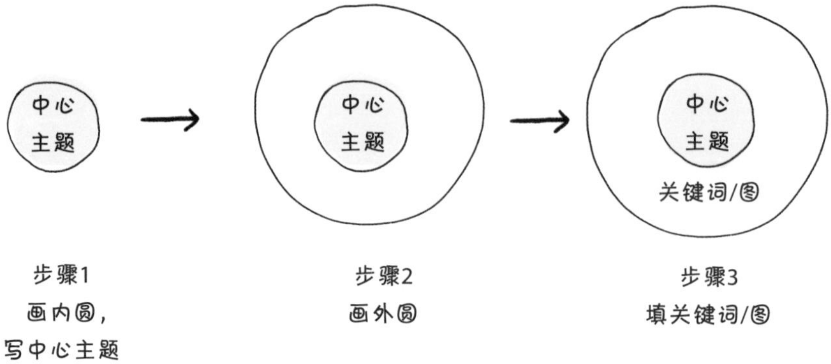

注意：

1. 内圆和外圆的绘制尽量为同心圆，这样更舒适和美观。
2. 关键词 / 图的绘制和书写在圆内要均匀分布，让构图更协调，视觉更清晰。

◎ **以思导图**（应用案例）

举例：用圆圈图对“绳子的用处”展开发散联想。

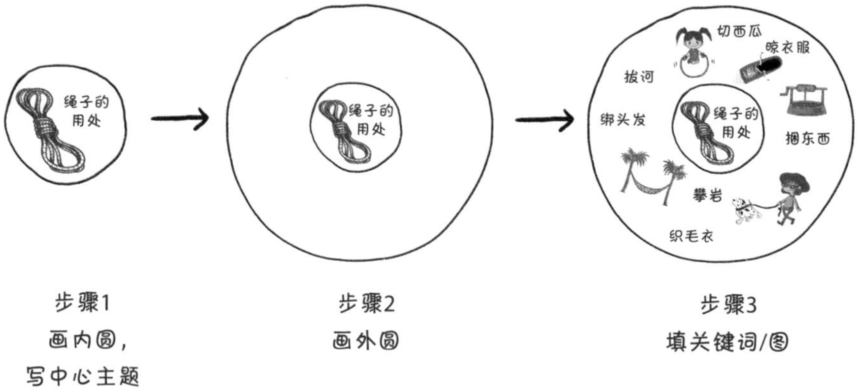

（2）气泡图

◎ **以图育思**（图示展示）

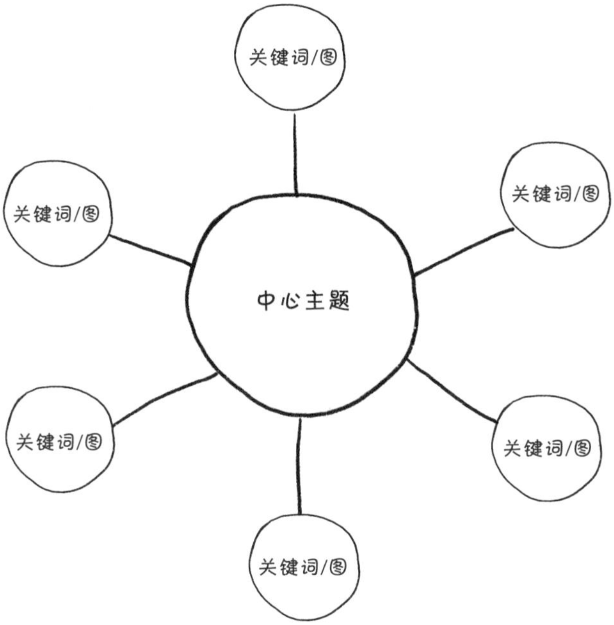

气泡图是一种描述思维的图示工具，在训练过程中通过观察、联想、改编，可以培养孩子描述事物特征的能力，同时也能拓展观察力和想象力。比如，通过一个人物头像，观察他的眼睛、鼻子、嘴巴、头发、肤色。由眼睛可以联想到形状大小，由皮肤可以联想到细腻或粗糙，在表述上加以改编和提炼，最后可以通过气泡图将人物形象非常细致地表达出来。

描述性的关键词包括名词、动词、形容词等，但是幼小衔接阶段的孩子还没有接触词性，所以家长要给予正确引导，把主题描述得生动清晰。

◎ **思图同步**（绘制步骤）

步骤 1，画内圆，写中心主题。

步骤 2，画气泡圆。

步骤 3，填关键词 / 图。

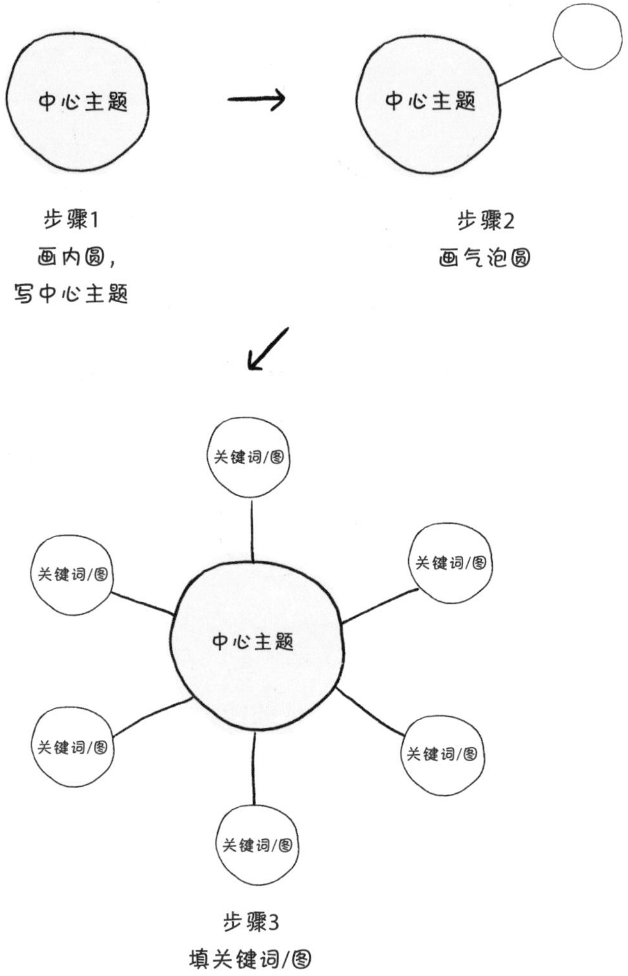

注意：绘制气泡图时，有一个想法画一个想法，画一个气泡圆填写一个关键词 / 图，不要画了很多泡泡不填内容，都是空圆就毫无意义了。

◎ **以思导图**（应用案例）

举例：用气泡图分别描述一下爸爸和妈妈。

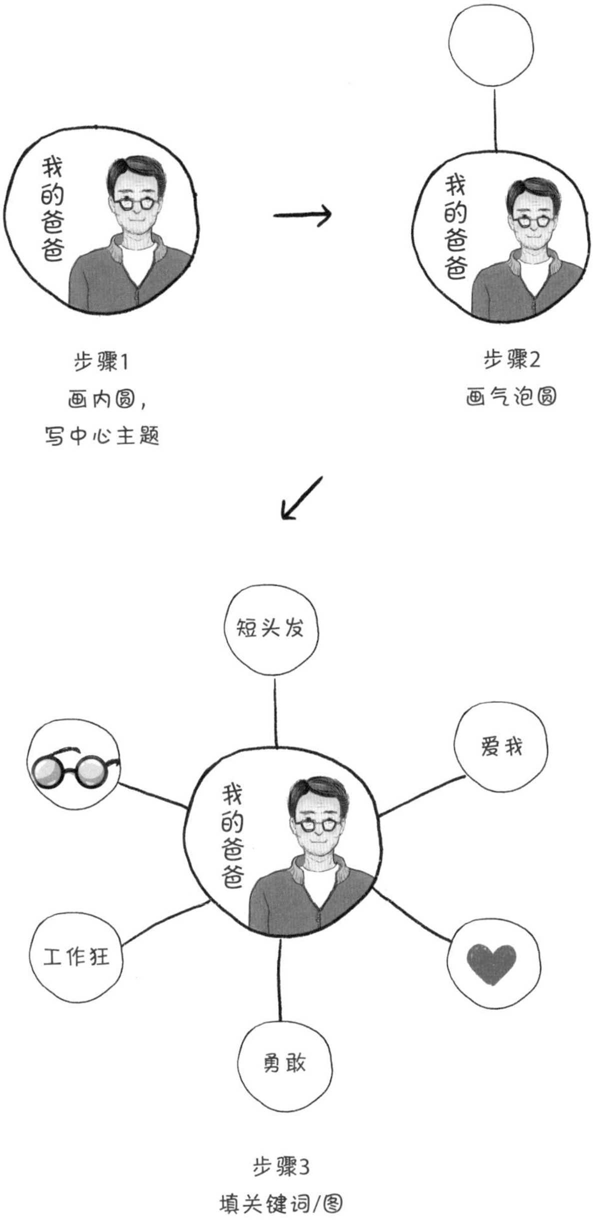

步骤1
画内圆，
写中心主题

步骤2
画气泡圆

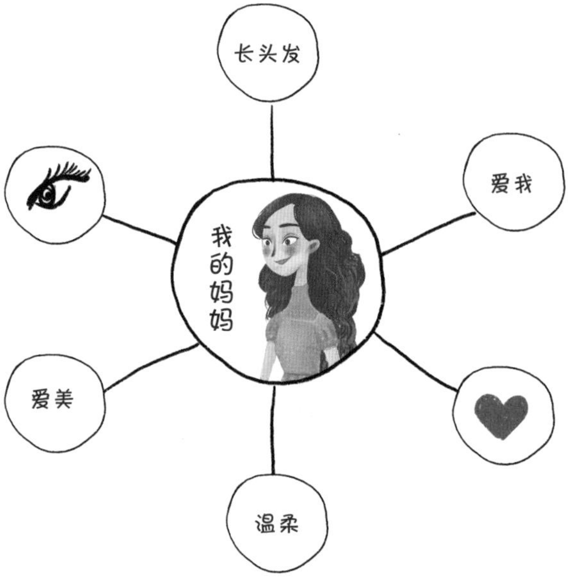

步骤3
填关键词/图

（3）双气泡图

◎ **以图育思**（图示展示）

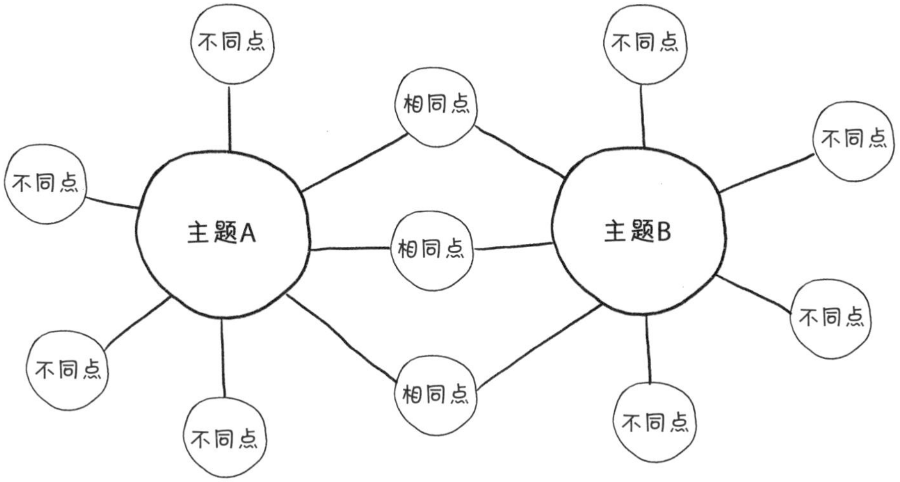

双气泡图主要用于培养求同与求异思维。气泡图用于描述一个事物，而双气泡图可以通过比较两个事物，找出相同点与不同点。比如，在买玩具无从选择时，可以用双气泡图帮助孩子对比分析和选择，提升孩子的分析力和选择力，更加深刻地认识事物。

◎ **思图同步**（绘制步骤）

步骤 1，画两个内圆，写中心主题 A 和 B。

步骤 2，画气泡圆，写相同点。

步骤 3，画气泡圆，写不同点。

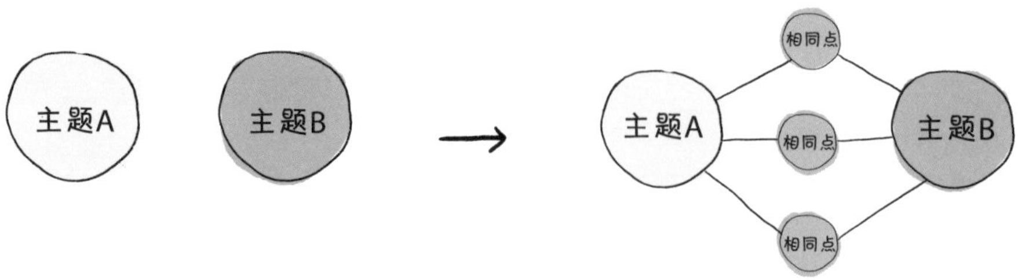

步骤1
画两个内圆，写中心主题A和B

步骤2
画气泡圆，写相同点

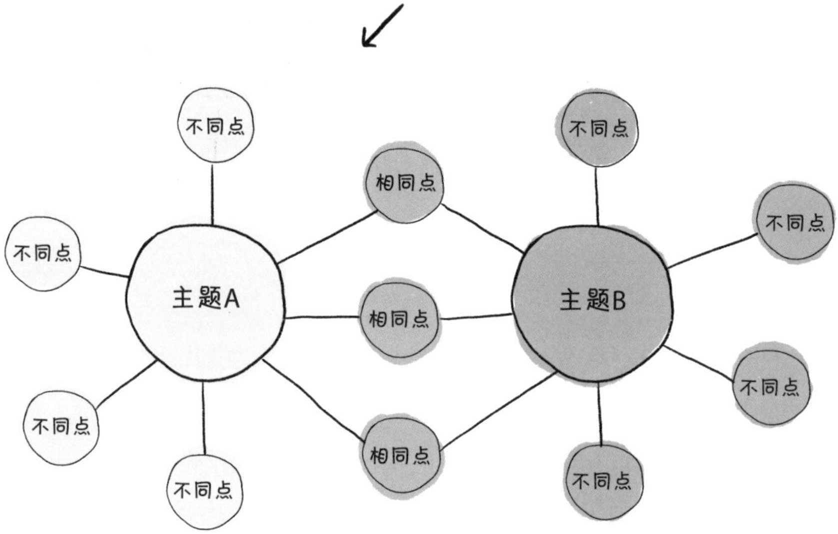

步骤3
画气泡圆，写不同点

注意：相同点和不同点的绘制顺序可以颠倒，可以先画不同点再画相同点，也可以穿插，画一个相同点再画一个不同点。

因为幼小衔接阶段的孩子发散性比较强，会出现想到不同点后突然想到一个相同点的情况，所以绘制顺序可以根据孩子的状态灵活调整。

◎ **以思导图**（应用案例）

举例：用双气泡图找出爸爸和妈妈的相同点和不同点。

步骤1
画两个内圆，写中心主题A和B

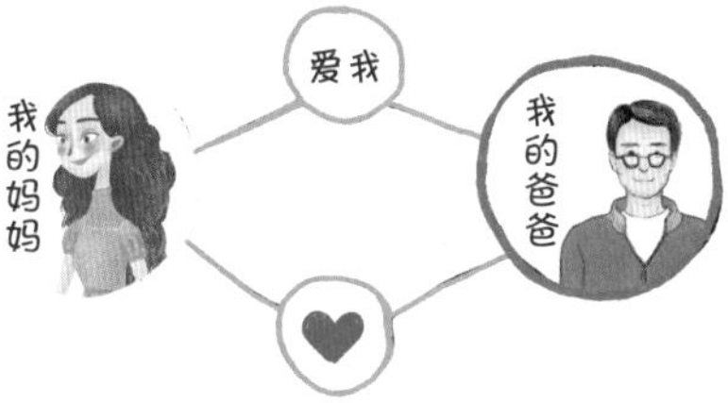

步骤2
画气泡圆，写相同点

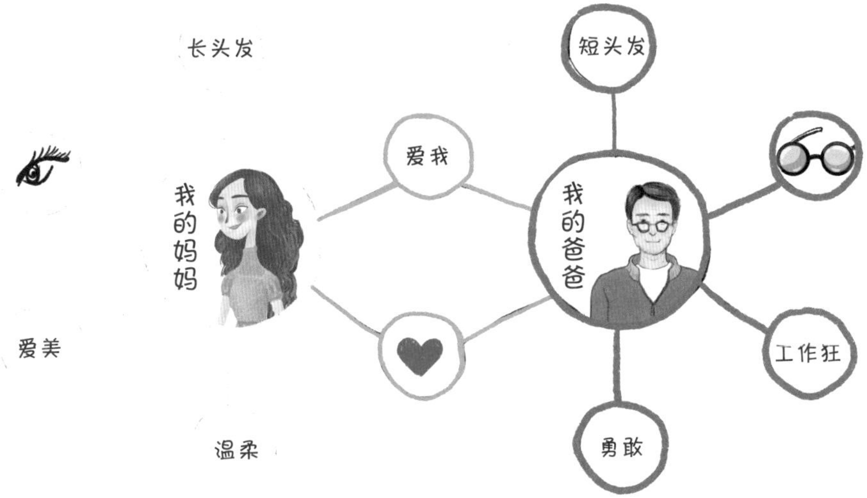

步骤3
画气泡圆，写不同点

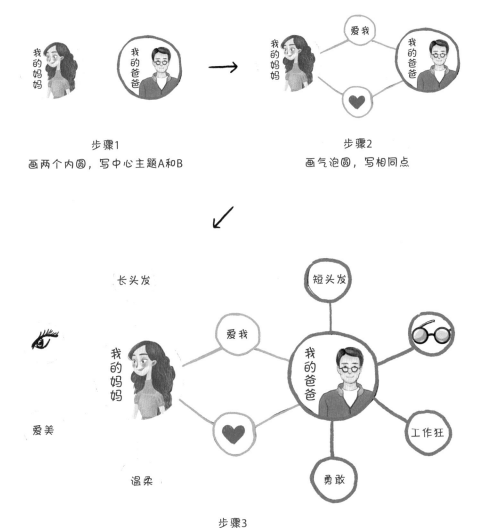

（4）树形图

◎ **以图育思**（图示展示）

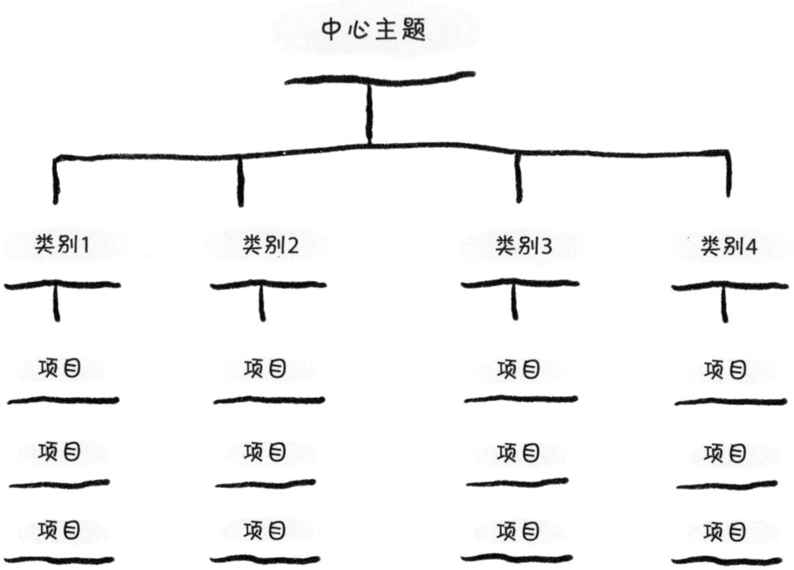

树形图主要用于培养分类和分解思维。生活中的垃圾分类、整理房间，学习中对知识点的整理，都离不开分类和分解思维。分类和分解思维是比较基础和常用的思维能力。双气泡图是两个事物之间的比较与对比，而树形图是多个事物之间的比较与对比。通过树形图，可以找出事物之间的关联性并进行分类，同时也是对事物或者信息的整理和归纳。

◎ **思图同步**（绘制步骤）

步骤 1，画树根，写中心主题。

步骤 2，画树干，分类别。

步骤 3，画树叶，填项目。

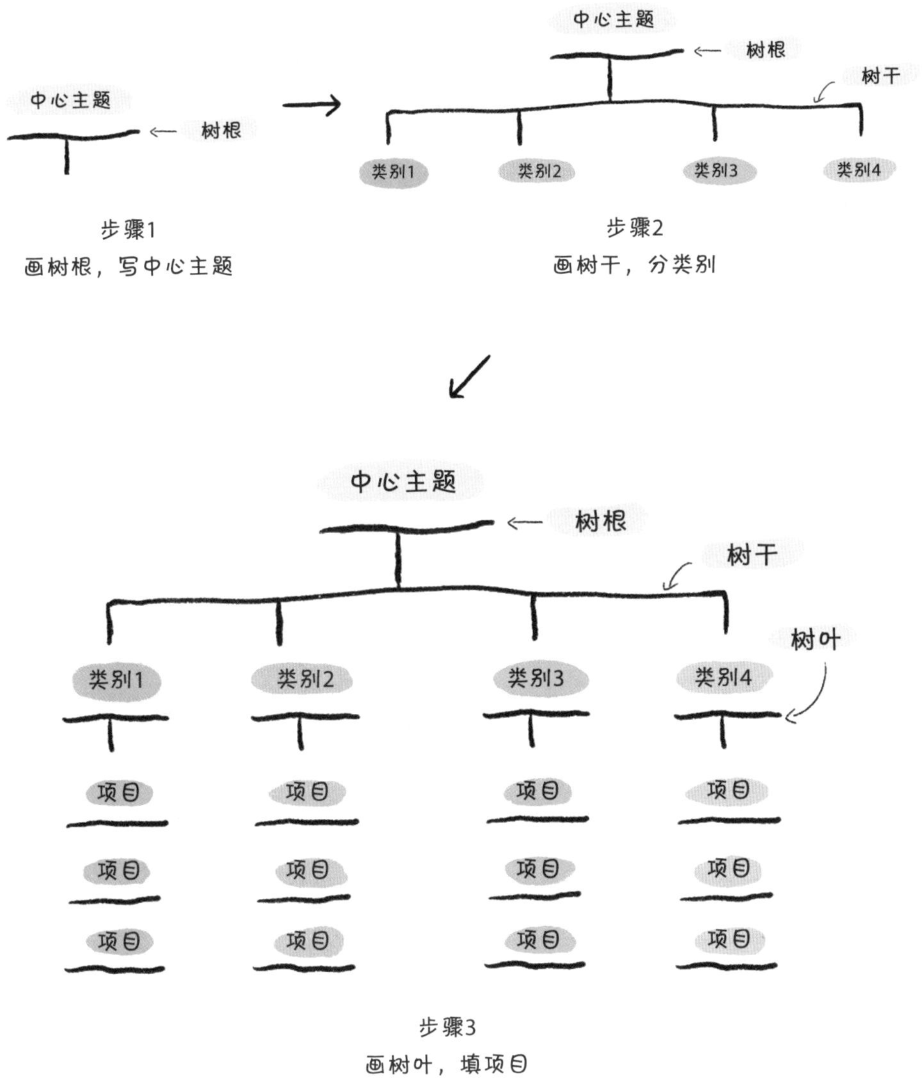

注意：

1. 顺序。关于类别与项目的填写，可以先填好一类，再填另外一类，如下图所示。根据不同的应用场景进行切换。

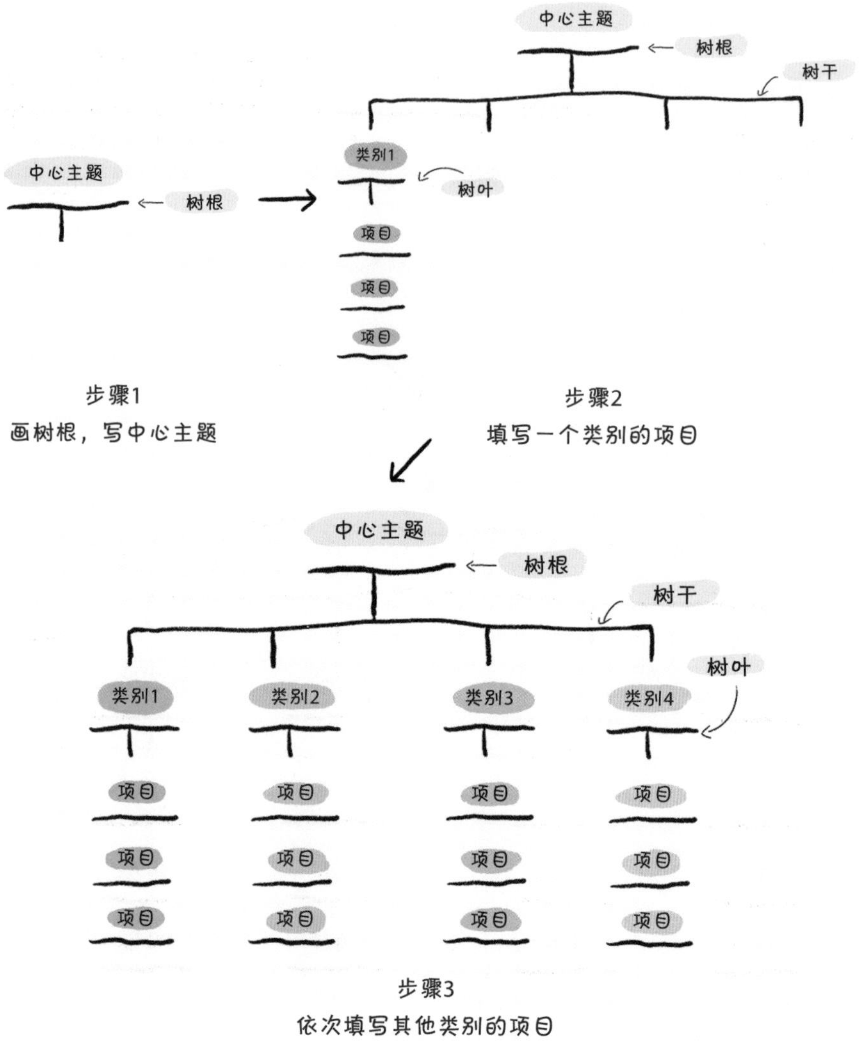

2. 标准。分类标准并不是唯一的，比如下面“以思导图”中的应用案例，对展示的物品进行分类，既可以从事物的属性进行分类，也可以从形状进行分类。分类不是千篇一律的，只要分类标准明确，类别划分符合科学常识，每个类别没有重复交叉即可。

◎ **以思导图**（应用案例）

举例：为下图中的物品分类。

按属性分类：

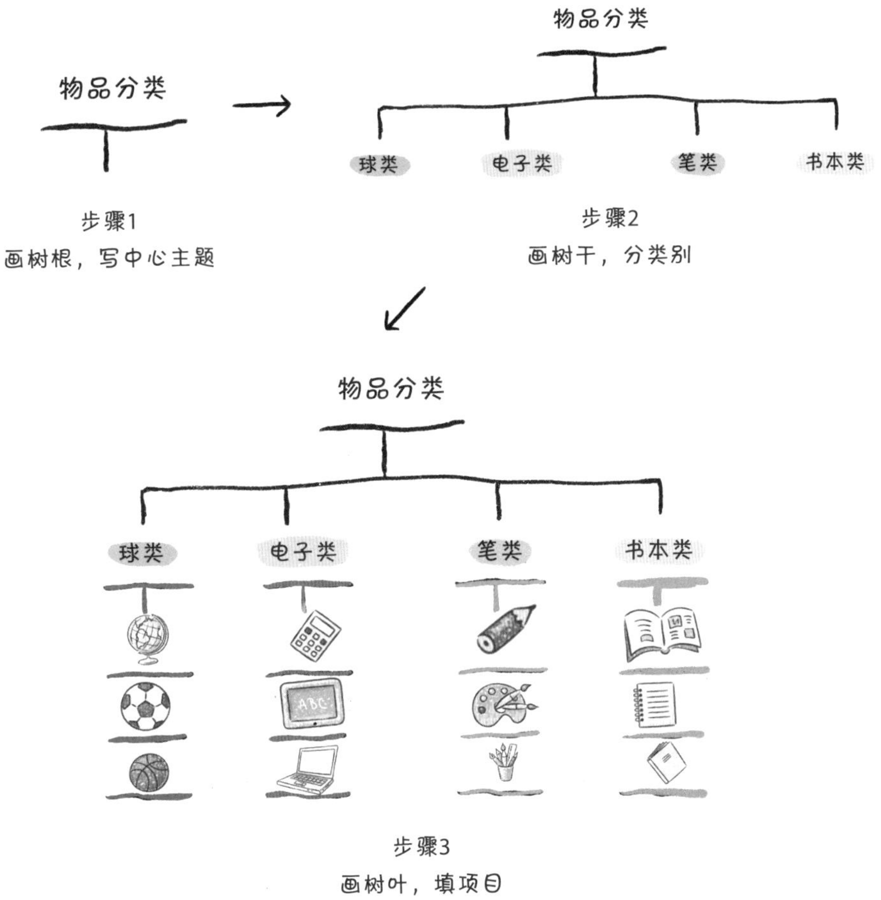

按形状分类：

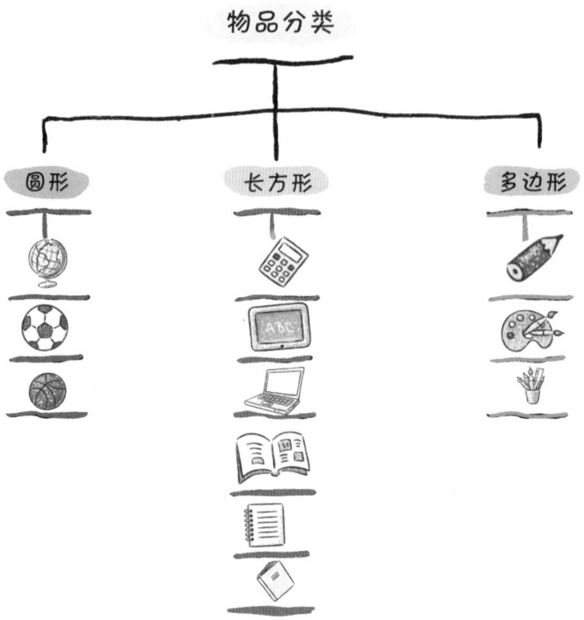

（5）括号图

◎ **以图育思**（图示展示）

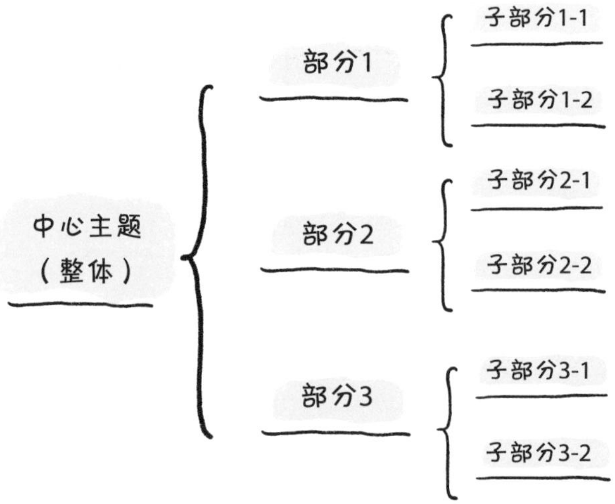

括号图与树形图类似，是锻炼分类、分解思维的图示工具，可以具体地表达某一事物整体与部分、部分与部分之间的关系。括号图可以帮助孩子解构性地了解事物，通过括号图拆分深入了解事物由哪些部分构成，以便客观系统地看待事物。括号图的要素有整体、部分、子部分，以从左到右的方式进行视觉呈现。

◎ **思图同步**（绘制步骤）

步骤 1，画整体，写中心主题。

步骤 2，画大括号，分解整体。

步骤 3，画小括号，分解部分。

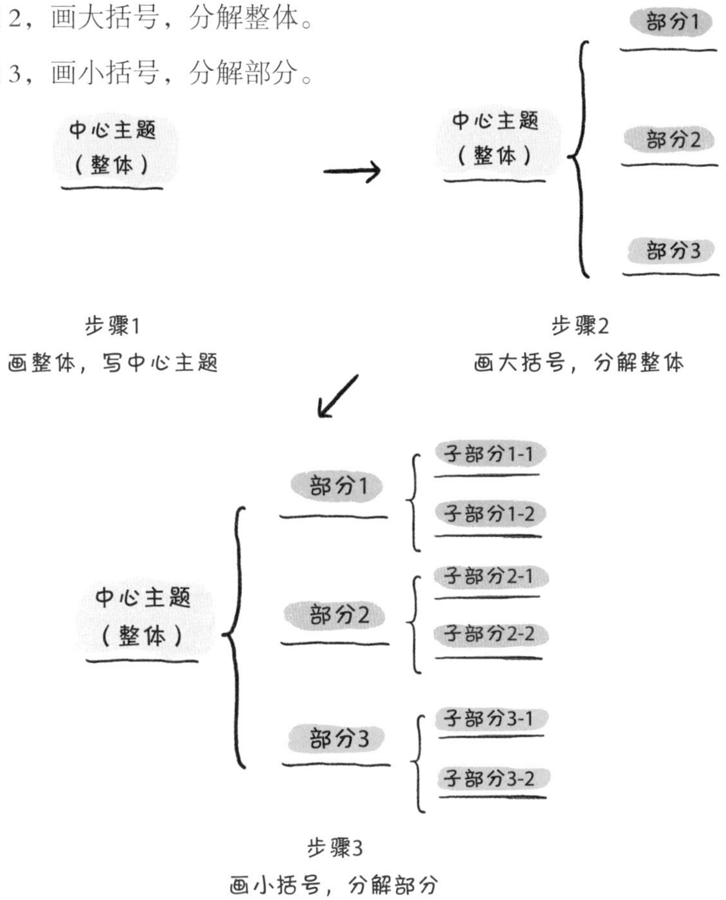

注意：

1. 最左边写要拆解的主题，依照从左至右、从上至下的顺序进行分解。
2. 同树形图一样，括号图的拆分依据也不是固定不变的，根据分解依据，拆分出来的内容不交叉即可。

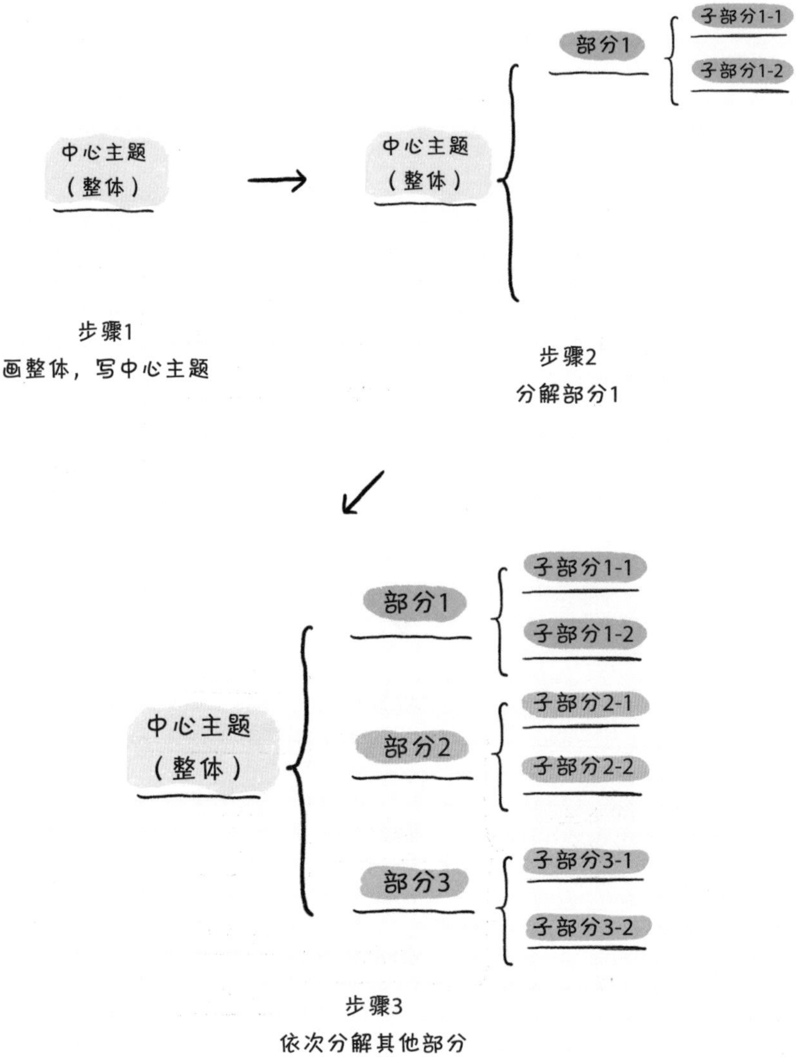

◎ **以思导图**（应用案例）

举例：用括号图认识人的身体组成。

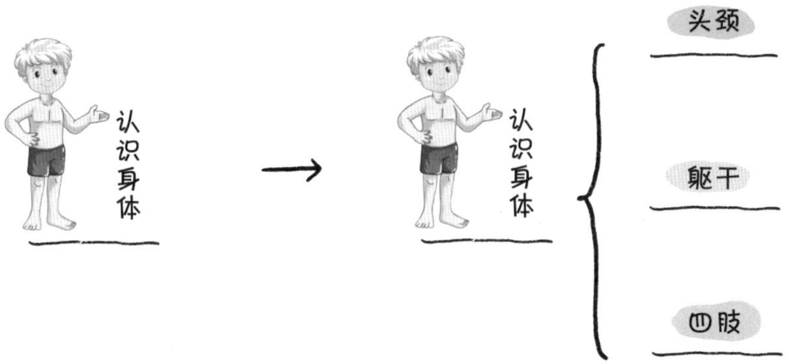

步骤1
画整体，写中心主题

步骤2
画大括号，分解整体

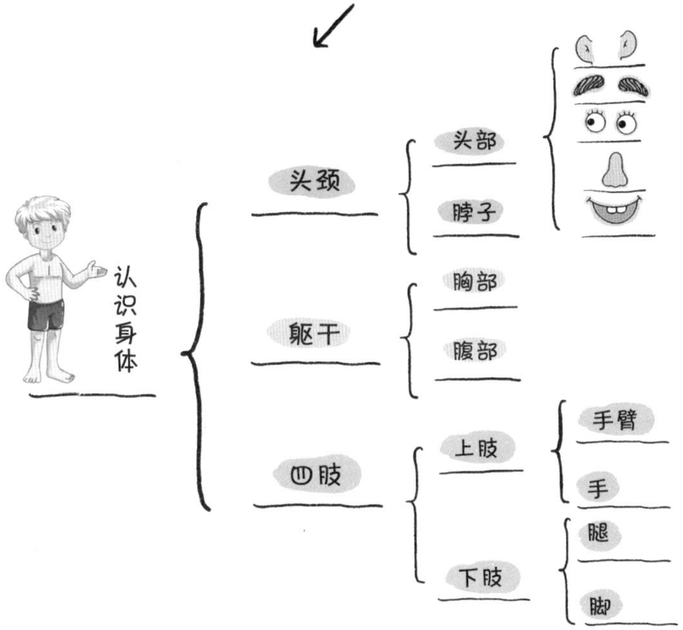

步骤3
画小括号，分解部分

（6）流程图

◎ **以图育思**（图示展示）

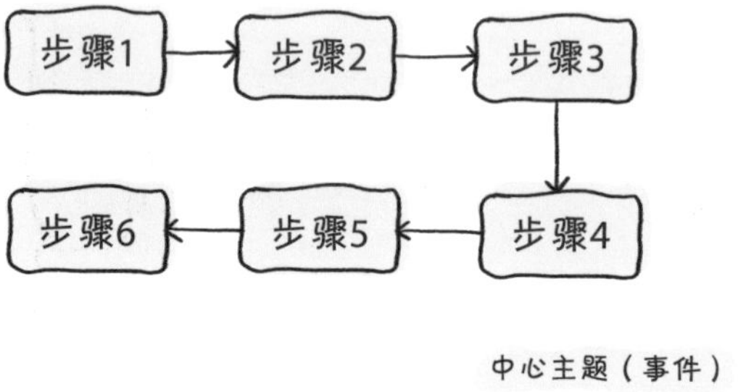

流程图主要用于培养逻辑顺序思维，用于描述一个复杂问题或过程的各个步骤，表达事物发生发展的思维过程，有一定的推理逻辑功能。孩子对某件事进行推理或者解数学题，都需要流程图来帮助理解、提高效率，按照次序与递进关系掌握流程。

◎ **思图同步**（绘制步骤）

步骤 1，画方块，写步骤 1。

步骤 2，画箭头，指引方向。

步骤 3，按照顺序完成所有步骤。

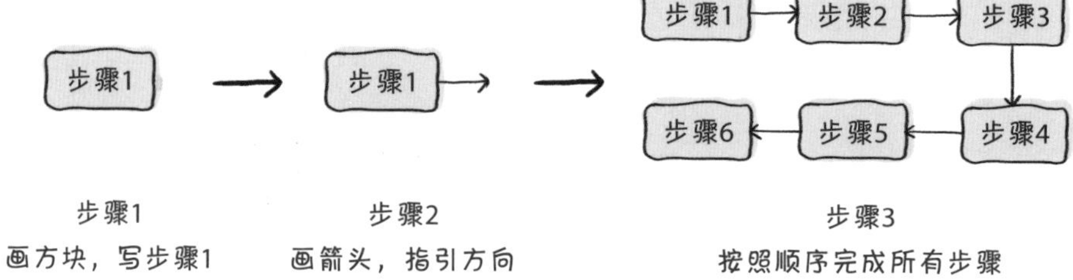

注意：流程图要按照箭头指示的方向前进，箭头指向要保持一致，避免信息混淆。

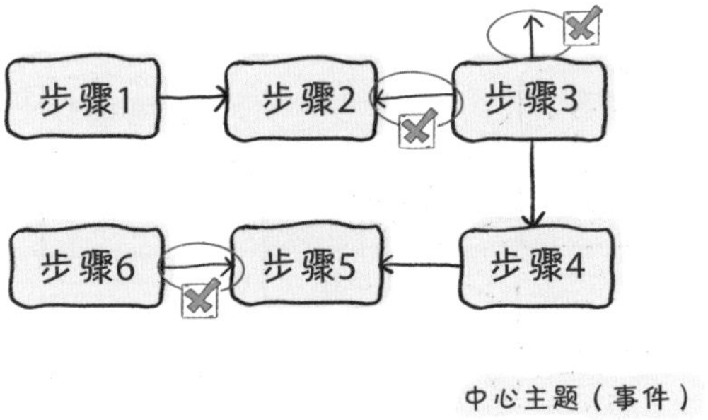

箭头方向错误示例

◎ **以思导图**（应用案例）

举例：用流程图展示升学流程。

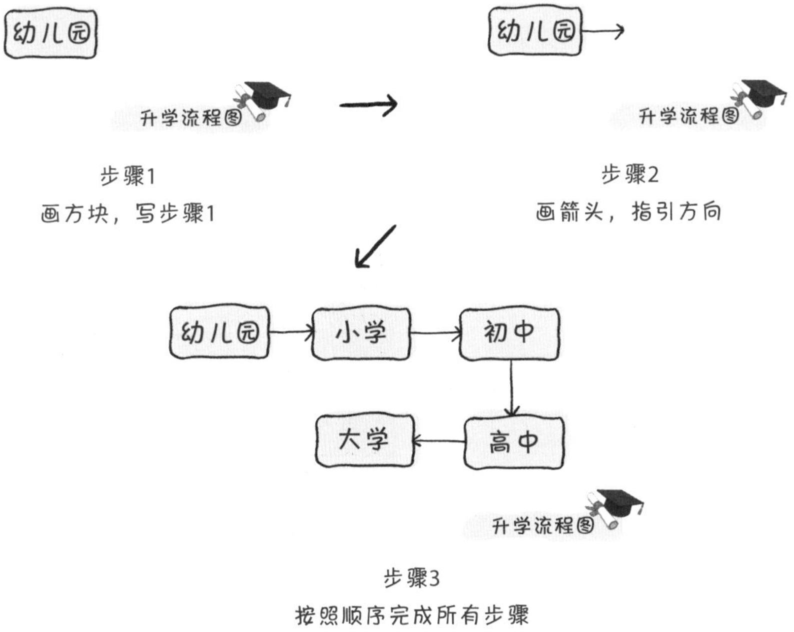

（7）复流程图

◎ **以图育思**（图示展示）

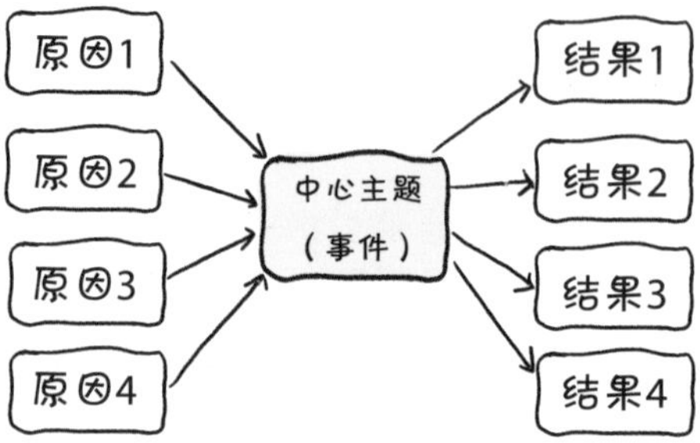

复流程图是主要培养因果思维的图示工具，用于分析主题事件发生的原因及产生的结果。基于流程图的顺序思维平面化，过渡到因果思维的立体化，帮助孩子更好地分析问题、解决问题，提升系统全面看问题的能力。

◎ **思图同步**（绘制步骤）

步骤 1，画中心，写主题事件。

步骤 2，写原因，画箭头指向主题。

步骤 3，画箭头指向结果。

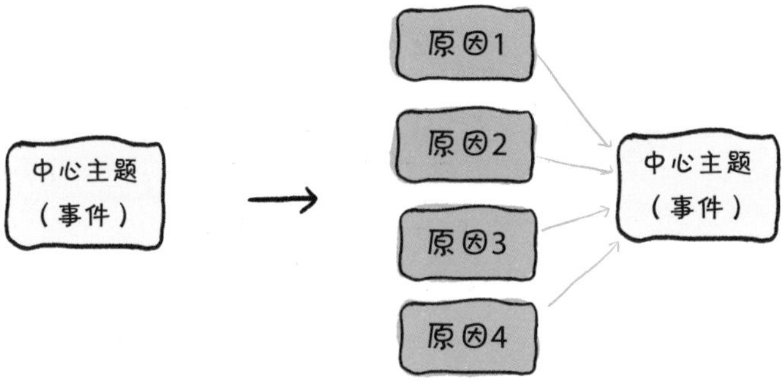

步骤1　画中心，写主题事件

步骤2　写原因，画箭头指向主题

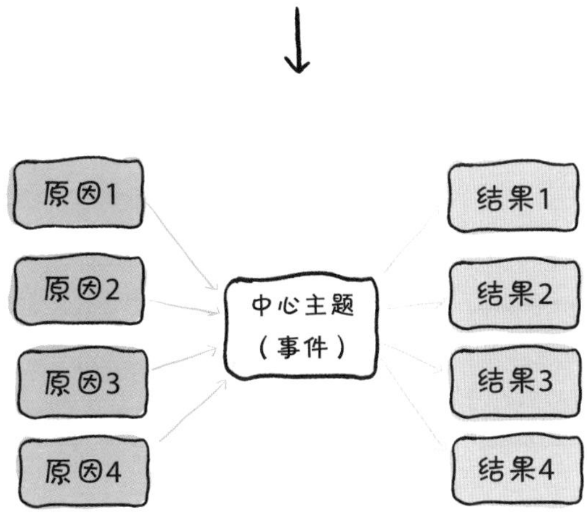

步骤3
画箭头指向结果

注意：复流程图要按照箭头指示的方向前进，一定要注意原因箭头指向主题，主题箭头指向结果（什么原因产生这个事件，这个事件产生什么结果）。很多孩子会弄错箭头的指向。

所有箭头都指向主题，是错误的，会导致因果关系混乱，如下图所示。

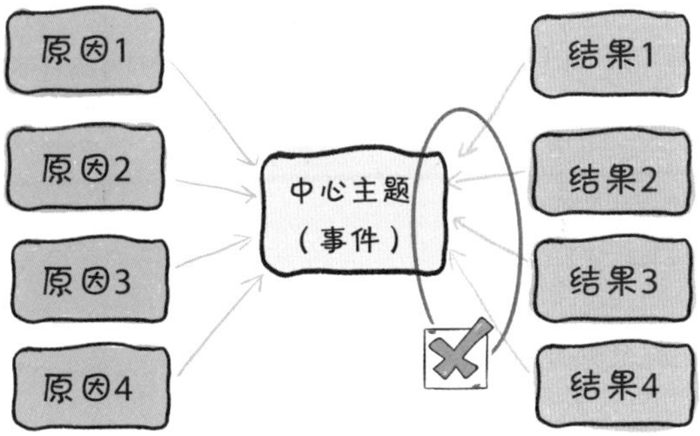

◎ **以思导图**（应用案例）

举例：用复流程图分析不爱学习的原因和导致的结果。

步骤1

画中心，写主题事件

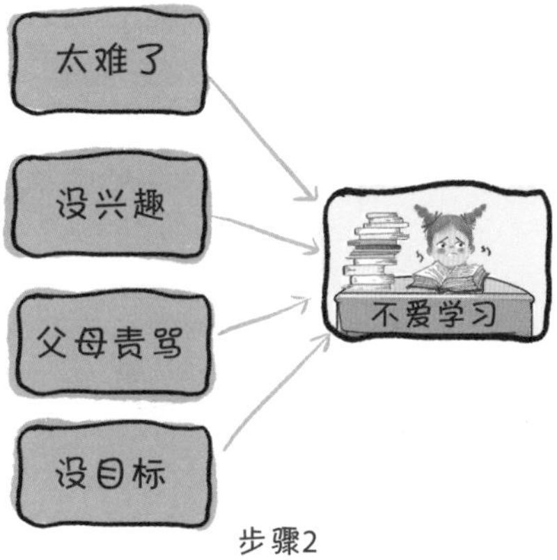

步骤2

写原因，画箭头指向主题

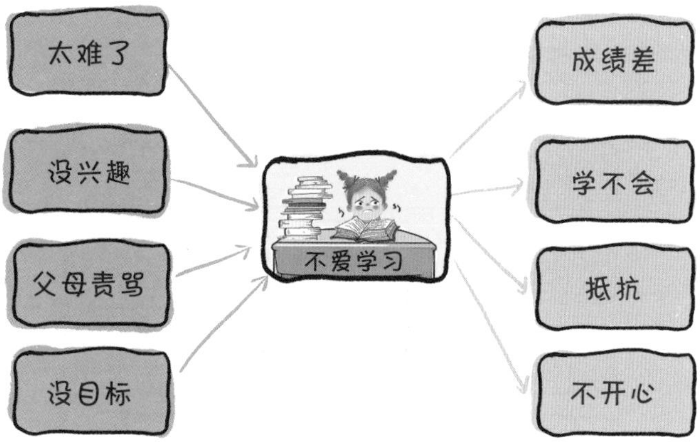

步骤3

画箭头指向结果

（8）桥形图

◎ **以图育思**（图示展示）

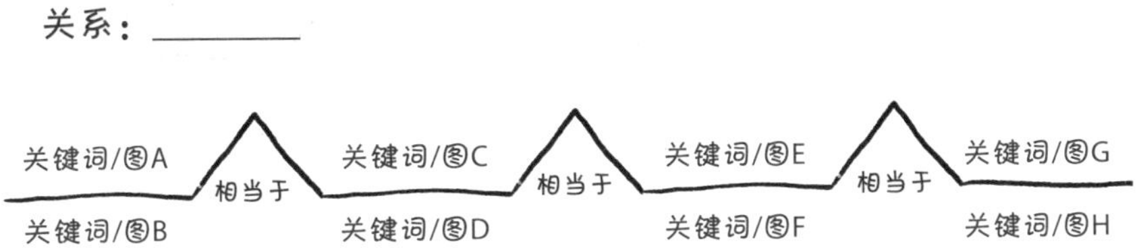

桥形图主要用于培养推理和类比思维，展示事物与事物之间的关联性，将新旧知识串联起来，让旧知识更牢固，并能根据旧知识举一反三延伸出新知识。桥形图由横线和小三角组成，像一座小桥，横线上下的关键词 / 图 A 和 B 表达一种逻辑关系，由 A 和 B 推理出 C 和 D，也就是 A 和 B 的关系相当于 C 和 D 的关系。

◎ **思图同步**（绘制步骤）

步骤 1，画横线，写出关键词 / 图 A 和 B。

步骤 2，画三角，写“相当于”。

步骤 3，画横线，写出关键词 / 图 C 和 D……

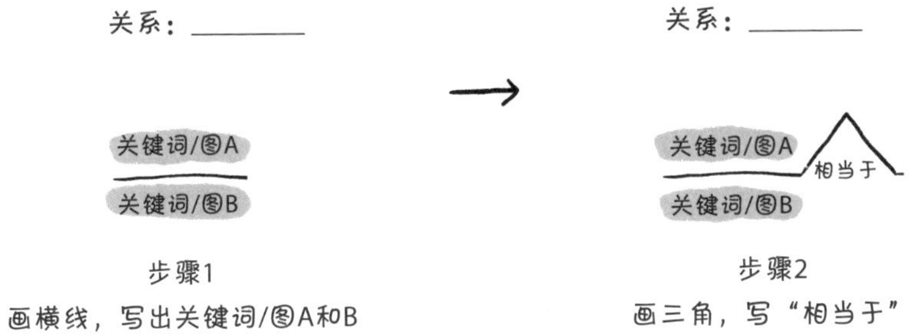

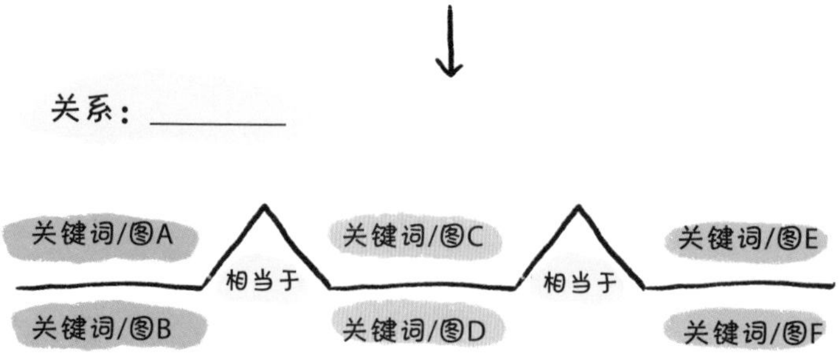

步骤3
画横线，写出关键词/图C和D……

注意：在桥形图中，桥上信息的性质是一致的，桥下信息的性质是一致的，一定要注意匹配性，不要颠倒位置，否则会干扰关系的成立。

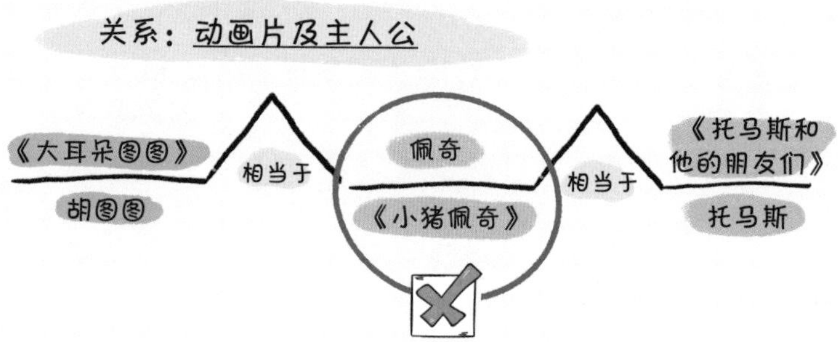

◎ **以思导图**（应用案例）

举例：用桥形图类比动画片和主人公的关系。

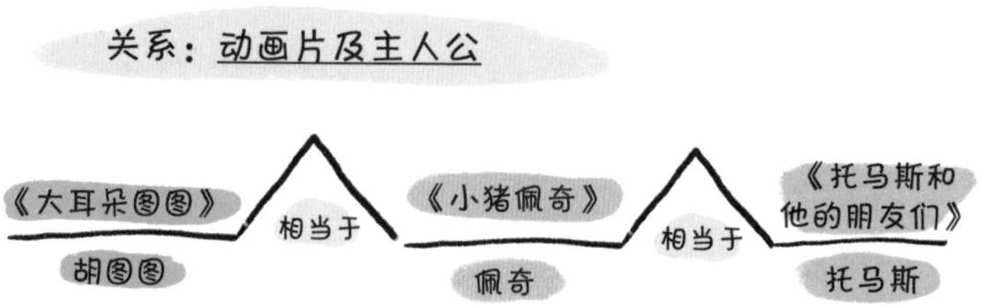

Mind Map基础绘制方法

1. 绘制工具

根据绘制方式的不同，思维导图分为手绘思维导图和软件思维导图。幼小衔接阶段的孩子年龄较小，很多孩子对手机等电子设备上瘾成性，为避免影响视力及对电子产品的过度依赖，建议选择手绘方式学习和应用思维导图，可以让孩子远离手机，提高注意力。

手绘思维导图涉及绘制工具的选择，很多初学者会按照绘画的标准来选择，导致在选择工具和使用工具上浪费了很多时间。为这一阶段的孩子选择思维导图工具要注重绘制的清晰度及安全性，为了帮助大家走出选择材料的误区，下面介绍一下手绘思维导图的常用工具。

（1）纸的选择

绘制思维导图要选择白色空白纸，常用规格为 A3 或 A4 大小，横向绘制。幼小衔接阶段的孩子较小，绘制更有张力，建议准备更大的纸张以便孩子发挥，避免因为纸张过小束缚孩子天马行空的想法。同时要选择相对较厚的纸张，防止颜色透过纸张影响画面，干扰信息的呈现。

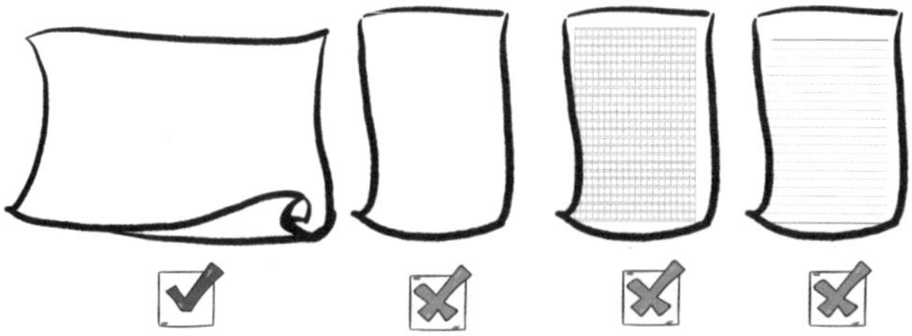

（2）笔的选择

和八大思维图示选笔相同，可选择 12 色普通水彩笔。

2. 导图组成

思维导图包括中心图、主干、分支、箭头、关键词和关键图。

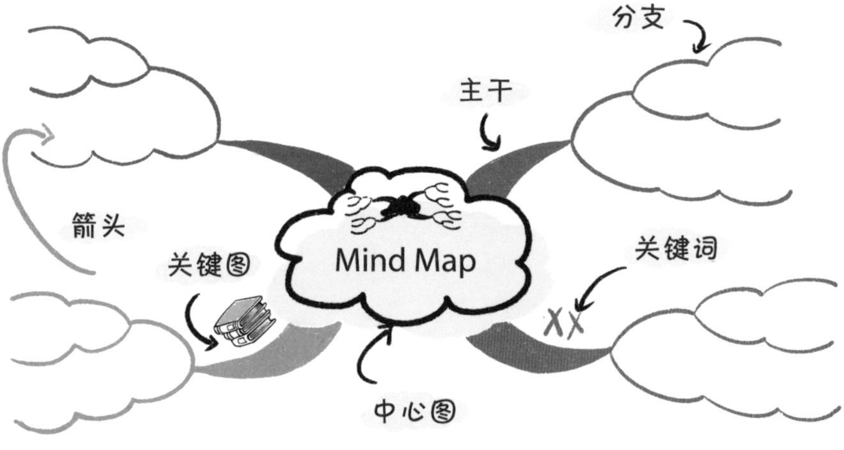

下面我们以“小美的自我介绍”为例，通过实操案例展示思维导图的绘制要求。

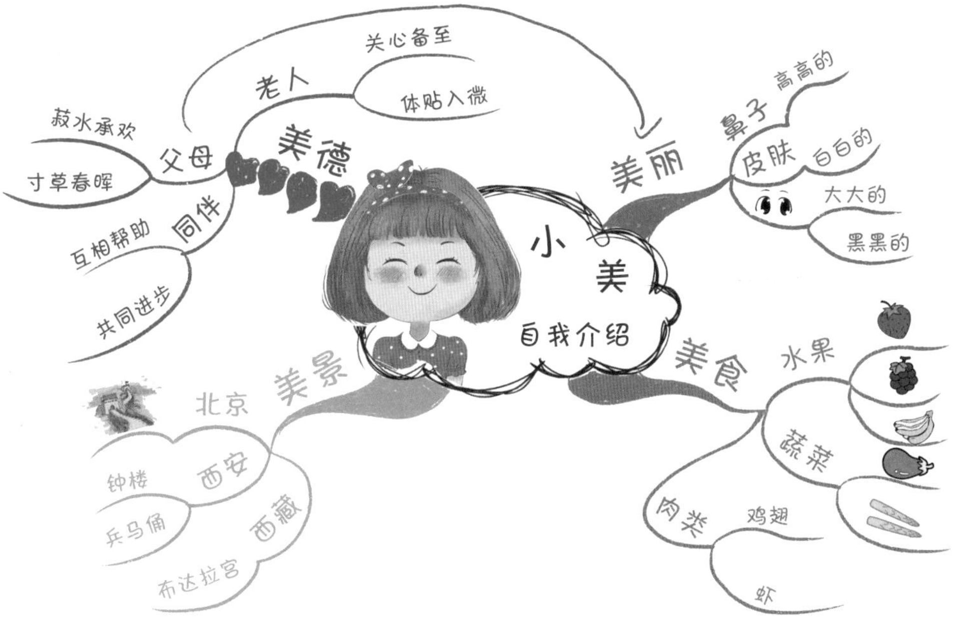

（1）中心图

作用：中心图就是主题、中心思想。如果思维没有主题，或者不从主题出发展开拓展，就容易出现无题、跑题、偏题、离题的现象。思维导图的中心图可以时刻提示我们要击中主题、明确中心，同时，绘制中心图的过程也是对主题进行思维发散的过程。边画边思考，边思考边画，可以在绘制的过程中对主题进行从无到有的发散。

位置：中心图位于整张纸的中心位置，可以通过对角线的交叉点或目测的方式寻找中心位置。

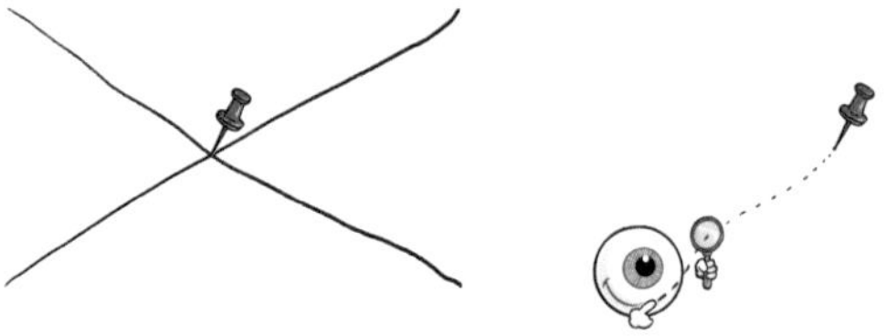

大小：无论多大纸张，中心图大小为整张纸的九分之一为最佳，可以借助九宫格的方法目测中心图大小。如果画得太大，就会没有空间展开思维，就真的成了美术作品；如果画得太小，会看不清主题，不能起到激发、提示的作用。因此，只有合适的大小才能保证绘制的有效性。

内容：中心图内容最好是图文并茂的，既有文字的精准表述，又有图像的补充说明，文字从理性角度锁定目标，图像从感性角度拓展思维。中心图的文字一定要准确，紧扣主题，否则之后所有的展开都是无效、无用的。配图要符合主题内容，不能随意绘制。中心图中的“图文”要信息匹配，才能凸显主题，紧抓眼球。如果孩子不会写字，用单纯的图像表达也可以。

如“小美的自我介绍”中心图就画了小美的自画像，符合主题内容。

颜色：孩子特别喜欢丰富的颜色，只要绘制出的中心图符合主题、能够看清内容就可以。

（2）线条

作用：思维导图中的线条是一个个枢纽，链接图与图、词与词、词与图之间的关系。如果没有线条，思维就处于一种无章、无序、重复的状态；有了线条的衔接，孩子不仅能够捋顺思维，还能够通过线条的框架结构进行思维的发散与延展。

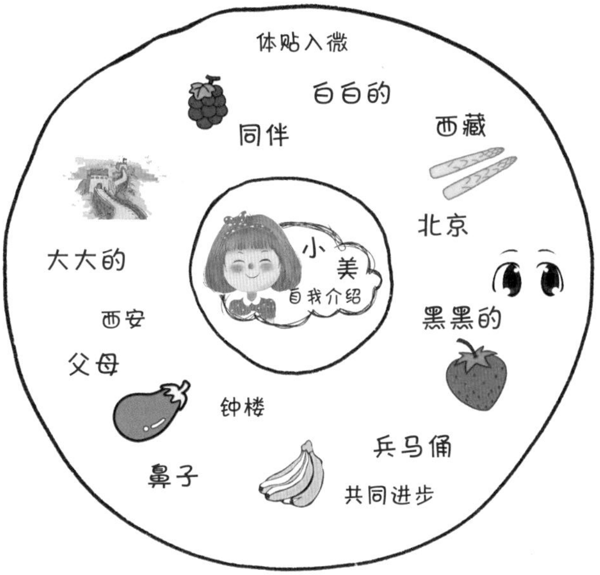

无序表达

（接上页）

↓

有序表达

内容：线条包括主干、分支与箭头，主干是离中心图最近的线条，代表思维的广度；分支从不同的主干进行延展，代表思维的深度；箭头用于衔接和指引导图中相互有关联的内容。

布局：线条的布局就好像写汉字一样，汉字要按照正确的笔顺书写，每一个笔画书写得好坏决定了整个字的好坏。清晰美观的字有助于人们正确阅读。

思维导图中的线条也是一样的，线条布局要规整，围绕中心图 360 度平均划分，比如，有四个主干就平均分配空间。横向绘制，以便书写文字和画图标。

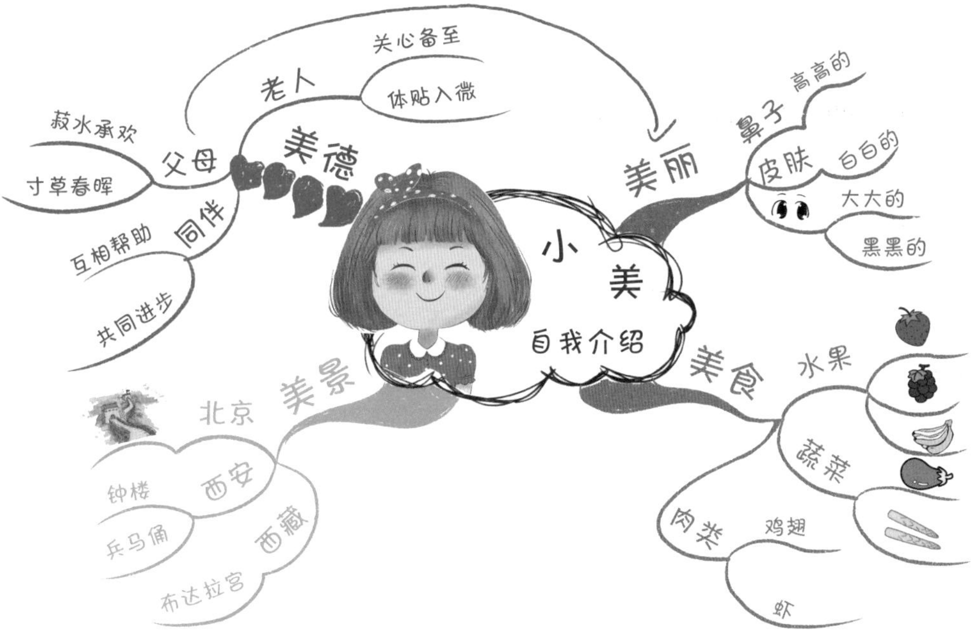

小美
自我介绍
美德
老人
体贴入微
关心备至
父母
寸草春晖
菽水承欢
同伴
互相帮助
共同进步
美丽
鼻子
高高的
皮肤
白白的
大大的
黑黑的
美食
水果
蔬菜
肉类
鸡翅
虾
美景
北京
西安
钟楼
兵马俑
西藏
布达拉宫

顺序：主干由时钟 12 点至 1 点钟方向起始，顺时针旋转绘制与阅读。

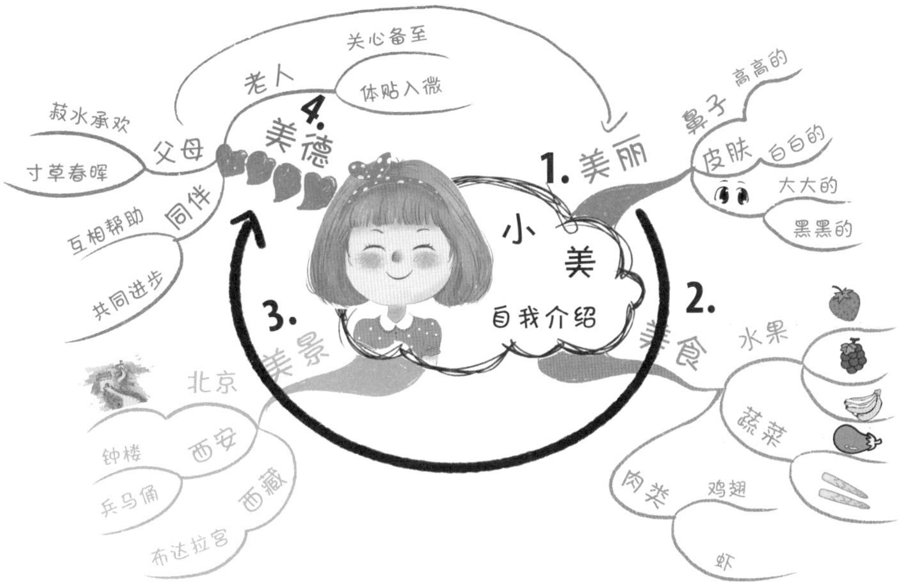

形状：

主干：基础形状为牛角形状，由粗到细绘制。

分支：流畅曲线。

箭头：流畅曲线，指向明确。实箭头代表实链接，虚箭头代表虚链接。

主干　　分支　　箭头

长度：

主干和分支的长度：稍稍大于关键词和关键图的长度即可，线条过长浪费空间，过短承载不全信息。

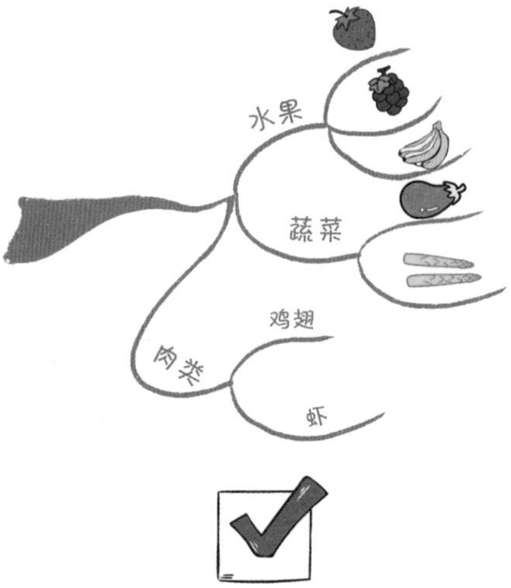

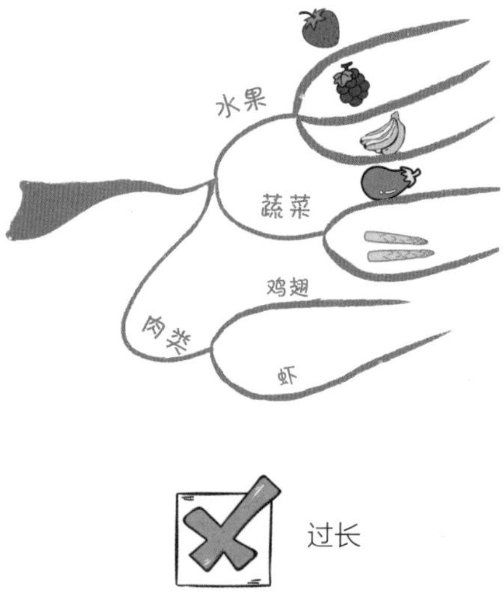

过长

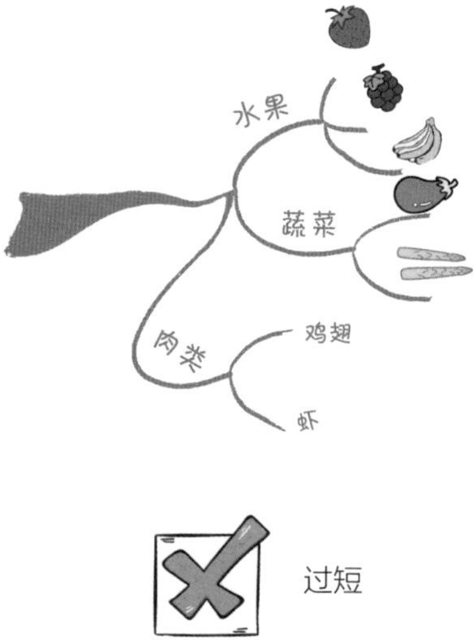

过短

颜色：

同色关系：同一主干下的分支与主干同色，可以更好地表达从属关系。就好像妈妈和宝宝穿亲子装更易识别亲子关系一样。

撞色关系：临近的主干与从属分支用对比色呈现，会更容易区分信息。

结构：线条的不同结构代表不同的逻辑关系，常用的逻辑关系有总分、递进、并列、因果。

总分关系结构图：

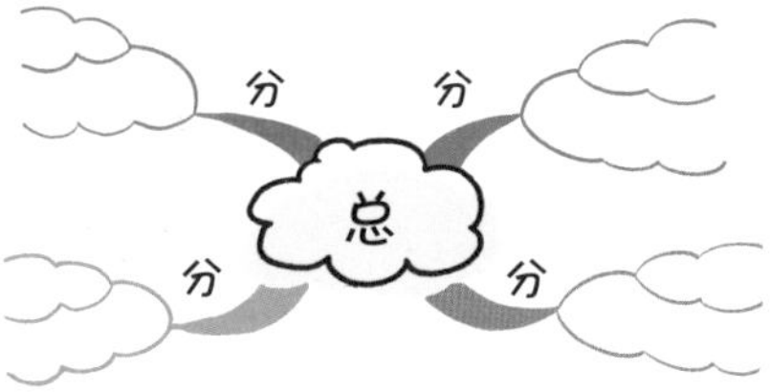

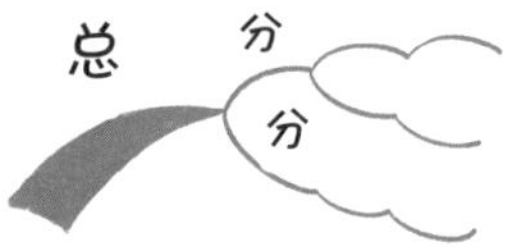

以“小美的自我介绍”为例，以小美为中心，分别从美丽、美食、美景和美德四个方面做自我介绍，以总分关系呈现。主干与分支也属于总分关系，如“美丽”下面分别从鼻子、皮肤、眼睛三个角度进行介绍。

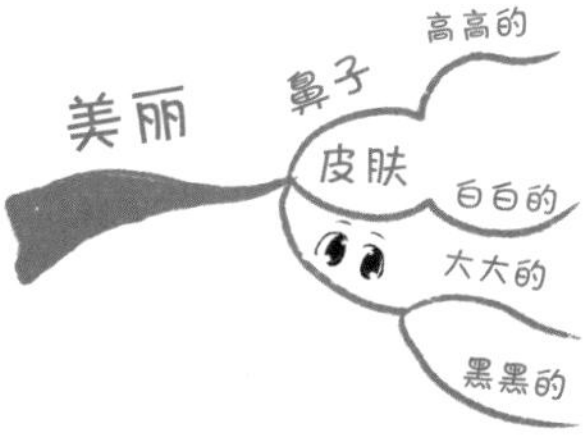

并列关系结构图：

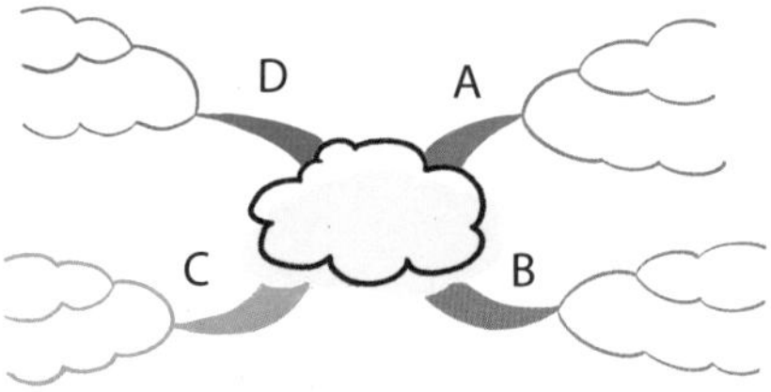

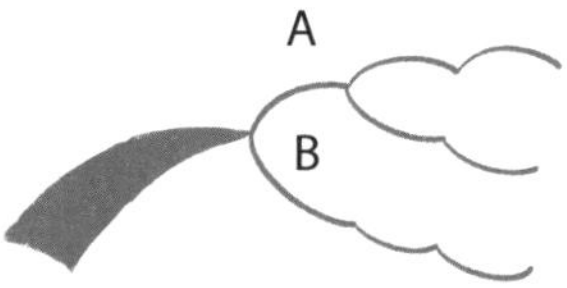

在“小美的自我介绍”中，美食部分从水果、蔬菜、肉类三个食品类别进行介绍，水果、蔬菜、肉类在这里就属于并列关系，水果、蔬菜、肉类下的子内容也是并列关系。

因果关系结构图：

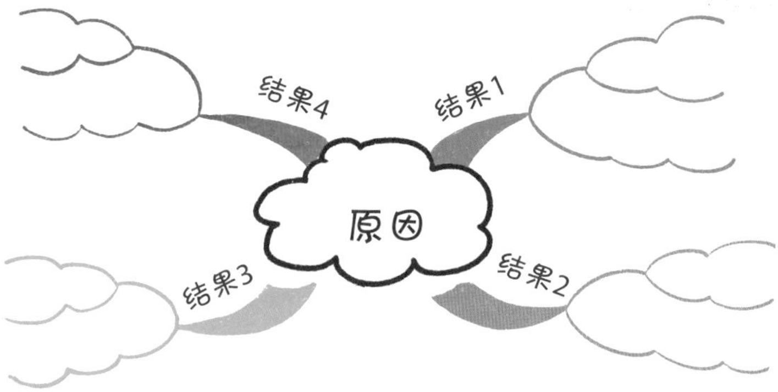

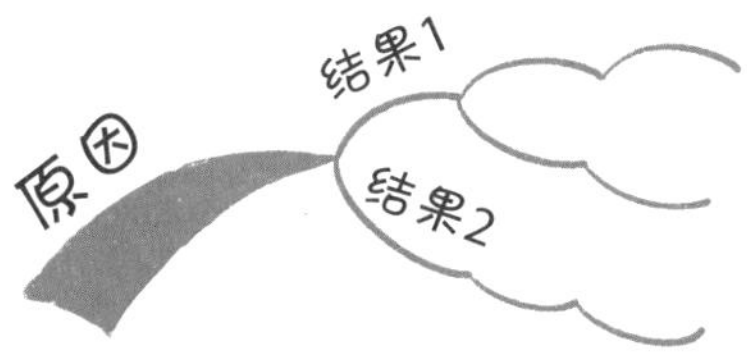

例如，什么原因会导致不爱学习，不爱学习会产生哪些后果，都属于因果关系。

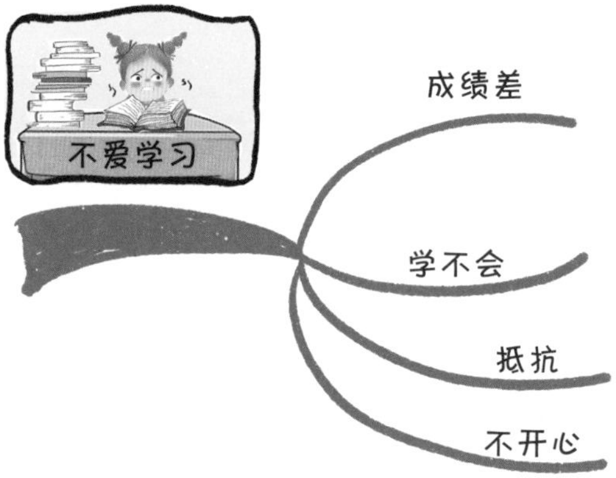

递进关系结构图：

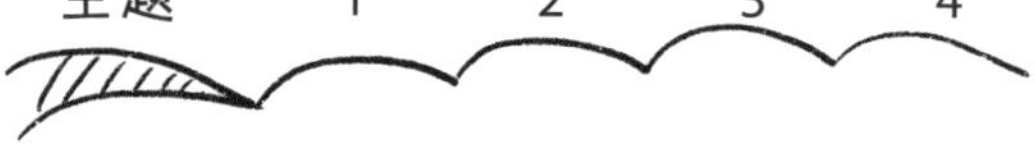

例如，从幼儿园到大学是对升学的递进关系表达。

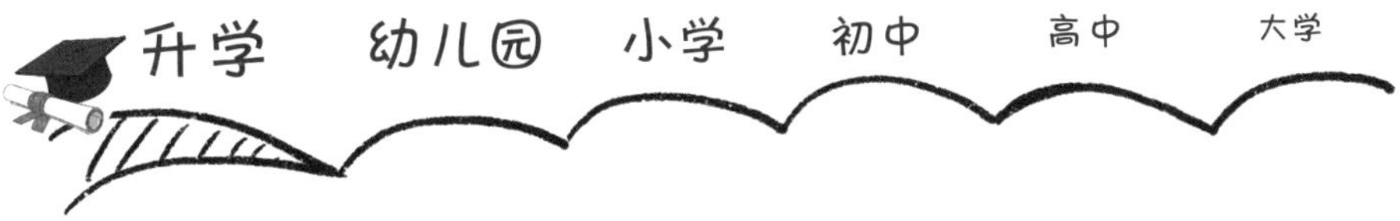

（3）图标

作用：图标可以使表达更加清晰，更利于理解和记忆。图像是人类最原始的信息工具，是我们的原始语言，对图像信息的反应是人类最原始的能力。在实际生活中，图像也给我们带来了识别和记忆的便捷。

思维导图中的图标浓缩了图像的意义，可以帮助我们强化记忆、强调重点。当我们记不住、读不懂重点、难点时，图标起到了图像转述的作用，帮助我们消化吸收所学的内容。小图标不用画得特别复杂，能说明问题就可以。

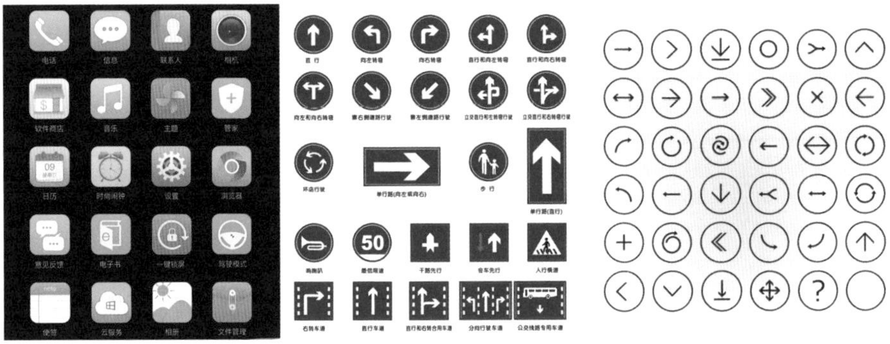

位置：图标要画在线上，大小适合线条的承载度。

数量：一线一图。

颜色：图标的颜色要用能跳跃出周围要素的色系，因为图标本身起着强调的作用，所以颜色可以根据图标内容跳跃出来。

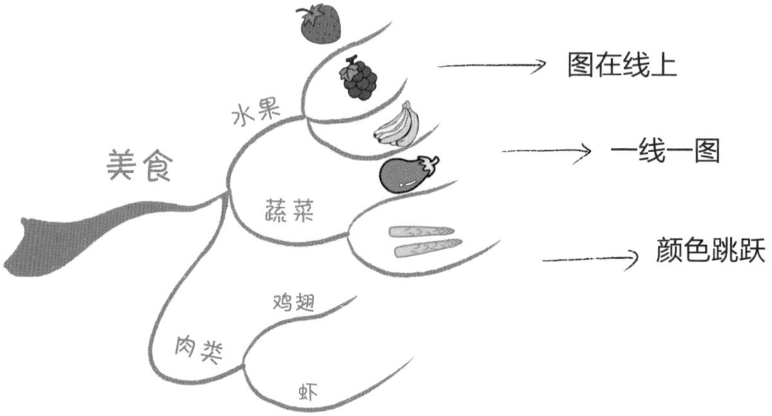

（4）关键词

作用：思维导图之所以能够提高学习效率，起到以少胜多、一图胜千言的效果，其核心就是关键词。导图中线条上写的并不是长篇大论的句子，而是关键词。关键词能够简化繁复信息，这种简是归类、提取出来的，需要一个锤炼的过程，从“言简而意不简”，到“言简而意赅”。正确提取关键词，用线条梳理关键词关系，在大量的信息中去粗取精，可以达到以点带面、一言穷理、纲举目张的效果。

颜色：关键词与线条同色。

数量：一线一词。

位置：词在线上。

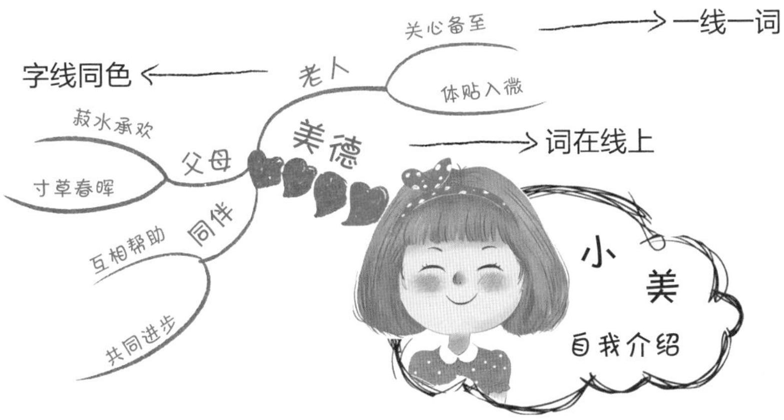

内容：提取关键词一定要先了解词，才能更好地提炼出关键词。词并非都由两个及以上的字组成，例如，“江”是大河的通称，代表一定的意义，能够独立运用，虽然是一个字，但也是词。所以词的字数不要局限于两个字，一个字或者成语、歇后语等四个字或五个字等也可以作为关键词。

词语按照词性分类，可分为名词、动词、形容词、数词、量词、代词等。在众多词性中，最能说明关键点、表达力最强的就是名词和动词，也是重点提取词。其他词性为辅助性提取词。

重点词汇：

名词：表示人或事物名称的词，具有一定的说明性。

动词：表示人或事物动作行为、心理活动、发展变化的词，具有一定的激发性。

辅助词汇：

形容词：表示人或事物性质或状态的词，具有一定的解读性。

陪衬词汇：

指数词、量词、代词、副词等除名词、动词、形容词之外的词。在提取关键词时，陪衬词汇普遍都会被忽略，但在涉及更为具体的导图信息时，比如涉及数学学科的解题数值、历史学科的时间数据等表示数量或者程度的词时，要注意数词、量词和副词的提取。

练习：用思维导图画出逻辑关系

练习 1：我期末考试数学考了 100 分，语文考了 100 分，英语考了 98 分。

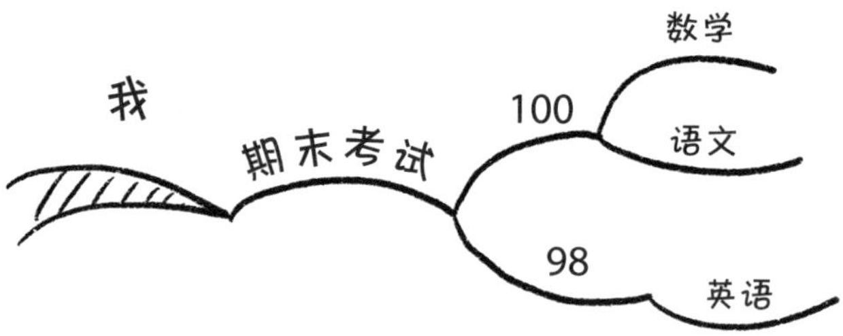

练习 2：公园里的花五颜六色，有红色的、白色的，还有黄色的。

练习 3：妈妈生日那天，我送给妈妈一束花，并且是妈妈最喜欢的百合花。

练习 4：因为思维导图我爱上了学习。

3. 绘制步骤

方式一，从整体到局部

适用于已知所要表达的内容的情况，比如阅读、复习等，能够从整体到局部进行总结、概括。

第一步，明确主题绘中心。

第二步，提取信息画主干。

第三步，深入思维探分支。

第四步，顺承主干完分支。

第五步，完善箭头粘链接。

步骤1
明确主题绘中心

步骤2
提取信息画主干

步骤3
深入思维探分支

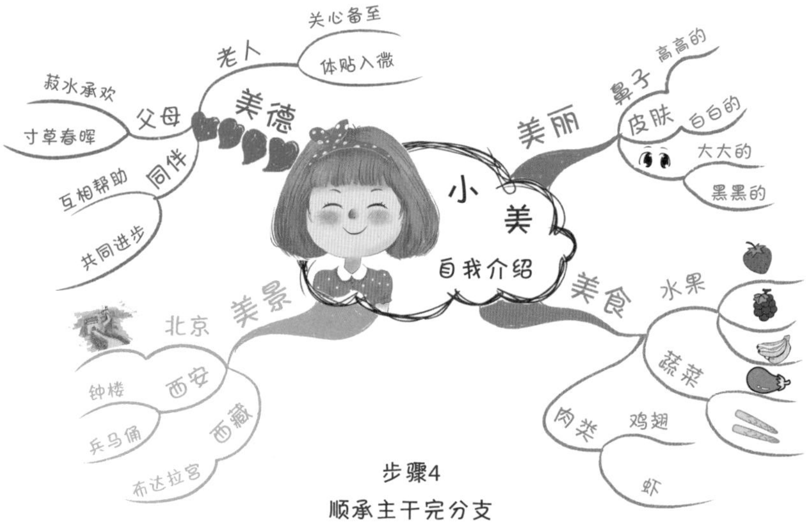

步骤4
顺承主干完分支

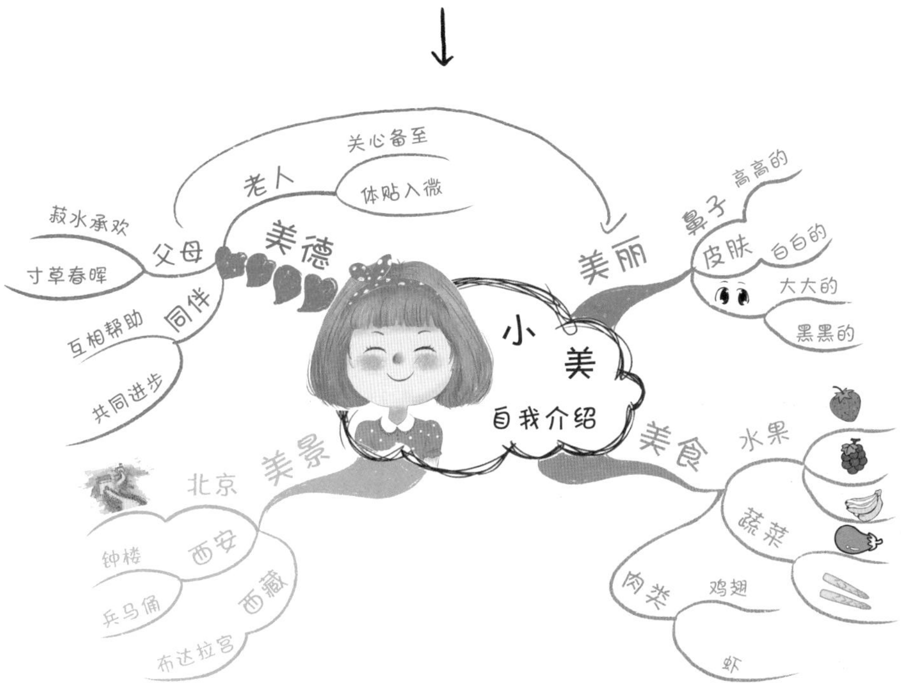

步骤5
完善箭头粘链接

方式二，从局部到整体

适用于对所要表达的内容处于未知状态的情况，比如听记、创作等，能够从局部到整体进行推理、展现。

第一步，明确主题绘中心。

第二步，提取思维画主干。

第三步，拓展思维探分支。

第四步，顺承内容完提炼。

第五步，完善箭头粘链接。

步骤1
明确主题绘中心

步骤2
提取思维画主干

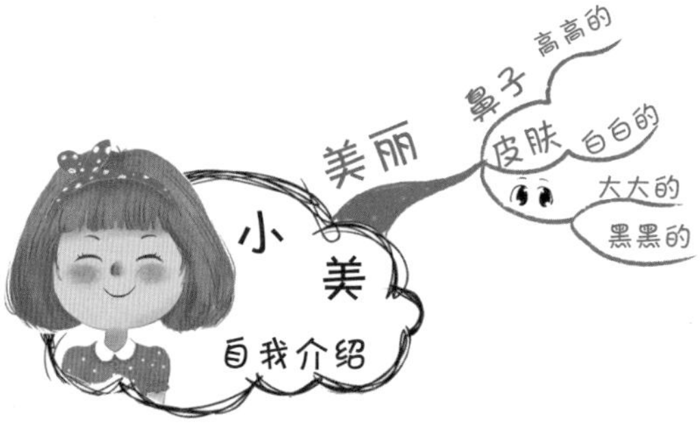

步骤3
拓展思维探分支

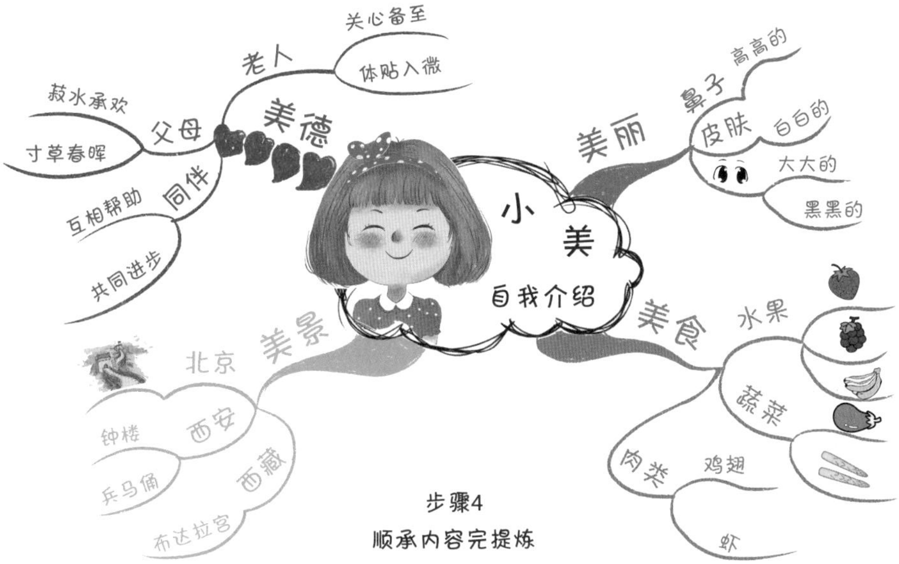

步骤4
顺承内容完提炼

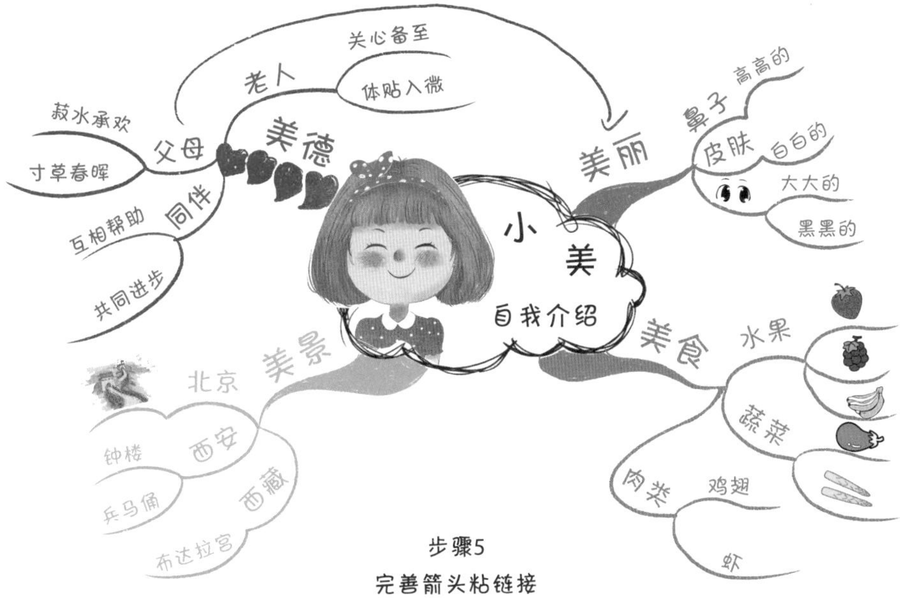

步骤5
完善箭头粘链接

导 言

幼小衔接思维训练是从Thinking Maps 八大思维图示的单一思维训练到Mind Map系统思维的衔接，从学前的基础思维力到入学后的多元思维力的衔接，从具体的思维方法到抽象的思维方法的衔接。

本书提出T+M思维训练法：Thinking Maps与Mind Map结合训练，能够帮助孩子从“玩中学”有效链接到“学中玩”，实现幼小衔接的轻松过渡。T+M思维训练法可以让工具为自己所用，让方法越来越强大。

4

第四章 让方法越来越强大

- 让思维更活跃（发散思维训练）
- 让表达更清晰（描述思维训练）
- 让选择变简单（比较思维训练）
- 让事情由繁化简（分类思维训练）
- 让思维有层次（分解思维训练）
- 让做事有逻辑（顺序思维训练）
- 让分析有依据（因果思维训练）
- 让思考举一反三（类比思维训练）

让思维更活跃（发散思维训练）

1. 什么是发散思维

发散思维也称扩散思维、辐射思维，是大脑从不同途径、视角、层次思考问题、寻求答案的思维方式，突出思维的开放性与多样性。发散思维不受已知和现存的方式、方法、规则的约束，而是从已有信息出发，突破原有的知识界限，发挥想象力而产生新的信息。简单来说，发散思维就是有天马行空的想法，有源源不断的“鬼点子”。

2. 发散思维的作用

发散思维是创新思维的基本形式，具有流畅性、变通性、独创性、多向性、高层次性的特点。科学发明、艺术创作、文学写作都离不开发散思维。发散思维可以让孩子产生“十万个为什么”，对一个话题展开丰富的联想，有想法、有话说。

在低幼阶段，有的孩子没有想法、不爱说话，不一定是性格原因，也可能存在发散思维能力不足的情况。进入小学阶段，发散思维能力体现在一题多解、一物多写、一字多词、一字多义等学习能力上。发散思维能力还能够帮助孩子建立事物之间的链接，建立自己的“知识帝国”，成为强大的学习者。所以，要想会学习，就一定要善于思维发散，学会举一反三，闻一知十。

3. 发散思维训练

（1）发散广度训练

具象发散思维训练：从能够理解、懂得、直观明了的主题事物展开发散联想，比如名词或具体的事物，从已知信息出发，孩子能够更具体地进行发散思维训练，提高事物之间的联系能力。

抽象发散思维训练：从无形、不具体的主题展开发散拓展，比如对抽象的图形、符号进行思考，对未经历、未发生的事展开联想。抽象发散训练有助于提升扩展思维的能力，相比于具象发散训练更具灵活性和跳跃性。

T+M 思维训练实操

Thinking Maps 基础发散思维训练：用圆圈图对“笔”展开具象发散联想。

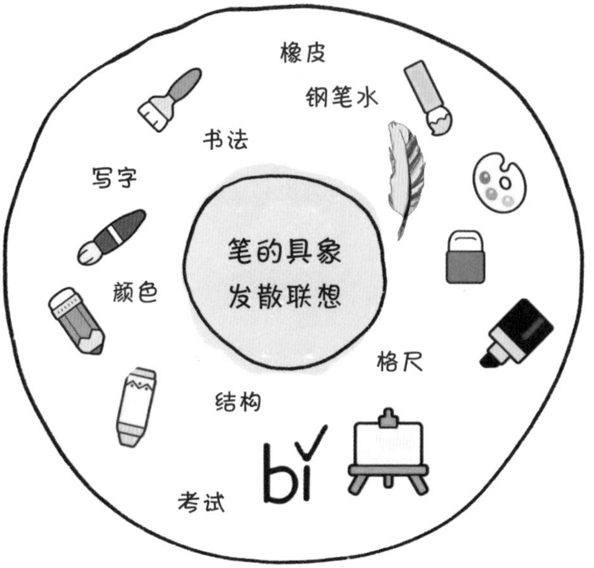

Mind Map 幼小衔接发散思维训练：用思维导图对不规则的图形展开抽象发散联想。

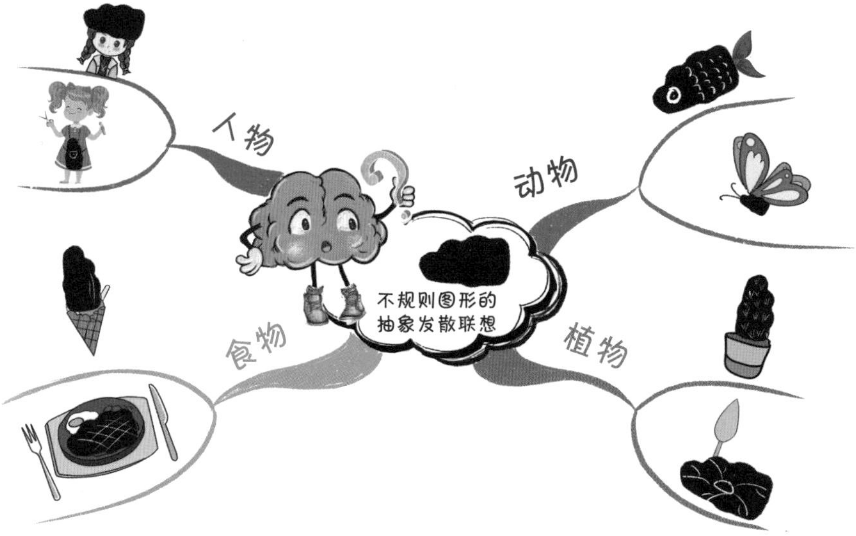

（2）发散深度训练

直接发散思维训练：对一个事物在不改变其属性的前提下进行发散，也是发散思维的基础。比如，由苹果展开直接发散，就会联想到苹果的颜色、味道、大小、形状等，围绕苹果本身的属性进行拓展，表达其基础特征，停留在基础客观的描述层面。

间接发散思维训练：间接发散思维也称跳跃发散思维，是突破事物本质属性进行发散。同样以苹果为例，牛顿通过苹果掉落地上，首次提出苹果落地是重力作用的结果，推动了引力定律的发展，指出万有引力是所有物体的特征，万有引力及其数学公式成为整个物理学的基石。这就是间接发散思维的能量。

T+M 思维训练实操

Thinking Maps 基础发散思维训练：用圆圈图对“苹果”展开直接发散联想。

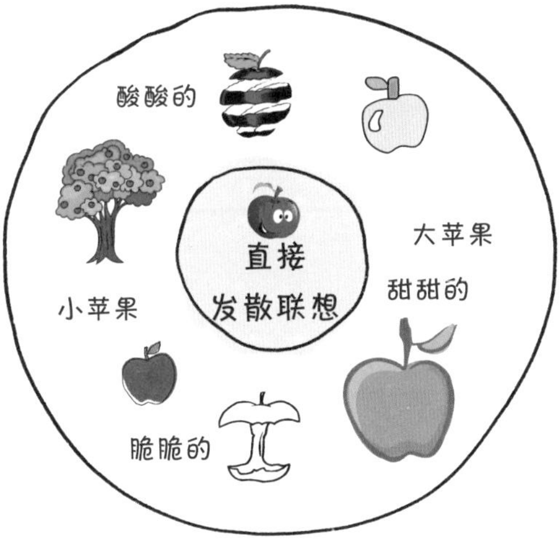

Mind Map 幼小衔接发散思维训练：日本著名绘本作家、插画家吉竹伸介的绘本《这是苹果吗？也许是吧》对苹果展开了无尽无限的自由想象。下面用思维导图对绘本进行整理，给小朋友们展示对苹果的间接发散联想。

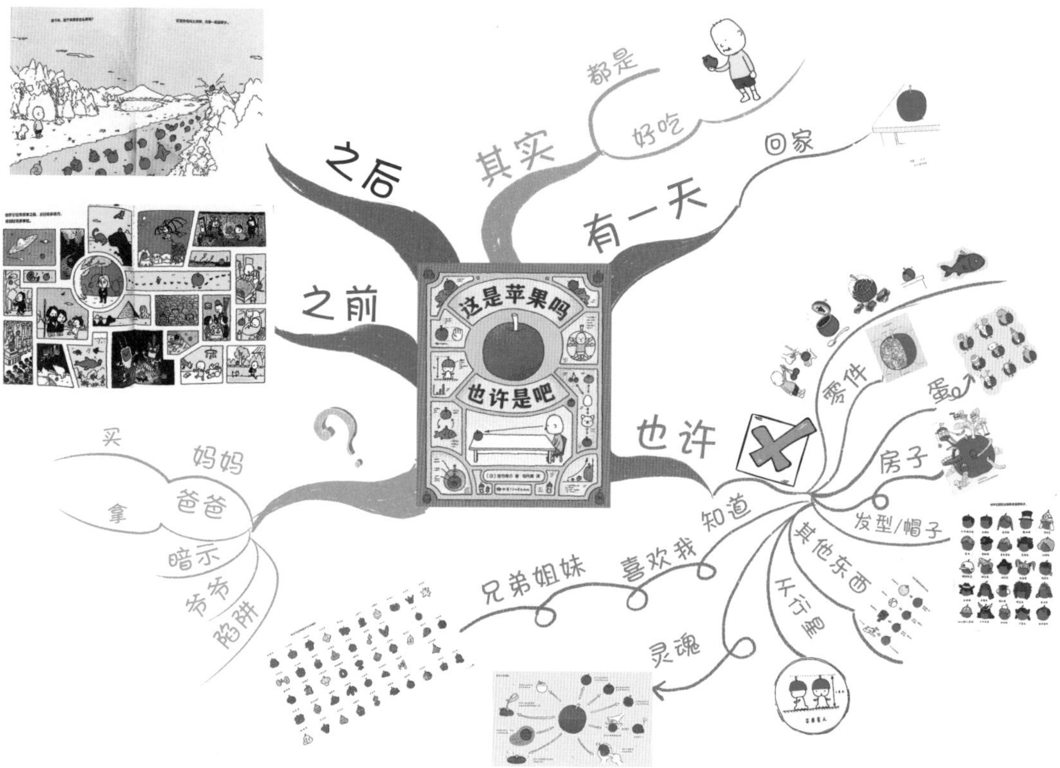

训练提示：发散思维训练不像数学题那样有标准答案，可以进行对错的打分。家长切记，在这个思维训练过程中，不要对孩子的想法进行对错判断，应该多鼓励和激发孩子去发散思维。

让表达更清晰（描述思维训练）

1. 什么是描述思维

描述思维是从感知、认知、理解等各个方面对事物进行描述，可以是主观的，也可以是客观的。客观描述通常需要依据客观事实和数据，例如科学研究、历史记录等，主观描述更多地表达了个人的感受和看法。描述思维有助于更好地表达想法和观点，增进交流和理解。

2. 描述思维的作用

有的孩子会出现说话说不明白的情况，而描述思维训练就可以帮助孩子解决这个问题，提高孩子的观察能力及表达能力，让孩子能够说明白、表达清楚，能够从多角度、多层次进行表达，并且能够用形容词把事物描述得“活灵活现”。

3. 描述思维训练

（1）五感描述法

当孩子不知道如何对一个事物进行描述时，最简单的方法就是调动五感，即眼——视觉、口——味觉、鼻——嗅觉、耳——听觉、手——触觉，引导孩子从这五个感觉入手去观察事物，感知事物，对事物进行描述。

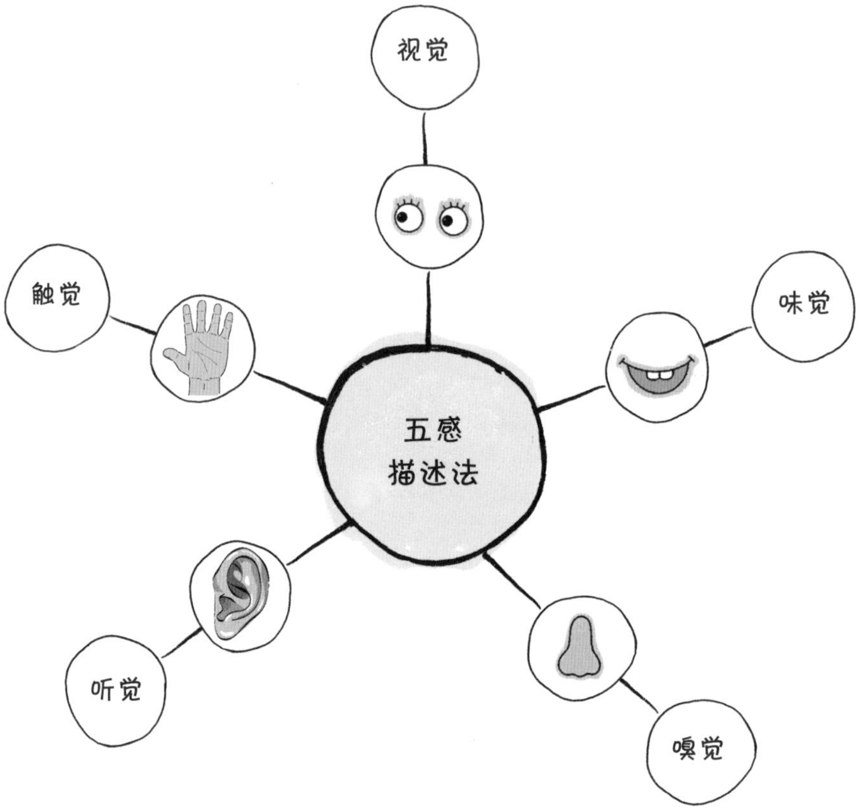

（2）多元描述法

学会从五感的角度描述事物后，还要练习从更多元的角度，多维度、深层次地对事物进行描述，加深对事物的思考和剖析，这样看问题时才能超越表层，更有深度。

T+M 思维训练实操

Thinking Maps 基础描述思维训练：通过气泡图用五感描述法对西瓜进行描述。

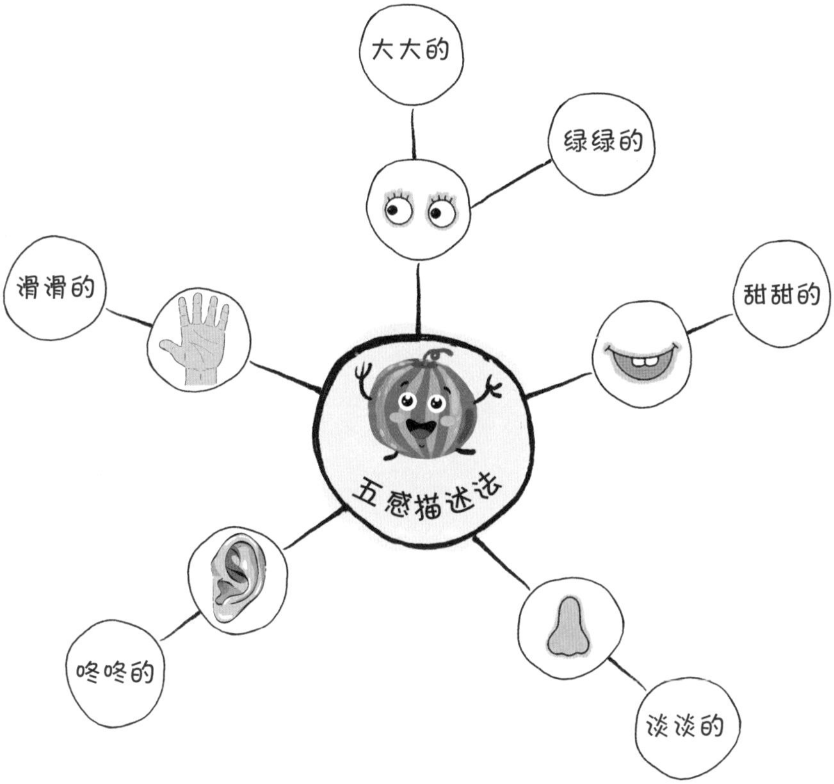

Mind Map 幼小衔接描述思维训练：通过思维导图用多元描述法对西瓜进行描述。

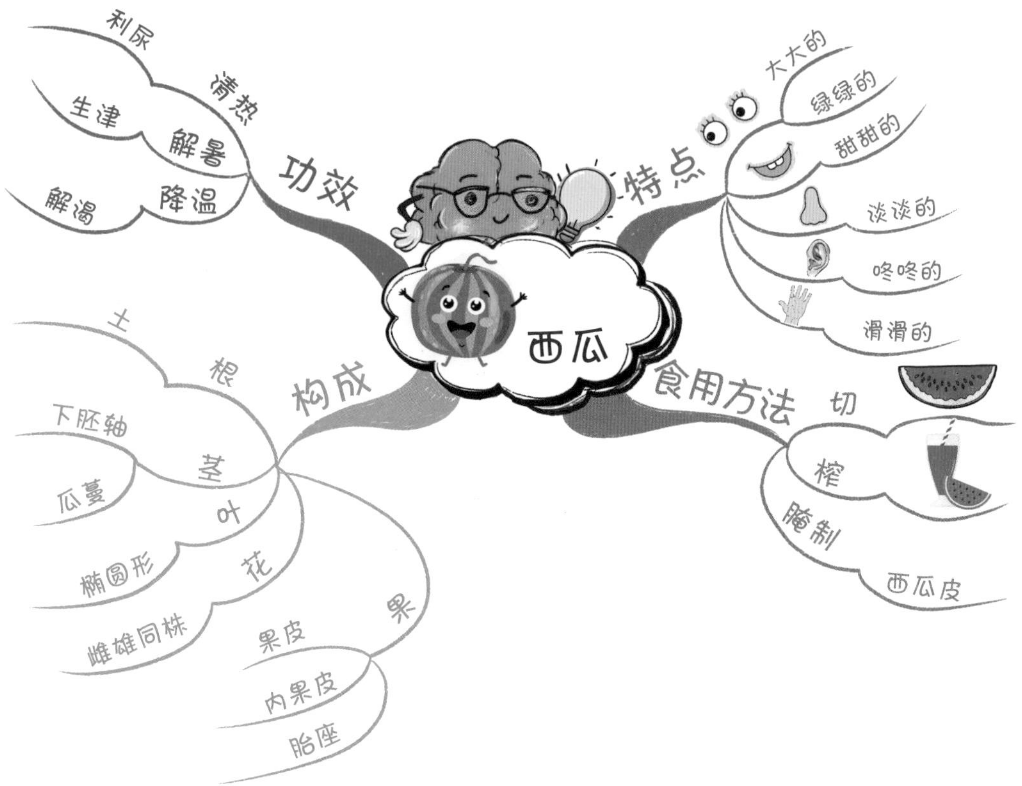

训练提示：

1. 当孩子进行描述思维训练时，同样不要给予孩子对错的评判，而是要鼓励孩子多观察、多思考。
2. 家长在给孩子准备主题的时候，可以选择具体的人、事、物，比如我的家、我的好朋友等孩子比较有感受和熟悉的话题，由浅入深逐步培养。

让选择变简单（比较思维训练）

1. 什么是比较思维

人类认识事物一般是从区分事物开始的，要区分事物首先就要比较。《道德经》中说：“天下皆知美之为美，斯恶已；皆知善之为善，斯不善已；故有无相生，难易相成，长短相形，高下相倾，音声相和，前后相随。”从中可以看出，科学的“比较”既要看见“同”，也要看见“不同”，才能真正帮助我们认识事物。比较思维中包括认识事物的相同点和区分事物的不同点，也可称之为求同和求异。

求同：以客体的共性、普遍性现象与本质的一致性为出发点的思维方式，寻求两个或多个事物的共同性和相似性。

求异：从多角度观察认识同一个事物、同一种现象，从各个方面把思维集中起来，寻找事物与事物之间的差异性和特殊性，寻找现象与本质的不一致性。

2. 比较思维的作用

孩子在生活中经常会遇到各种选择题。买哪个玩具？选哪个答案？上哪所小学？这种选择问题用求同与求异的思维方式进行分析，就能够省时省力，解决选择困难的问题。

求同思维和求异思维可以强化对事物已有的认知，产生认识的飞跃。比如不知道买玩具小汽车还是玩具小客车时，在比较两者相同点和不同点的过程中，孩子就加深了对事物的理解，也会通过比较分析最后做出有理由有依据的正确选择，而不是盲从。

求同思维与求异思维还可以纠正错误，在分析中找出事物的特殊性与差异性，使认知符合实际，做到及时止损。拥有比较思维能力，在进入校园后甚至在未来的成长过程中，当遇到选择性问题时就能迎刃而解了。

3. 比较思维训练

（1）同类事物找不同

在同类事物之间找不同是比较思维训练的基础，既能培养孩子的分析能力，又能提高注意力。例如，在下面两幅图片中找出五处不同点。

（2）异类事物找相同

在不相同的事物之间寻找相同点是极具创造性的探索，可以更大跨度地进行事物与事物之间的联系，拓宽看问题的视角，也会增强孩子的探索欲，扩大知识储备。例如，找出水牛和水杯的相同之处（至少5点，并说出理由）。

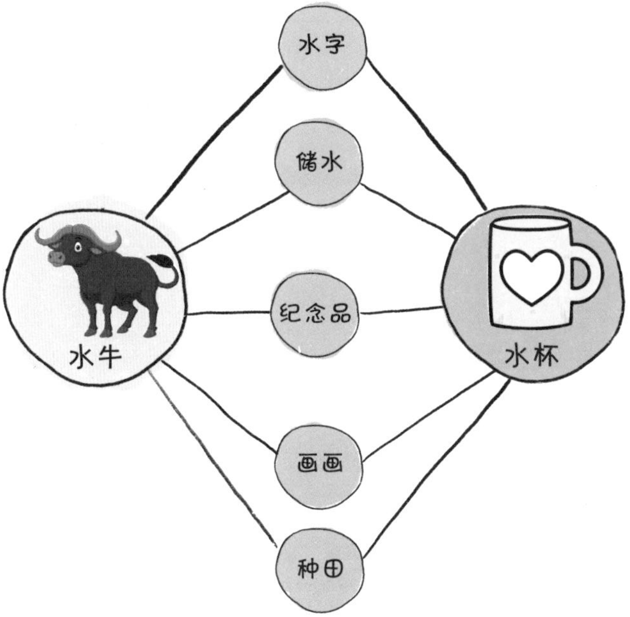

（3）同类事物间找相同、比不同

将同类事物进行对比，总结出相同点和不同点，可以更加全面系统地对事物进行比较。

（4）不同事物间找相同、比不同

将不同属性的事物进行对比，总结出相同点和不同点，可以增强联系事物的能力。

T+M 思维训练实操

Thinking Maps 基础比较思维训练：用双气泡图找出老虎和狮子的相同点与不同点。

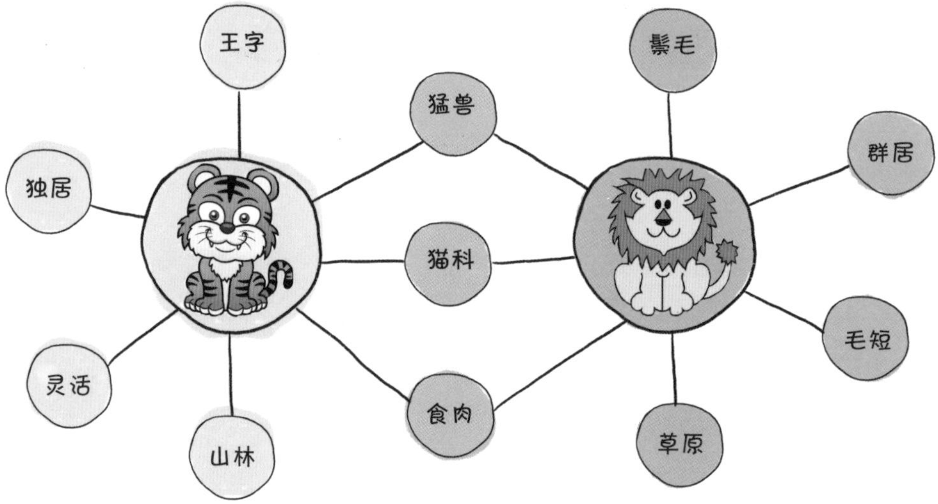

Mind Map 幼小衔接比较思维训练：用思维导图找出电脑和笔的相同点和不同点。

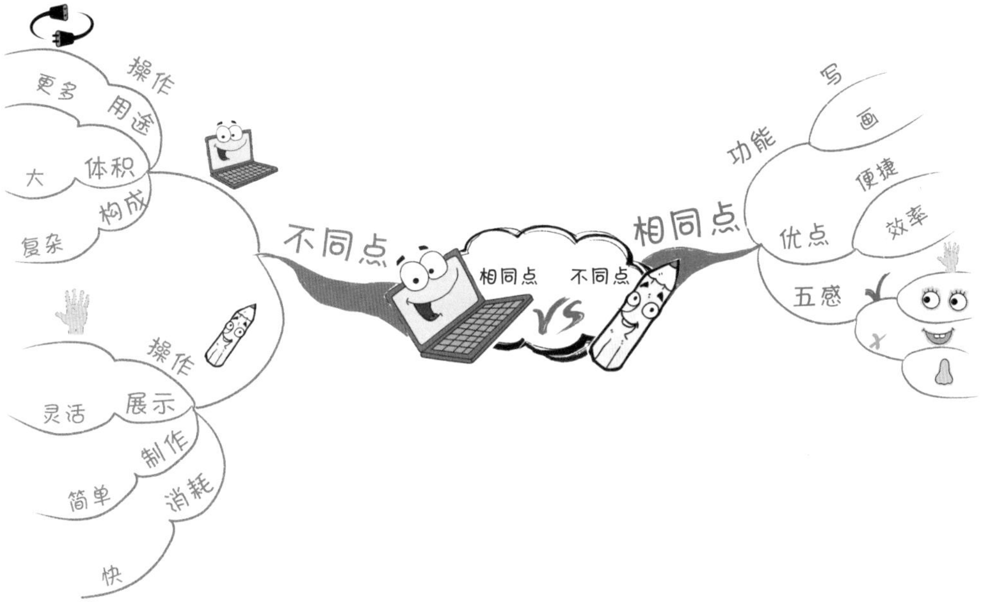

训练提示：

1. 如果是孩子独立训练，建议在规定时间内完成，让孩子带着挑战意识提高注意力。
2. 如果是亲子共同训练，可以采取计时 PK 的形式，看谁用的时间最短，这样既能增进亲子关系，又能提高训练效率。
3. 在进行比较时，家长不要锁定答案，非此即彼，要多给孩子空间，多倾听孩子比较的理由。

让事情由繁化简（分类思维训练）

1. 什么是分类思维

分类思维是思维能力的一个重要方面，儿童分类思维是思维能力的基石。比较思维中的求同与求异，也涉及分类思维。分类思维是根据事物或概念的共同特征划分为不同的类别，帮助我们组织和归纳信息，以便更好地理解和处理事物或概念。对事物的判断、推理以及更为复杂的逻辑能力都离不开分类思维。

2. 分类思维的作用

有的小朋友很会整理，他们可以非常快速地整理好房间，把玩具、衣服、书籍按照类别进行收纳、归类，这种把物品摆放得井井有条的能力就是分类思维在生活中的一种体现。分类思维可以帮助我们把事情由多变少、由大变小、由繁变简，无论面对多么庞大的场景或繁杂的事物，我们都可以借助分类思维降低难度，厘清思路。

3. 分类思维训练

（1）单一属性分类

在具有不同属性的事物中，找到含有相同特征的事物，进行分类。例如，将芹菜、胡萝卜、土豆、芒果、橘子、西瓜进行分类，芒果、橘子、西瓜有一个共同特征——都是水果，就可以把它们分到水果类，芹菜、胡萝卜、土豆有一个共同特征——都是蔬菜，所以分到蔬菜类。

（2）多种属性分类

从多种属性出发，对事物进行分类，可以培养孩子从多角度看问题的能力，提高思维的灵活性。例如，芹菜、胡萝卜、土豆、芒果、橘子、西瓜，除了可以分为水果和蔬菜两类，还可以从形状、颜色等多角度进行分类，将分类标准从单一属性过渡到多种属性，越是复杂的事物，利用这种分类方法进行分类越有效。

T+M 思维训练实操

为下图中的食物分类。

Thinking Maps 基础分类思维训练：用树形图把上图中的食物进行单一属性分类。

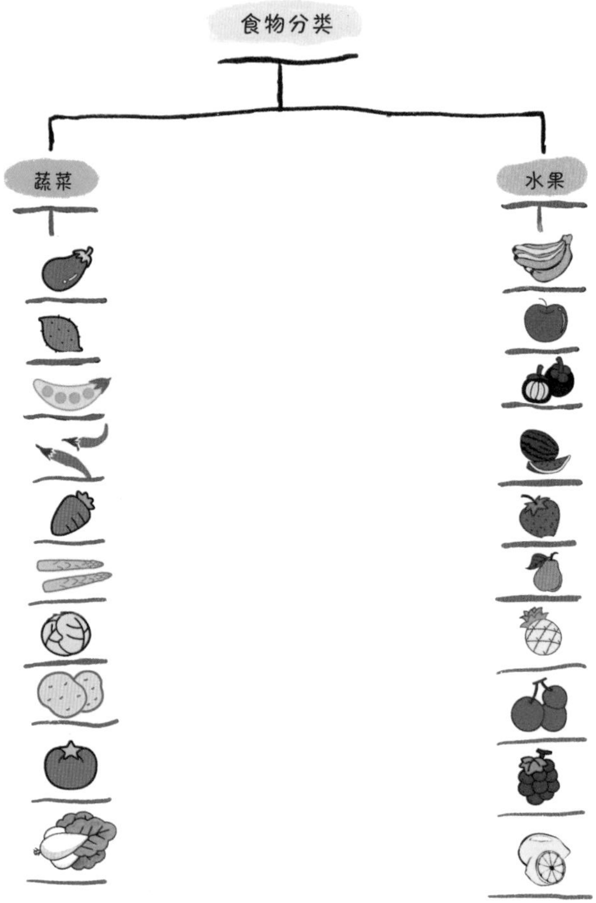

Mind Map 幼小衔接分类思维训练：用思维导图对图中的食物进行多种属性分类。

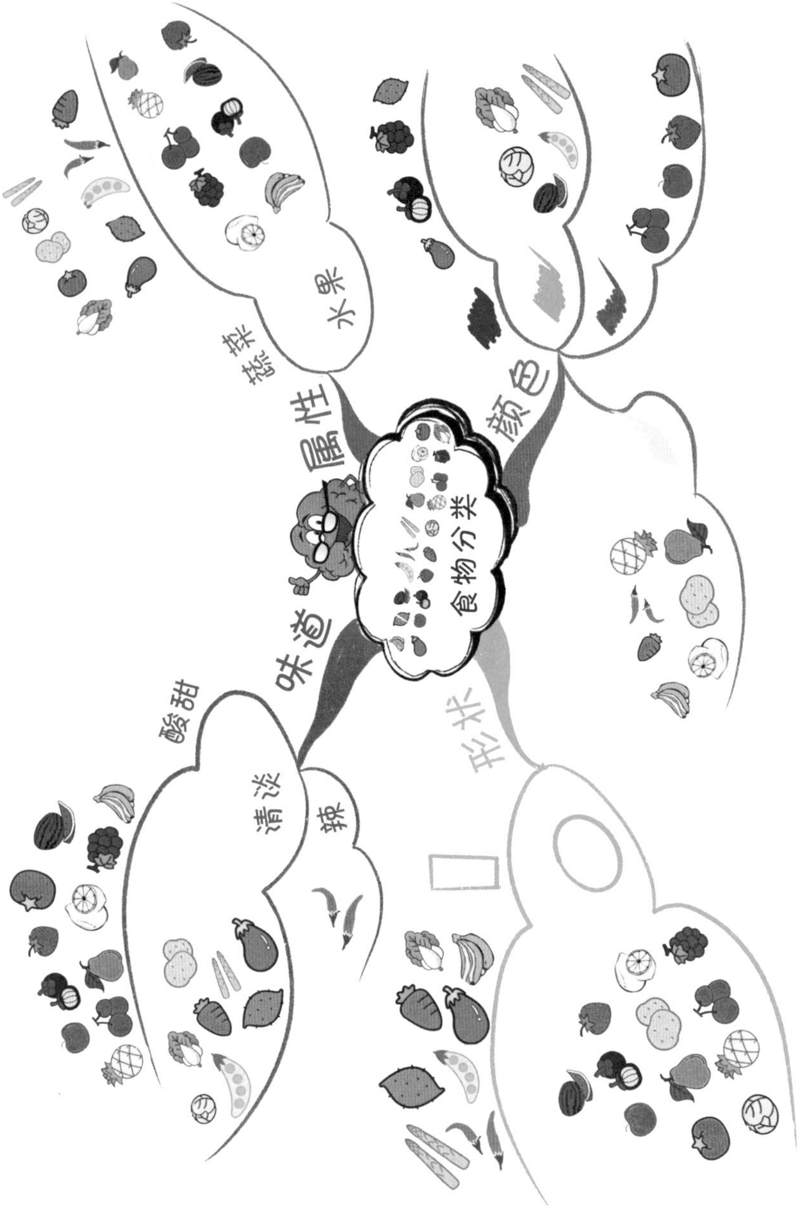
食物分类
属性
蔬菜
水果
颜色
味道
酸甜
清淡
辣
形状

训练提示：分类的基础是学会概括，需要孩子具有一定的概括能力，因此家长可以经常运用下面的方法和孩子进行互动，培养孩子的概括能力，为分类思维打好基础。

方法 1：关键词概括

第一组：小猫、小狗、松鼠、犀牛

概括为：动物

第二组：男孩、女孩、叔叔、阿姨

概括为：人物

第三组：汽车、飞机、摩托车、自行车

概括为：交通工具

方法 2：推理概括

第一组：鹦鹉身上有羽毛，鸽子身上有羽毛，喜鹊身上有羽毛。
概括为：鸟类身上有羽毛。

第二组：妈妈在做饭，爸爸在洗碗，我在扫地。
概括为：我们一家在做家务。

第三组：上午我坐飞机去西藏，中午到达西藏，晚上看到了布达拉宫的夜景。
概括为：我去西藏。

让思维有层次（分解思维训练）

1. 什么是分解思维

分解思维是一种分析和解决问题的思维方式，可以将大问题分解成小问题，并逐一解决，这个过程有助于更好地理解问题的本质和构成，更有效地解决问题。孩子的分解思维体现在能够厘清整体与部分的构成关系，从平面到立体过渡，这是理解空间构成的萌芽，可以帮助孩子由内到外、由上到下进行结构剖析。

2. 分解思维的作用

幼小衔接阶段的孩子特别喜欢拆东西，比如拆解玩具，拆解的过程就是孩子对整体与部分关系的探索过程，是认识世界的一个重要方法。分解思维能够让孩子在关注事物整体的同时，也关注内部组成部分，建立对事物全面系统的客观认识，加深对事物的深入理解。

3. 分解思维训练

（1）概念分解思维训练

概念分解是指把一个概念分解成更小、更具体的单元。比如用括号图对数字进行分解。

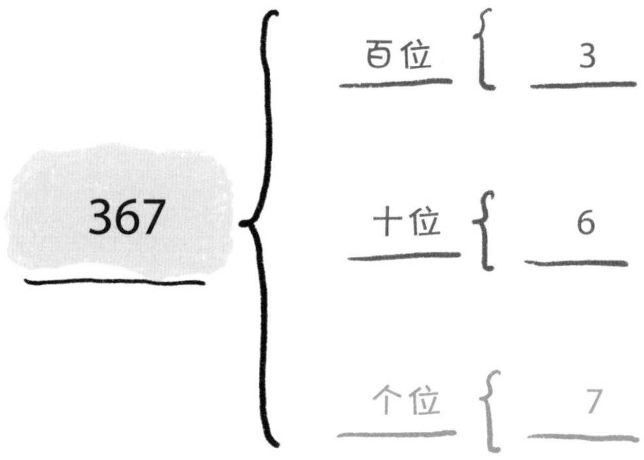

（2）事物分解思维训练

事物分解是指把事物由大到小进行拆分，比如用括号图对钢笔进行拆解，了解钢笔的各个组成部分。

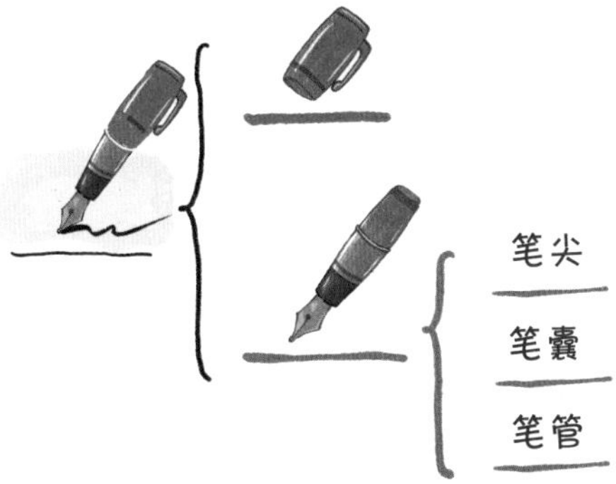

（3）空间分解思维训练

空间分解是指把一个空间进行分解，相较平面更加立体。比如用括号图对学校进行分解。

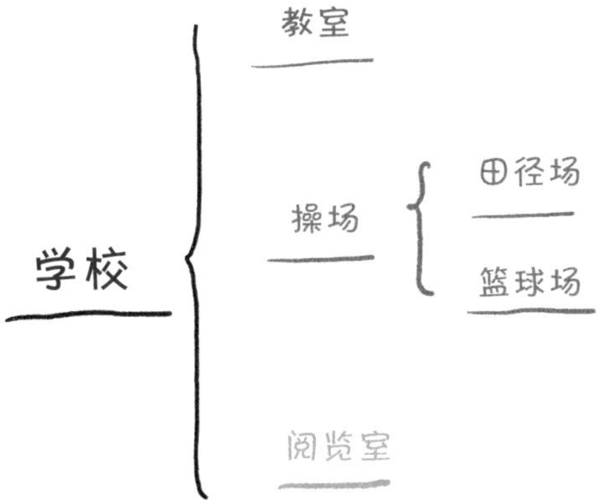

T+M 思维训练实操

Thinking Maps 基础分解思维训练：用括号图分解居住的房子。

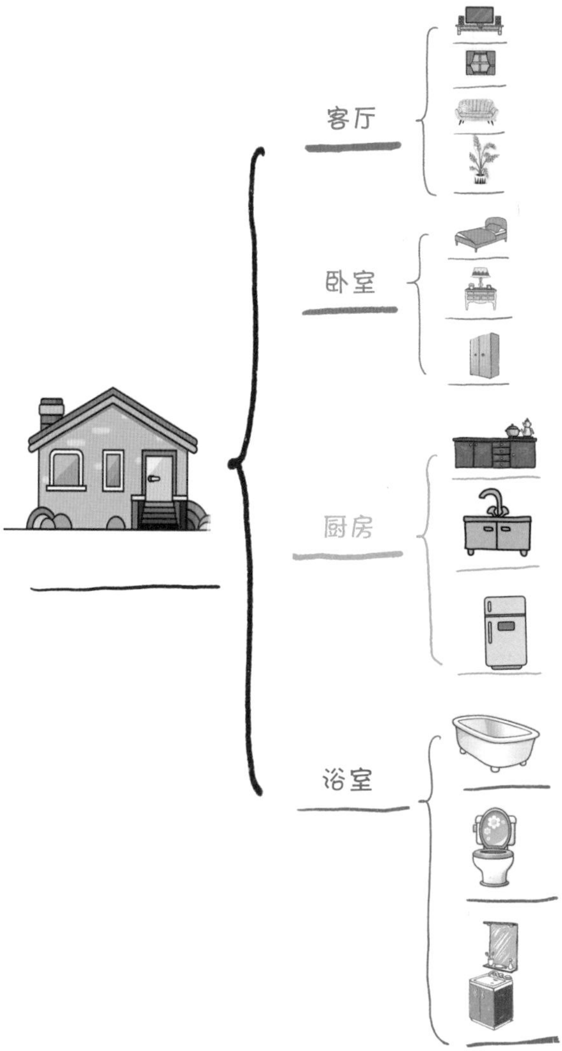

Mind Map幼小衔接分解思维训练：用思维导图分解居住的房子。

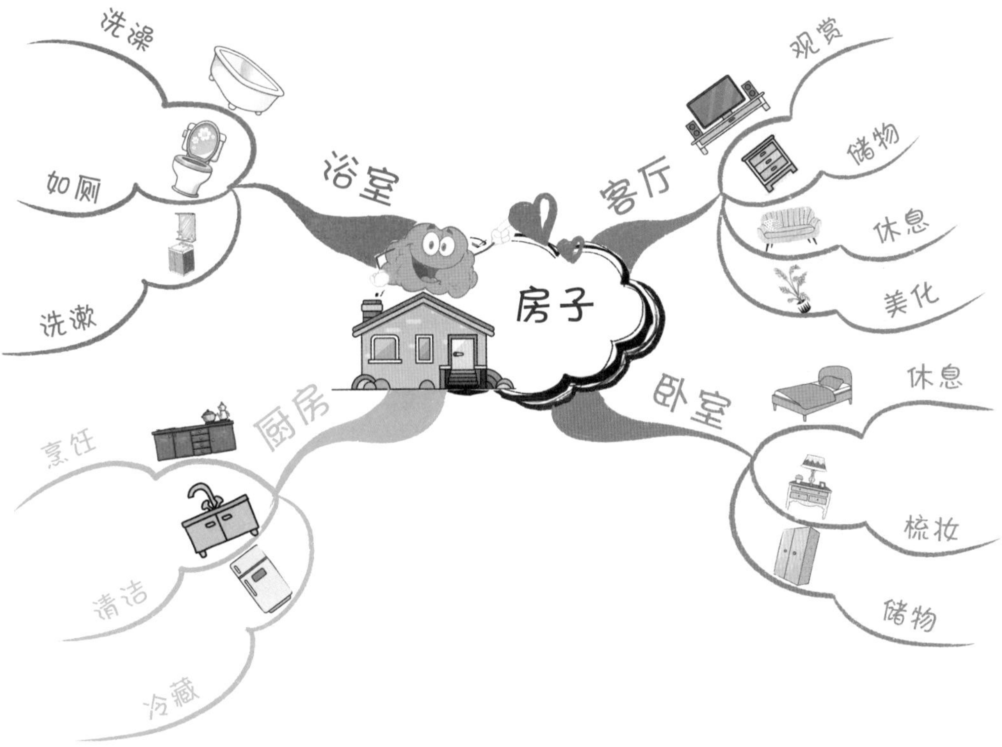

训练提示：

1. 分解思维训练可以伴随孩子的动手拆解同步完成，比如拆解钢笔时，可以边拆边绘制，增强体验感，空间感更强。
2. 拆解绘制完成后，按照绘制的分解图进行组装，形成拆——绘——组的闭环训练。

让做事有逻辑（顺序思维训练）

1. 什么是顺序思维

顺序思维是指按照一定的顺序或步骤进行思考和处理信息的思维方式。在顺序思维中，会将事情拆分为一系列简单的步骤，并按照特定的顺序去执行这些步骤，以达到最终目标。

2. 顺序思维的作用

在生活中，孩子需要掌握很多与顺序相关的事情，比如按照七步洗手法正确地洗手，知道小蝌蚪如何按照一定的生长规律长大变成小青蛙。顺序思维训练有助于孩子理解事情的流程，辅助孩子解析事情发生发展的逻辑关系，让孩子做事情有方法、有逻辑。

3. 顺序思维训练

（1）时间顺序

按照一定的时间节点（前进、后退）进行时间顺序表达。

举例：用流程图记录自己的一天。

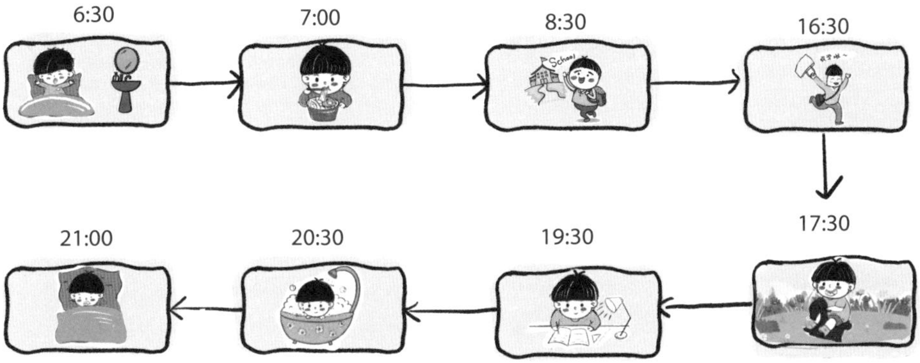

我的一天

（2）空间顺序

按照一定的空间推理进行空间顺序表达。

举例：用流程图画出旅游景点游览路线。

（3）生长顺序

按照生命的生长顺序进行流程推理表达，在遇到循环往复的循环流程时，可以用环状图示表达。

举例：用流程图展示蝴蝶的生长过程。

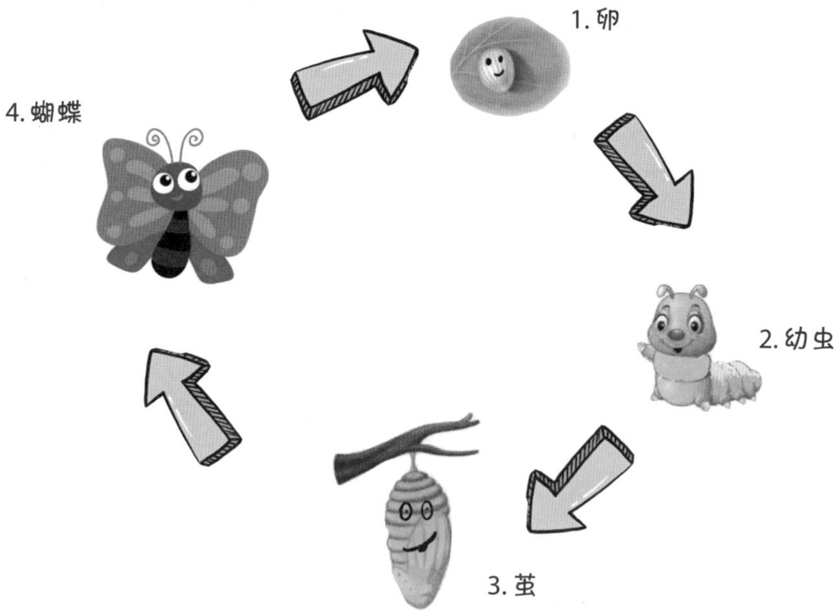

（4）事情发生发展顺序

按照事情发生发展的逻辑顺序进行表达。每一个步骤下都有子流程，可以灵活绘制图示。

举例：用流程图展示包饺子的流程。

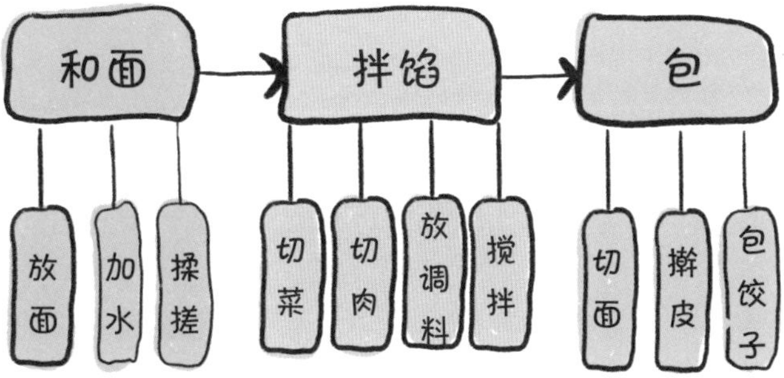

包饺子的流程

T+M 思维训练实操

Thinking Maps 基础顺序思维训练：用流程图展示三明治的制作流程。

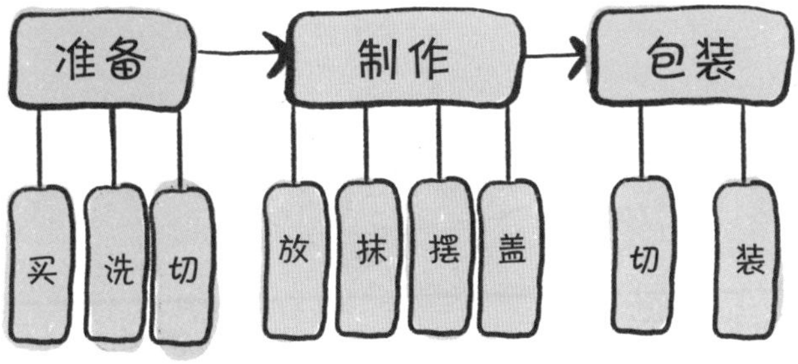

三明治的制作流程

训练提示：

1. 流程图用于呈现一个事件的顺序或步骤，箭头指向前进的方向。
2. 图示方向有多种选择，没有标准定式，比如从左到右，从上到下，循环往复等，只要保证箭头指向与内容的逻辑顺序相符就可以。

Mind Map 幼小衔接顺序思维训练：用思维导图展示三明治的制作流程。

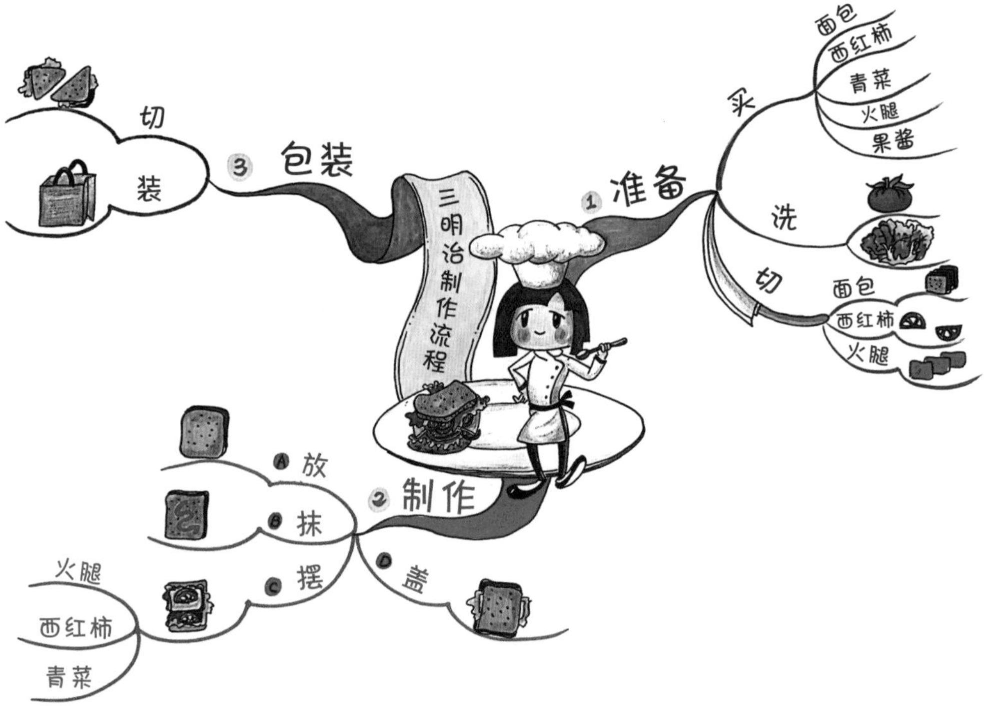

让分析有依据（因果思维训练）

1. 什么是因果思维

某个现象的存在必然引起另一个现象的发生，那么这两个现象之间就存在着因果联系。其中，引起某一现象产生的现象叫原因，而被这一现象引起的现象叫结果。

拥有因果思维能够理解和分析事物之间的因果关系，并在此基础上进行推理和决策。具体来说，因果思维涉及对事物之间的因果关系进行观察、归纳和推理，从而确定某个结果是由哪些原因导致的，以及某个原因可能会导致什么结果。

2. 因果思维的作用

古人云："学贵有疑，小疑则小进，大疑则大进。"因果思维有助于孩子发现问题、分析问题、解决问题，是培养独立思考能力的重要思维方式。发生一件事情我们要知其然，更要知其所以然，明白是由什么原因产生的，并且会带来哪些结果，帮助孩子建立辩证思维。

3. 因果思维训练

（1）由因及果思维训练

强调“因为……所以……”的正向推理，由事物变化的原因推理其结果。例如，因为坚持运动，所以身体强壮、身高增长、体重下降、心情放松。

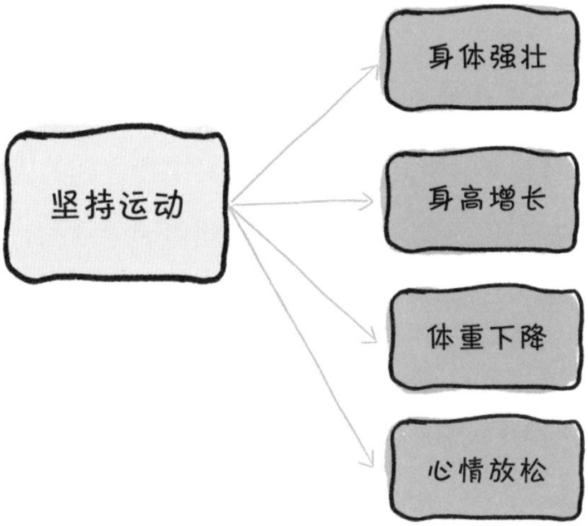

（2）由果推因思维训练

由事物变化的结果，可以推断导致该结果的原因。例如，当大家看到“身体强壮”这个结果，会推导出其原因可能为坚持运动、营养均衡、作息规律、心态平和。

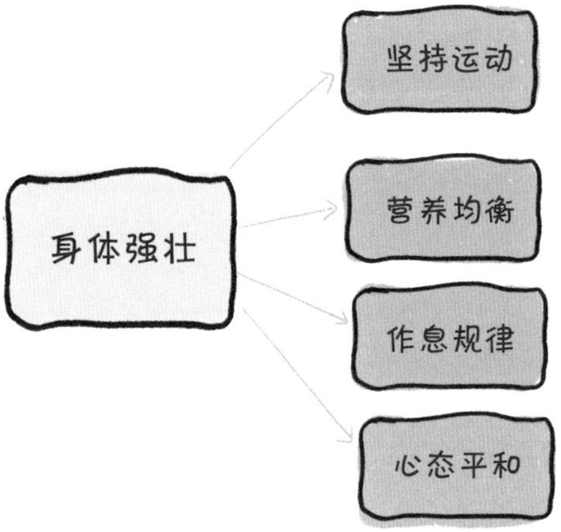

（3）多因多果思维训练

根据事物的复杂程度，多种原因产生一种现象，并且此种现象产生多种结果，简称多因多果。例如坚持运动这件事，为什么要坚持运动，坚持运动后会产生哪些结果。

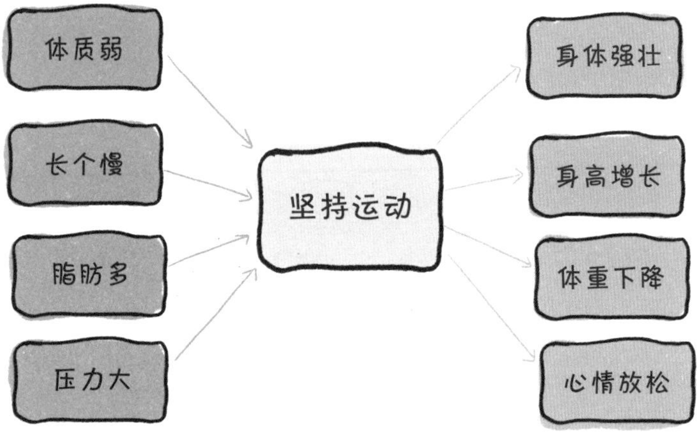

T+M 思维训练实操

Thinking Maps 基础因果思维训练：用复流程图分析“会学习”的原因和结果。

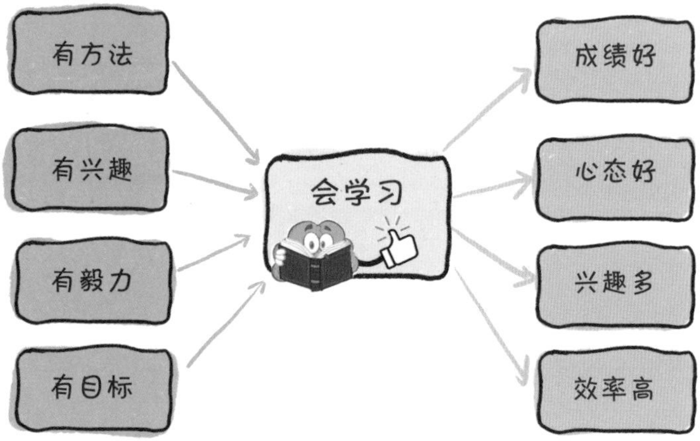

Mind Map 幼小衔接因果思维训练：用思维导图来分析“会学习”的原因和结果。

训练提示：

幼小衔接阶段的孩子在分析因果联系时有以下两个特点：

第一，原因和结果在时间上前后相继。

原因在前，结果在后，原因产生现象，现象产生结果。但很多孩子会把事情的发展顺序误认为原因和结果的关系，比如，不能因为冬天发生在春天的前面，就说冬天是产生春天的原因，要引导孩子进行正确的因果分析。

第二，因果联系的确定性。

原因产生结果，原因就是原因，结果就是结果，不能将结果变成原因，原因变成结果。

例如，发达国家都拥有大量的私人轿车，为了缩短与发达国家的差距，发展中国家应该大量发展私人轿车。

这个逻辑就是错误的，发达国家是因，有大量的私人轿车是果，但是并不是因为有大量的私人轿车，才是发达国家。要注意不能出现因果倒置的逻辑错误。

让思考举一反三（类比思维训练）

1. 什么是类比思维

英国著名哲学家、科学家弗朗西斯·培根先生有一句名言：“类比联想支配发明。”类比思维是解决陌生问题的一种常用方法，运用已有的经验、已知的条件、已懂的知识，通过类比推理创造性地解决问题。

类比思维的一般表现形式为 a：b=c：d，即可以由 a 与 b 的关系推导出 c 与 d 之间的关系，是在一般规律的基础上根据某一事物去推测另一事物的相应特征存在的思维活动。

2. 类比思维的作用

康德这样赞扬类比思维："每当理性缺乏可靠论证的思路时，类比这个方法往往能引导我们前进。"

科学史上有很多重大发现都和类比思维有直接的关系，比如 1678 年，荷兰物理学家惠更斯发现光与声两种现象都具有直线传播以及反射、折射等共同属性，而且"声"的本质是物体振动所产生的一种波动。由此，惠更斯认为光的本质也是一种波动，从而创立了光的波动说。

具备类比思维可以让孩子更有推理能力，触类旁通，摆脱老师不教就不会的填鸭式学习。具备类比思维还可以让孩子利用学过的知识在生活中发现探索，获得新知识，减轻学习压力，提高学习兴趣，培养强大的思考能力以及探索精神。

3. 类比思维训练

（1）工具与功能关系类比

举例：笔——写字，笔是用来写字的。

关系：工具与功能

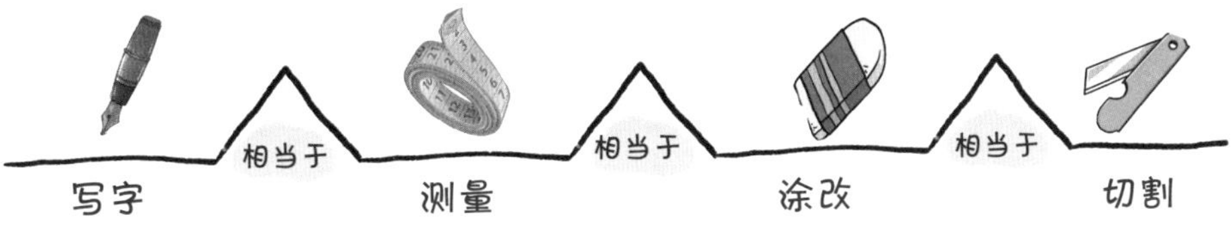

（2）部分与整体关系类比

举例：手指——手，手指是手的一部分。

关系：部分与整体

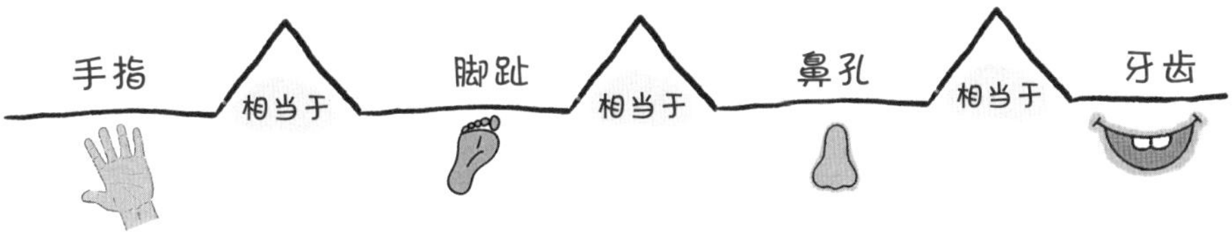

（3）对立关系类比

举例：高——矮，高和矮是相互对立的。

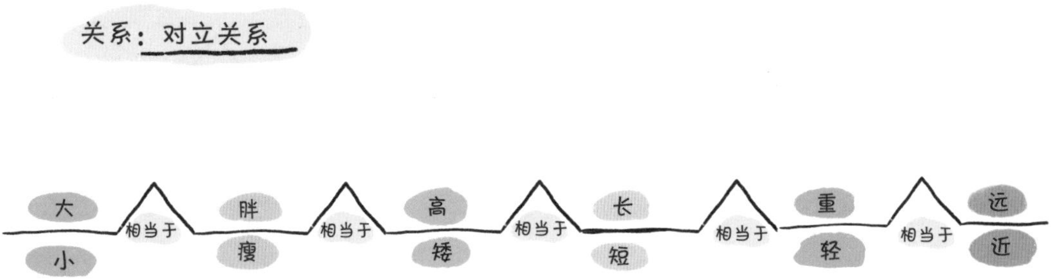

（4）并列关系类比

举例：鹦鹉——鸽子，鹦鹉和鸽子都是鸟类。

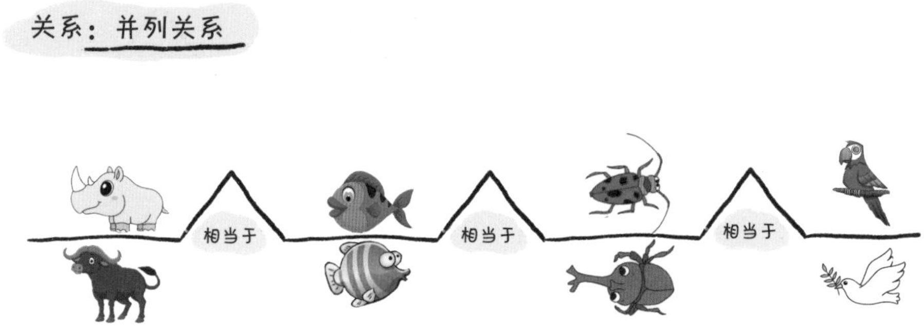

（5）从属关系类比

举例：北京——中国，北京是中国的城市并且是首都。

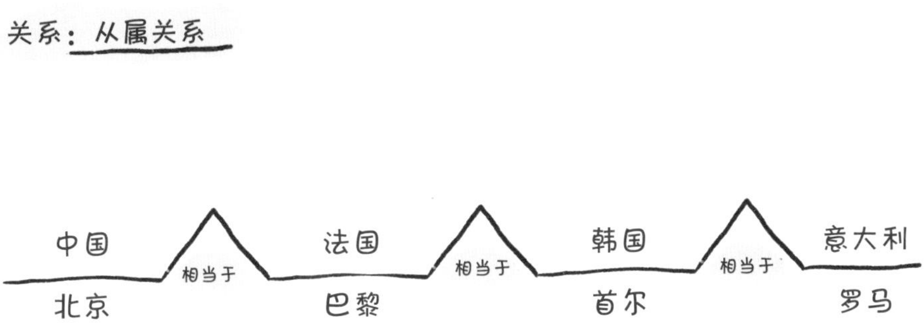

（6）因果关系类比

举例：伤心——哭泣，伤心会哭泣。

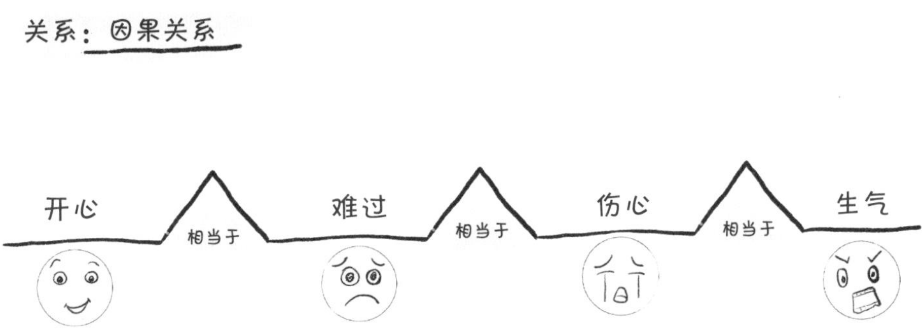

T+M 思维训练实操

Thinking Maps 基础类比思维训练： 用桥形图总结 Thinking Maps 的八个图示。

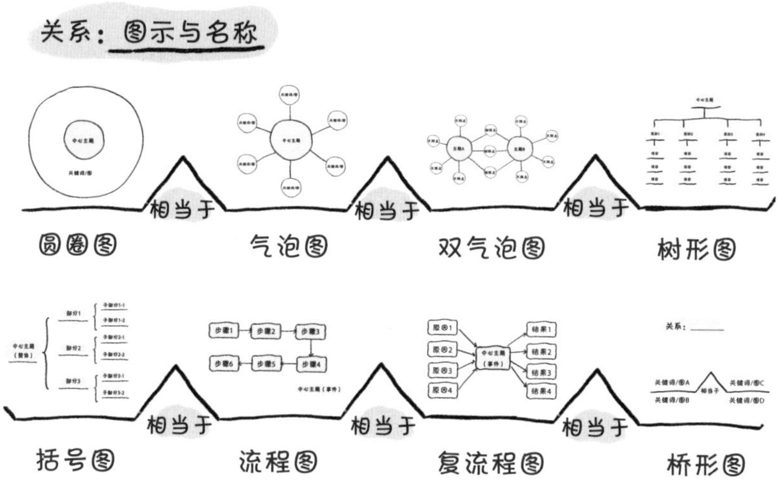

训练提示：

1. 桥形图中关键词的位置一定要随机安排，不要形成定式。而且要相互匹配，不要混淆干扰孩子的思维。
2. 多鼓励孩子通过已有条件提出问题、发现问题，激励孩子查阅资料去寻找答案。比如，已知中国的首都是北京，鼓励孩子问日本的首都是哪里？美国的首都是哪里？把自己知道的国家首都都写上去，并鼓励孩子查阅还有哪些国家，那些国家的首都是哪里。用这种类比的方式促进孩子发问，提高自学能力，扩大知识储备。

Mind Map 幼小衔类比思维训练： 用思维导图总结 Thinking Maps 中的八个图示。

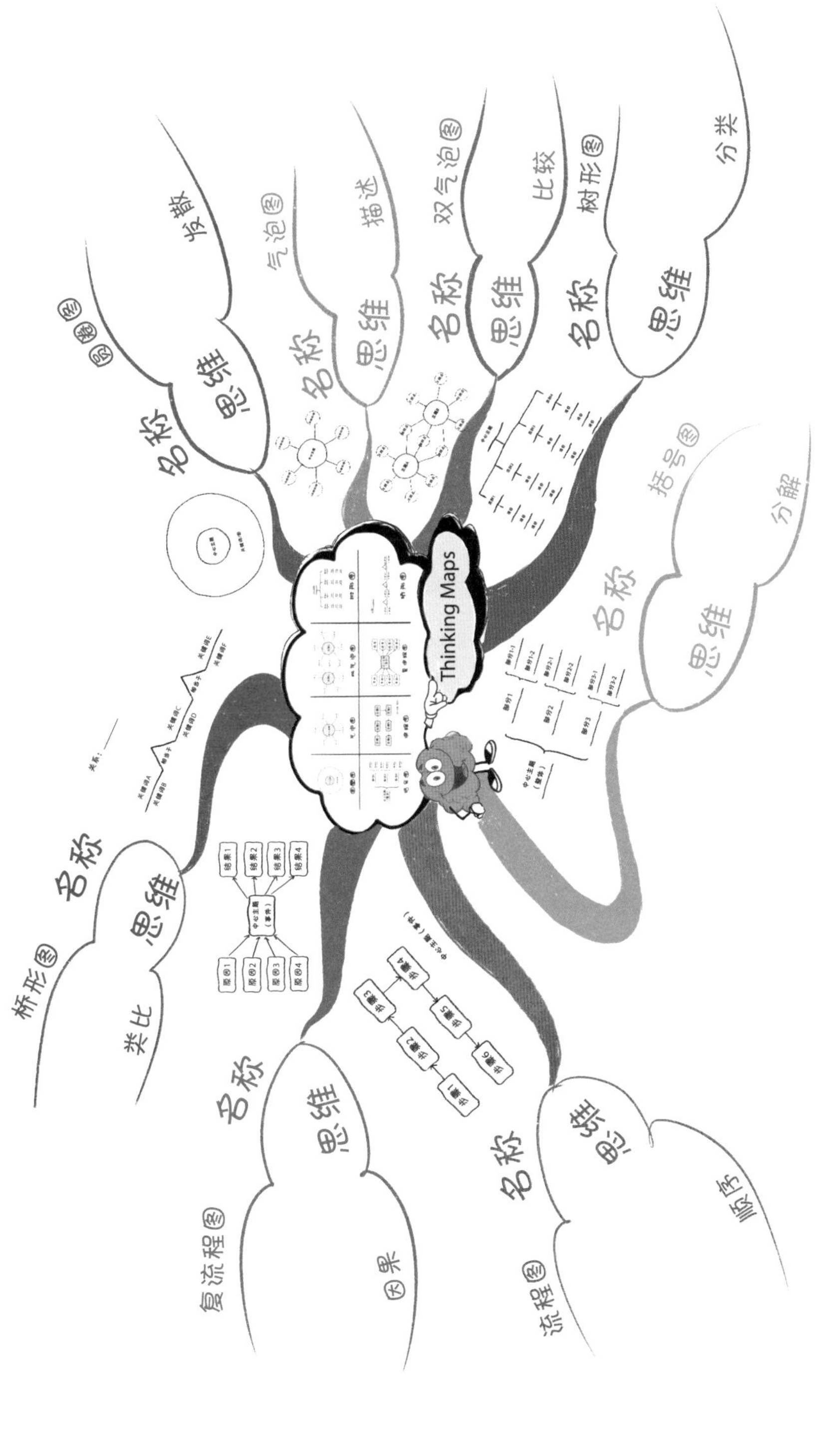
Thinking Maps
名称
思维
圆圈图
发散
气泡图
描述
双气泡图
比较
树形图
分类
括号图
分解
流程图
顺序
复流程图
因果
桥形图
类比

导 言

著名的科学家爱因斯坦说，兴趣是最好的老师。面对幼小衔接阶段的学习问题，家长首先要关注的不是学习成绩，而是学习兴趣的培养。

家长要帮助孩子摆脱刻板学习、单一学习，突破课本知识，寻找属于自己的学习路径。当学习变得灵活有趣并且富有创意时，可以锻炼孩子的发散思维能力、动手能力和创意设计能力，让孩子学会将新旧知识相结合，融会贯通，从而降低学习难度。思维图示多变的学习形式、多样的应用方法可以帮助孩子实现创意变通，培养学习兴趣。

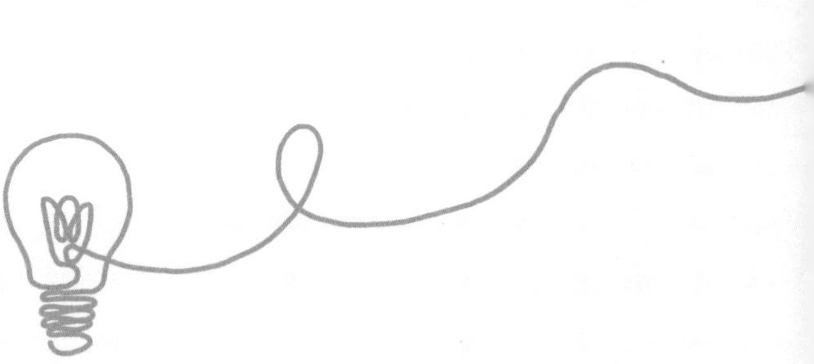

5

第五章 让学习越来越有趣

- 用思维图示激发识字兴趣
- 用思维图示激发阅读兴趣
- 用思维图示激发古诗学习兴趣
- 用思维图示激发数学学习兴趣
- 用思维图示激发英语学习兴趣

用思维图示激发识字兴趣

洛克在《教育漫话》一书中提到："在教导孩子这方面，主要的一个技巧就是把孩子该做的事变得像做游戏一样。"孩子最感兴趣的就是游戏，思维图示正是把学习和游戏结合起来的一种方式，巧妙地将学习融入游戏之中。

在幼小衔接阶段，识字是非常基础的学习环节，借助思维图示来识字，可以让孩子感受到识字的快乐。

T+M 思维训练实操

Thinking Maps 基础学习训练

1. 圆圈图

通过圆圈图对已掌握的汉字进行发散联想，变成多个字。

举例：“日”字添加一笔，变成新的字。

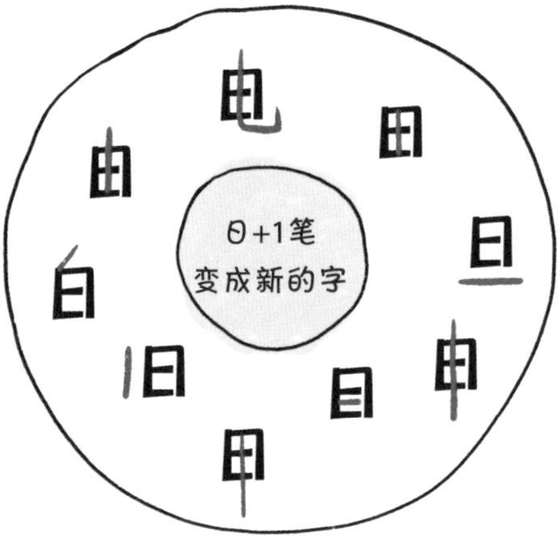

2. 气泡图

中心图为一个汉字，通过气泡图加上偏旁，变成新的字。

举例：为“云”字添加偏旁，变成新的字。

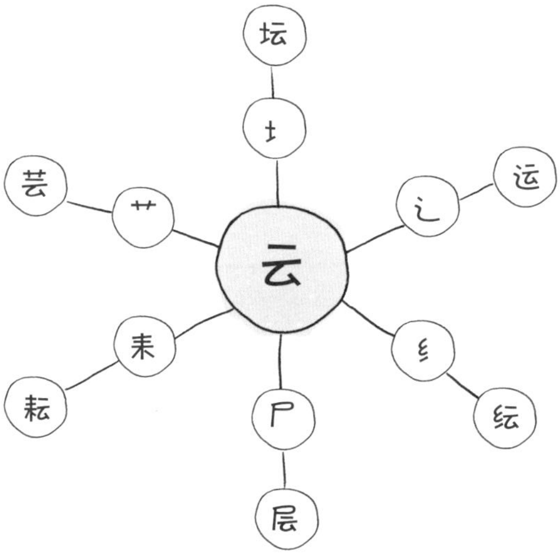

3. 双气泡图

通过双气泡图比较易混字，增强识字准确率。

举例：用双气泡图比较“驰”与“弛”。

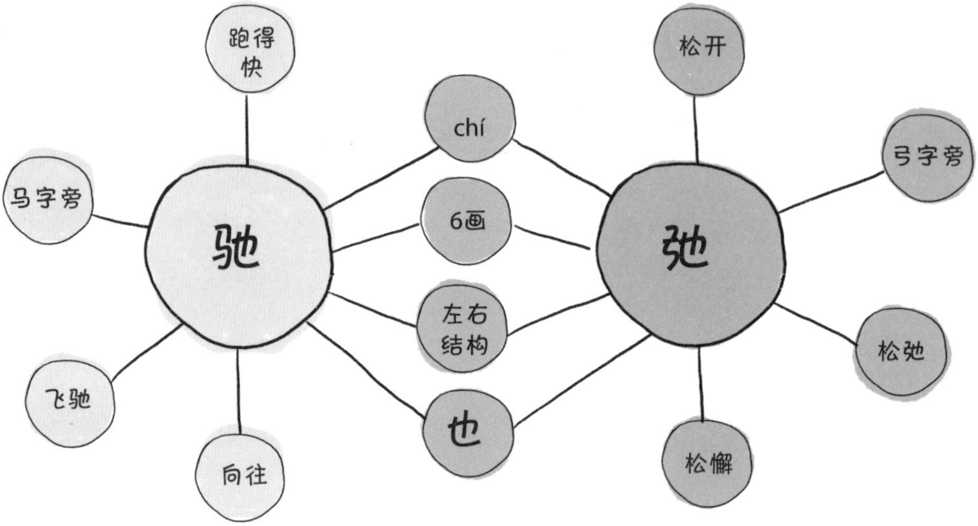

4. 树形图

通过树形图把知识点归类，学会框架式学习。

举例：用树形图对汉字结构进行分类。

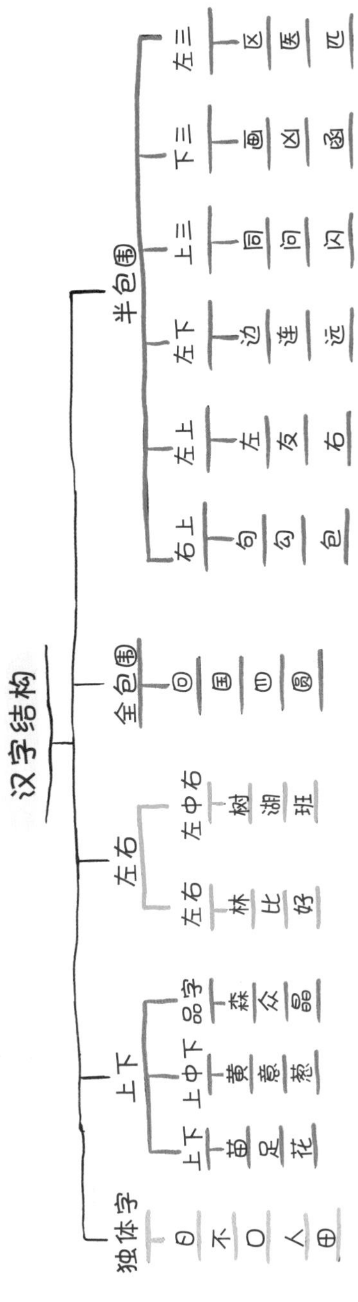
汉字结构
独体字
日
不
口
人
田
上下
上下
苗
足
花
上中下
黄
意
葱
品字
森
众
晶
左右
左右
林
比
好
左中右
树
湖
班
全包围
回
国
四
圆
半包围
右上
句
勾
包
左上
左
友
右
左下
边
连
远
上三
同
问
闪
下三
画
凶
函
左三
区
医
匹

5. 括号图

通过括号图拆解汉字，深入了解汉字组成。

举例：用括号图拆解词语“蘑菇”。

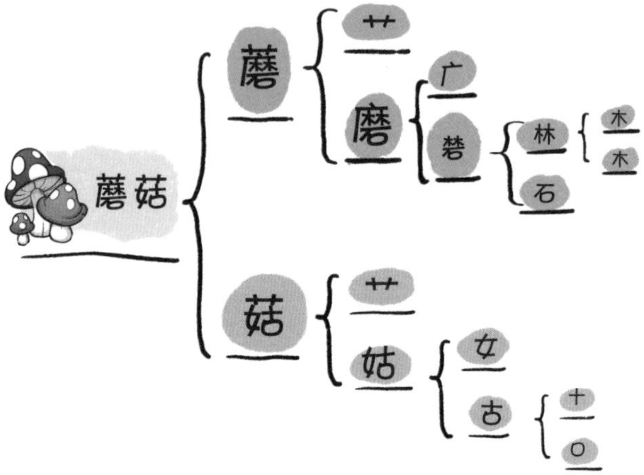

6. 流程图

通过流程图学习汉字笔顺，正确掌握书写顺序。

举例：用流程图按照正确笔顺书写“米”字。

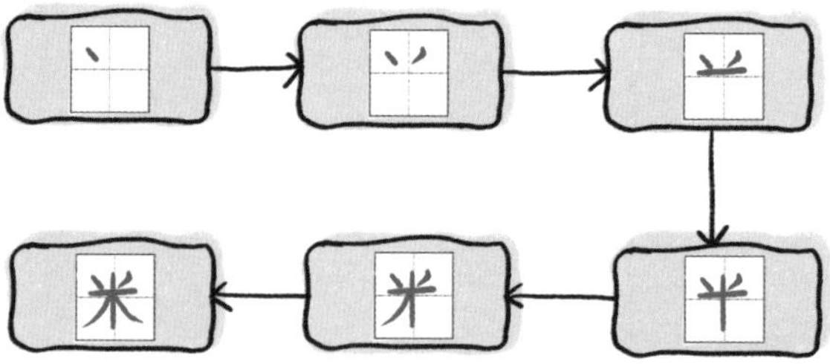

“米”字笔顺流程图

7. 复流程图

通过复流程图练习组词，拓展词汇量。

举例：用复流程图给“春”字组词。

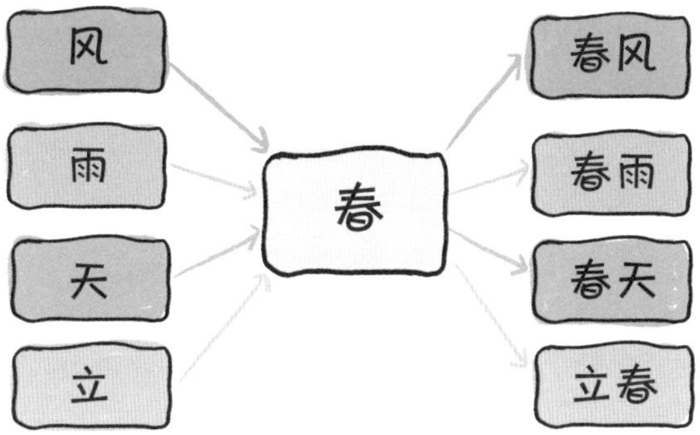

8. 桥形图

通过桥形图学习颠倒词，增强学习汉字的兴趣。

举例：用桥形图列举颠倒词。

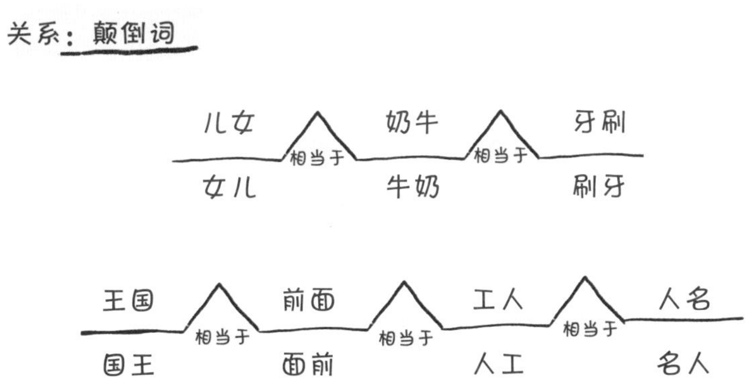

Mind Map 幼小衔接系统训练

思维导图

通过思维导图可以系统性、多角度学习汉字。

举例：用思维导图学习“中”字。

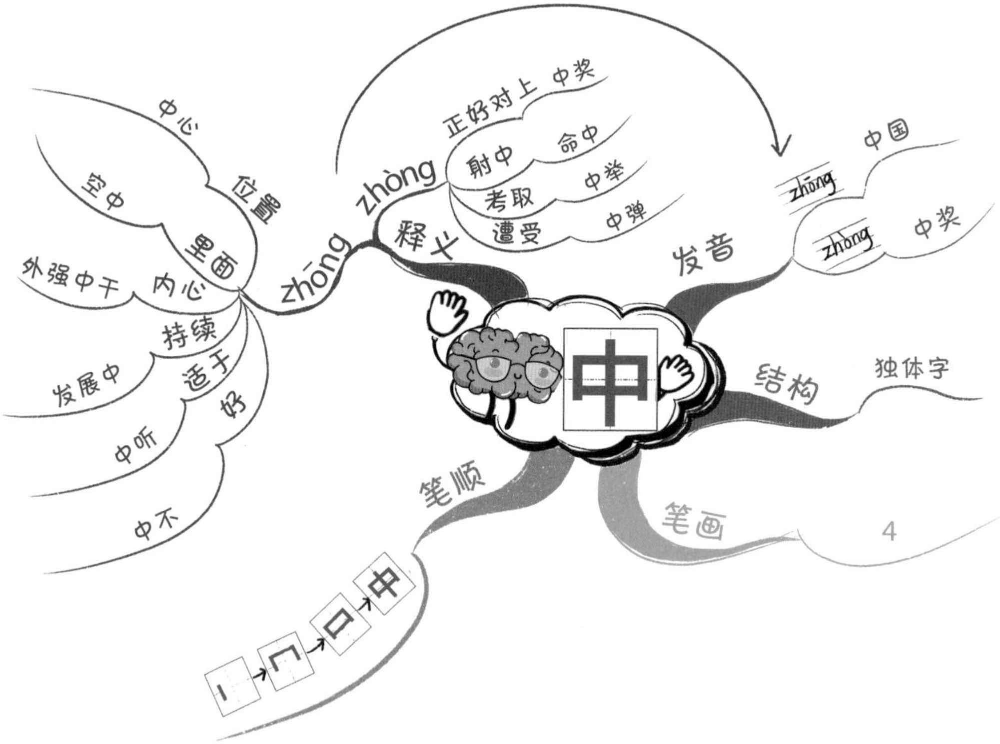

用思维图示激发阅读兴趣

看图、读图、识图是比较受孩子欢迎的一种学习方式。对于学前识字量少的孩子来说，绘本凭借丰富的图像语言，更能激发孩子的阅读兴趣，相较于纯文字阅读更被孩子接受和喜爱。常规的绘本阅读仅限于阅读和讲解，孩子不能完全在阅读中深入理解和消化，而思维图示可以再现绘本内容，借图发挥，帮助孩子把书读懂、读透，并产生自己的见解，培养阅读兴趣。

T+M 思维训练实操

阅读绘本《九色鹿》。

绘本《九色鹿》的题材来源于我国敦煌壁画中关于九色鹿的传说，从中能够感受到我国本土的绘本艺术气息。插图精美、描写生动，其故事情节可以让孩子感受诚实守信的高贵品质。

Thinking Maps 基础学习训练

1. 圆圈图

圆圈图有助于突破绘本本身内容。让孩子用圆圈图对“九色鹿”这个主题展开发散联想，大胆探索和想象，可以拓展知识储备。

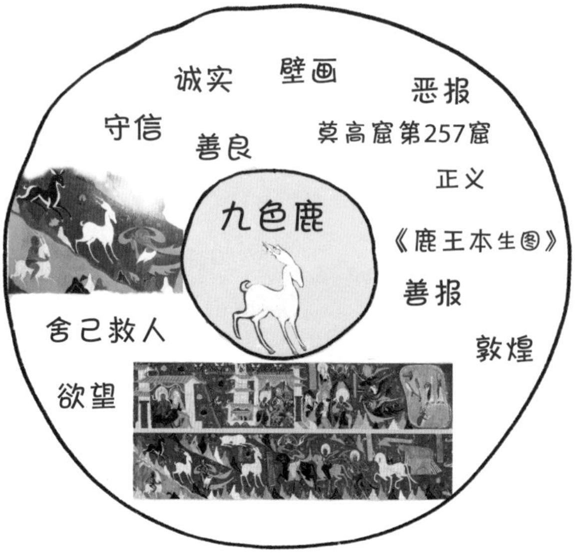

2. 气泡图

用气泡图对《九色鹿》的主角进行描述，可以加强孩子对九色鹿的认知。

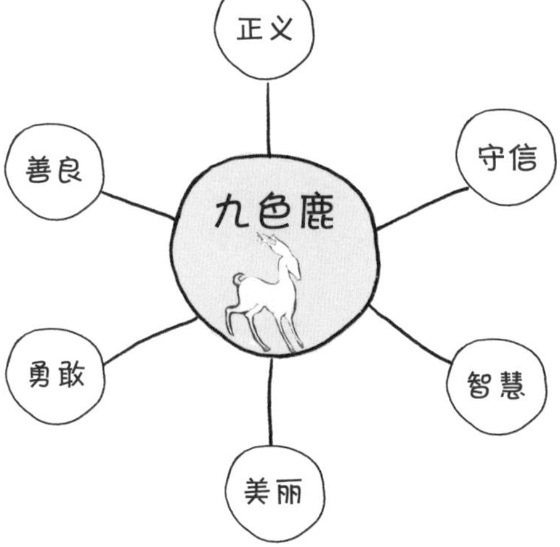

3. 双气泡图

用双气泡图对“九色鹿”和“落水人”进行比较，可以让孩子在强烈的对比中理解善与恶、好与坏。

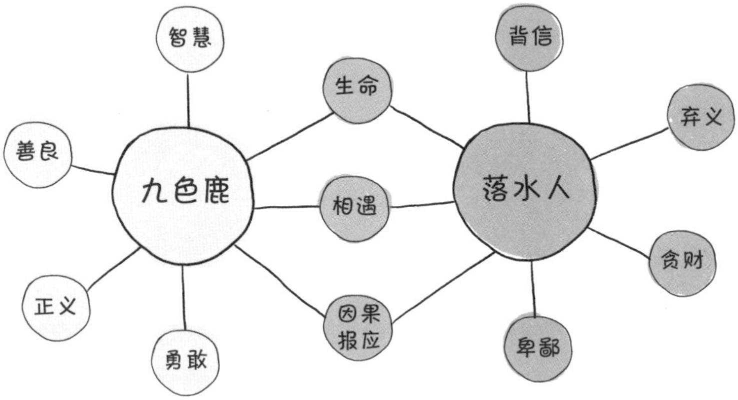

4. 树形图

用树形图对《九色鹿》的四个角色进行分析，有助于孩子了解角色的转变过程，对绘本加深理解。

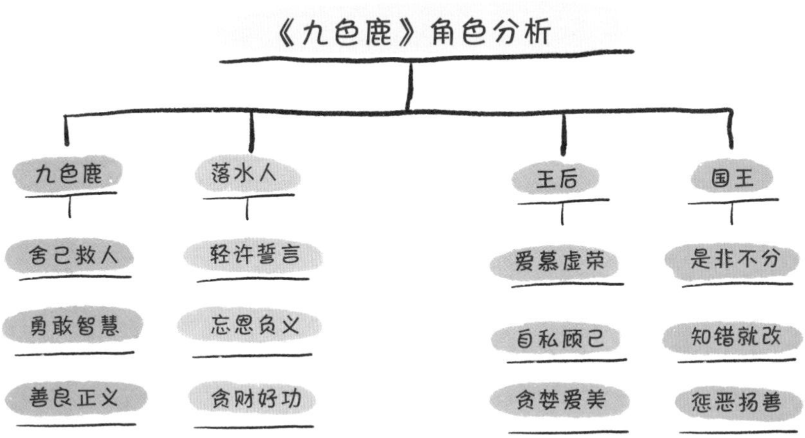

5. 括号图

用括号图拆解段落，可以提高阅读理解能力。

白茫茫的大地在倾听怦怦的心跳，红彤彤的烈日在拷问无语的灵魂。蔚蓝色的天空划过誓言的声音，汹涌的河水啊发出无语的呜咽。

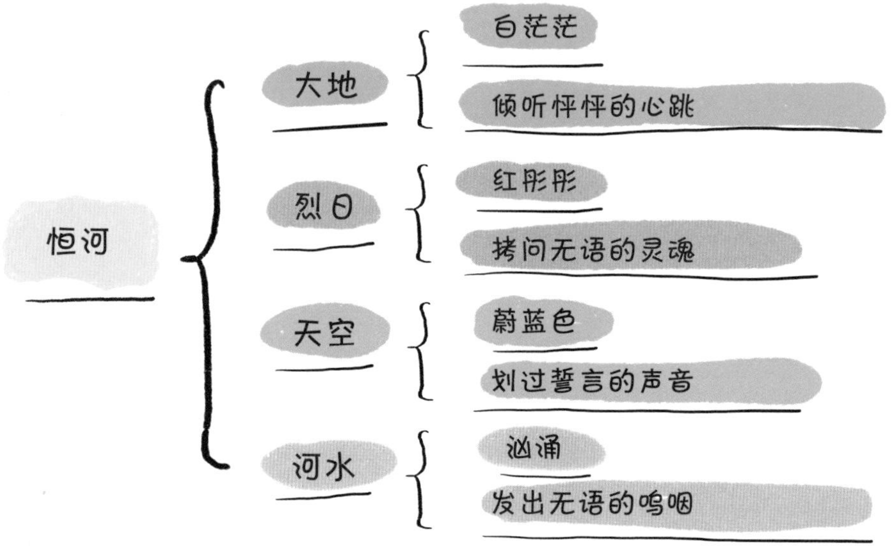

6. 流程图

用流程图梳理绘本情节，可以展示故事的发展过程。

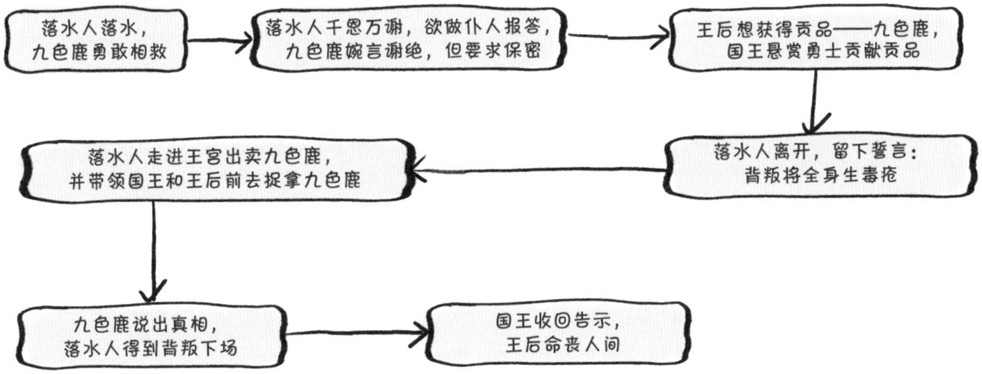

《九色鹿》故事情节发展过程

7. 复流程图

用复流程图分析九色鹿在遇到不同情况时的态度，可以对九色鹿的精神和品质进行更加具体的剖析。

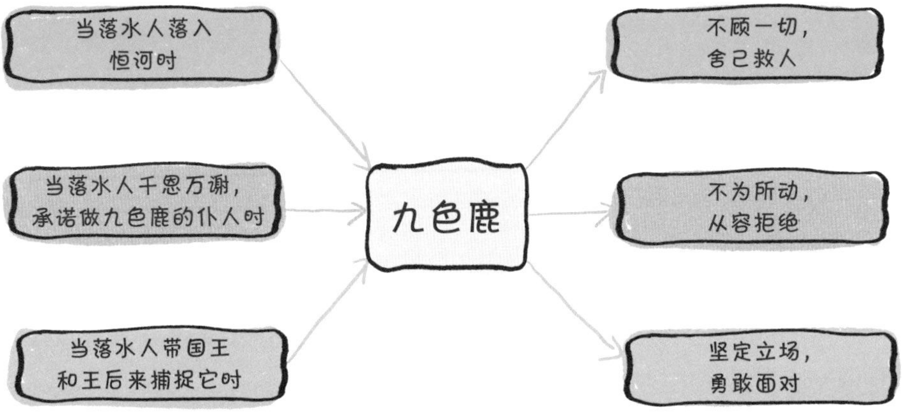

8. 桥形图

用桥形图呈现绘本中的修辞手法，可以在阅读的同时提升表达能力。

我的朋友——黑夜的精灵。

菩提树是我的华盖，

椰林是我的屏障，

恒河是我的母亲啊，

他们都在守护我。

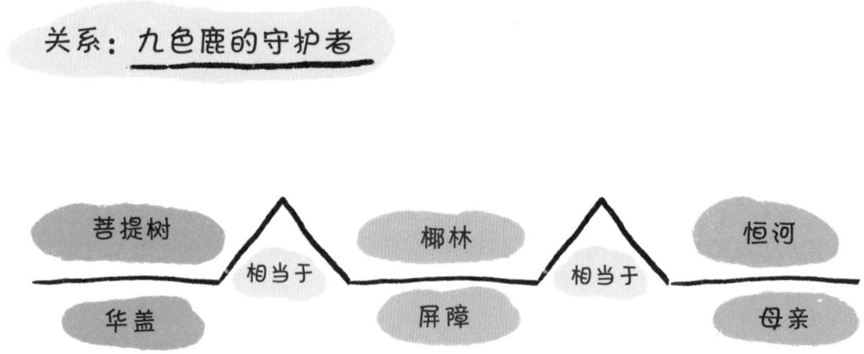

Mind Map 幼小衔接系统训练

思维导图

用思维导图系统地介绍《九色鹿》这一绘本，可以从多角度对绘本进行深入展示。

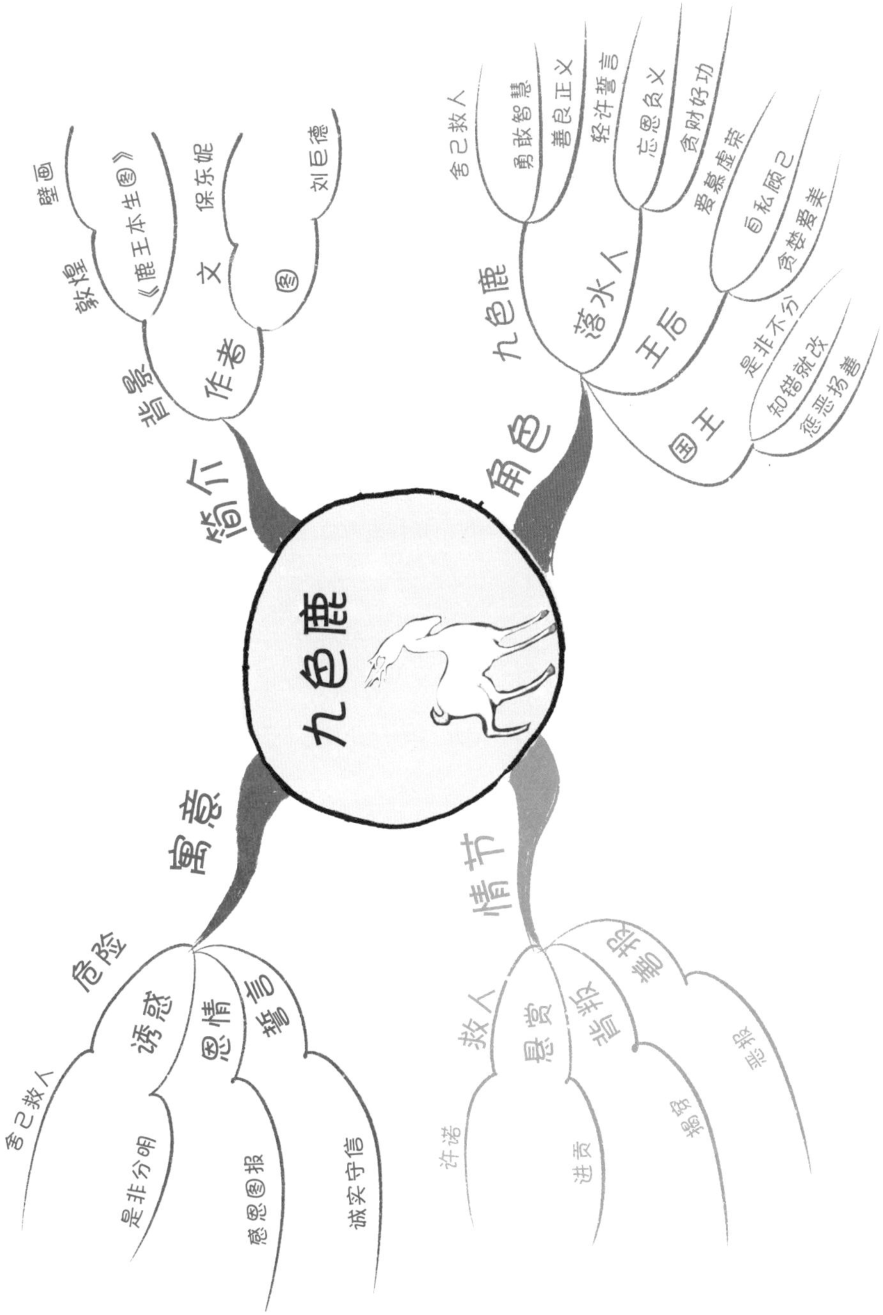
九色鹿
简介
背景
敦煌
壁画
《鹿王本生图》
作者
文
保东妮
图
刘巨德
角色
九色鹿
舍己救人
勇敢智慧
善良正义
落水人
轻许誓言
忘恩负义
贪财好功
王后
爱慕虚荣
自私顾己
贪婪爱美
国王
是非不分
知错就改
惩恶扬善
寓意
危险
舍己救人
诱惑
是非分明
恩情
感恩图报
誓言
诚实守信
情节
救人
许诺
悬赏
进贡
背叛
揭穿
惩报
恶报

用思维图示激发古诗学习兴趣

学习金字塔是美国缅因州国家训练实验室的一项研究成果，它用数字形象地展示了采用不同的学习方式，学习者在两周后还能记住的内容的多少。

第一种学习方式：听讲，也就是老师在讲台上说，学生在下面听，这是我们最熟悉和常见的学习方式，学习效率却是最低的，两周后学习内容留存率只有5%。

第二种学习方式：阅读，通过阅读的方式学习，学习内容留存率可以达到10%。

第三种学习方式：用声音、图片的方式学习，学习内容留存率可以达到20%。

第四种学习方式：演示，采用这种学习方式，学习内容留存率可以达到30%。

第五种学习方式：小组讨论，通过讨论，学习内容留存率可以达到50%。

第六种学习方式：实践，通过“做中学”或“实际演练”，学习内容留存率可以达到75%。

第七种学习方式：“教别人”或者“马上应用”，通过这种方式，学习内容留存率可以达到90%。

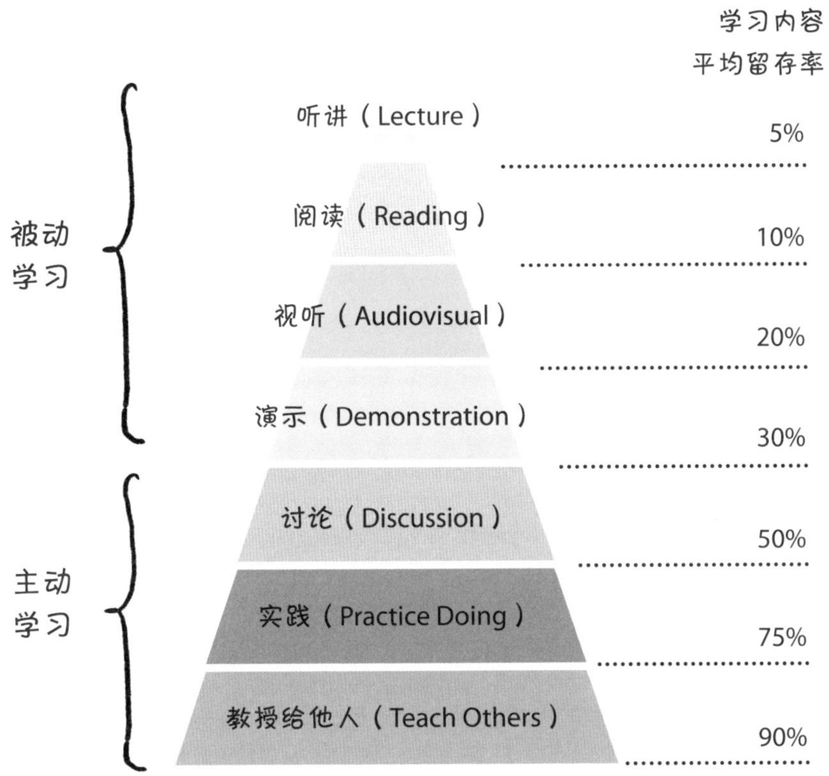

不难发现，留存率达到 50% 以上的学习方式都是参与式学习。以古诗学习为例，对于幼小衔接的孩子来说，古诗相比白话文有一定的理解与背诵难度，但如果把古诗用思维图示展示出来，然后让孩子对图示进行讲解，就可以给孩子提供一个参与式媒介。

用图示的方式把古诗教授给他人，既可以培养孩子的学习兴趣，又可以加深记忆。

T+M 思维训练实操

Thinking Maps 基础学习训练

1. 圆圈图

通过圆圈图对古诗进行发散联想，提取古诗中的关键词和关键图，可以提高对古诗的理解和记忆。

举例：用圆圈图对古诗《咏鹅》展开发散联想。

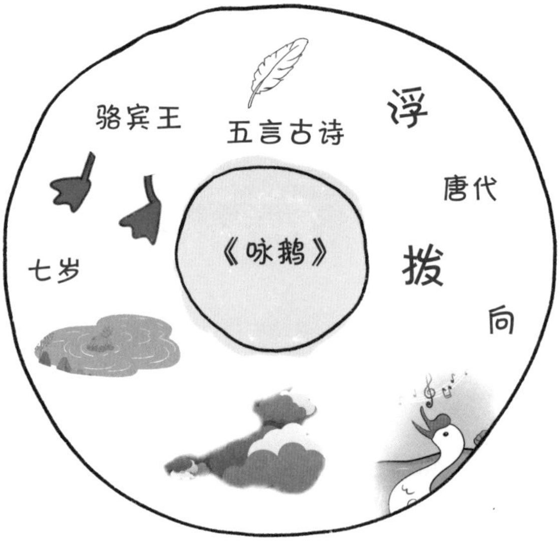

2. 气泡图

把一个作者的多个作品进行整理也是一种复习方法，在绘制时要把气泡画得大一些，以便填写古诗。

举例：用气泡图总结诗人李白的古诗。

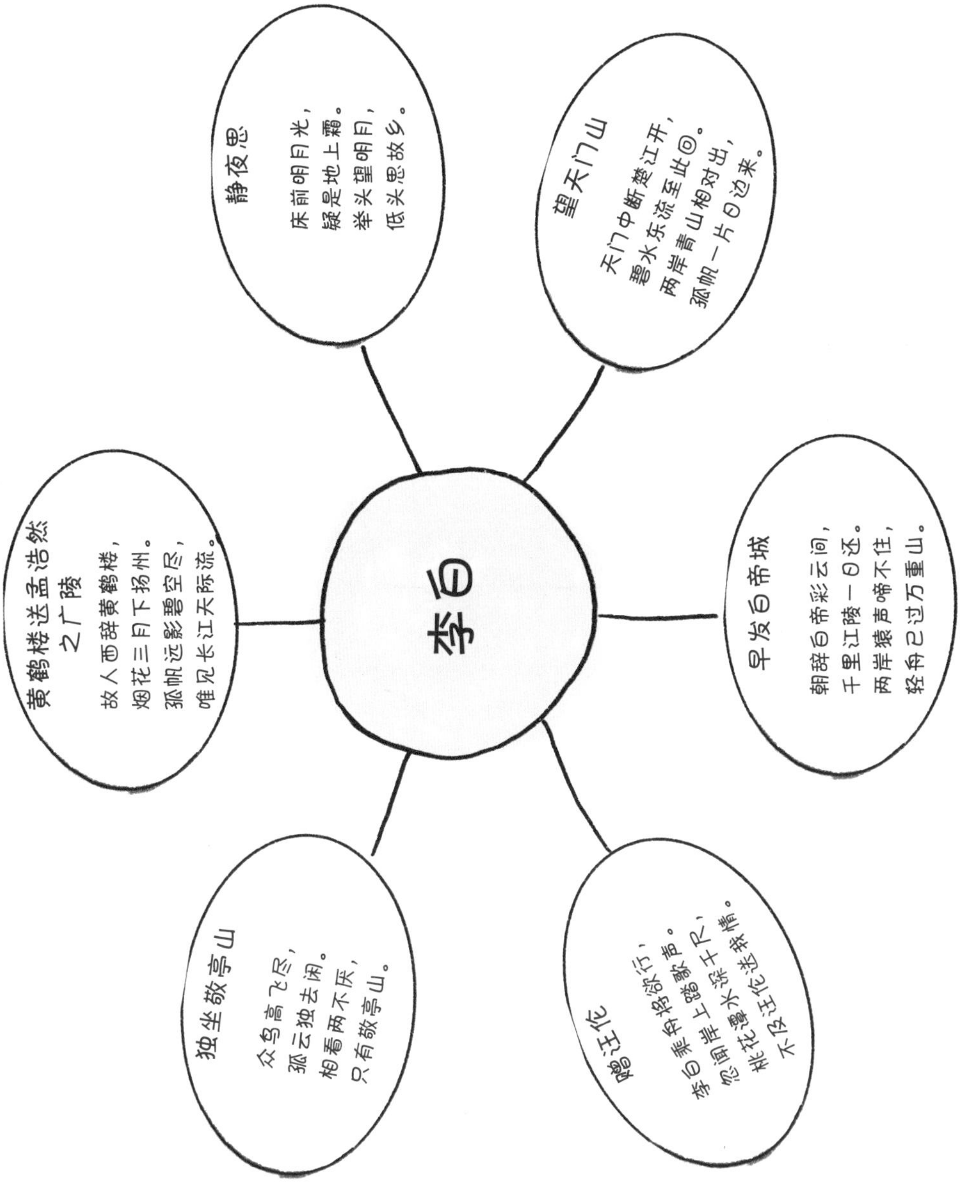
李白
黄鹤楼送孟浩然之广陵
故人西辞黄鹤楼，
烟花三月下扬州。
孤帆远影碧空尽，
唯见长江天际流。
静夜思
床前明月光，
疑是地上霜。
举头望明月，
低头思故乡。
望天门山
天门中断楚江开，
碧水东流至此回。
两岸青山相对出，
孤帆一片日边来。
早发白帝城
朝辞白帝彩云间，
千里江陵一日还。
两岸猿声啼不住，
轻舟已过万重山。
赠汪伦
李白乘舟将欲行，
忽闻岸上踏歌声。
桃花潭水深千尺，
不及汪伦送我情。
独坐敬亭山
众鸟高飞尽，
孤云独去闲。
相看两不厌，
只有敬亭山。

3. 双气泡图

孩子在学习古诗时特别容易混淆作者，通过双气泡图比较诗人的相同点和不同点，对诗人加以分析，可以有效避免混淆。

举例：用双气泡图比较李白和杜甫的相同点和不同点。

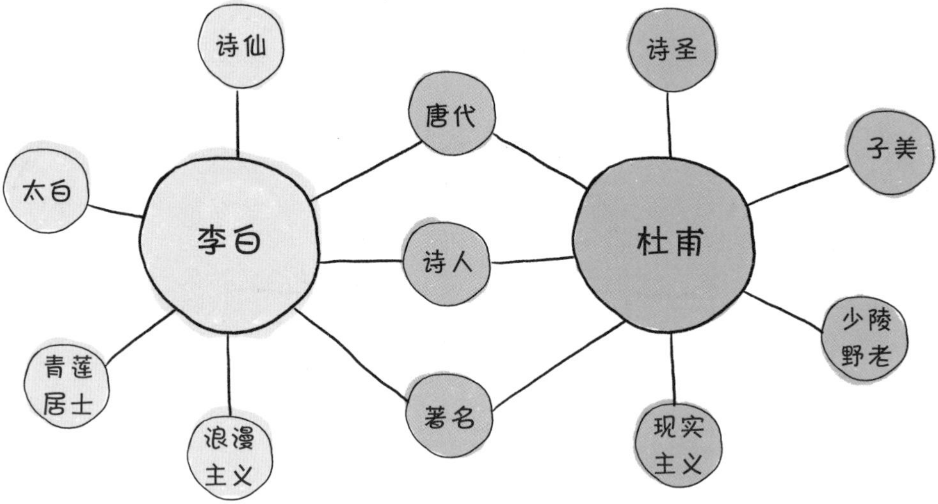

4. 树形图

用树形图对古诗进行分类，使古诗学习更加系统、简单。

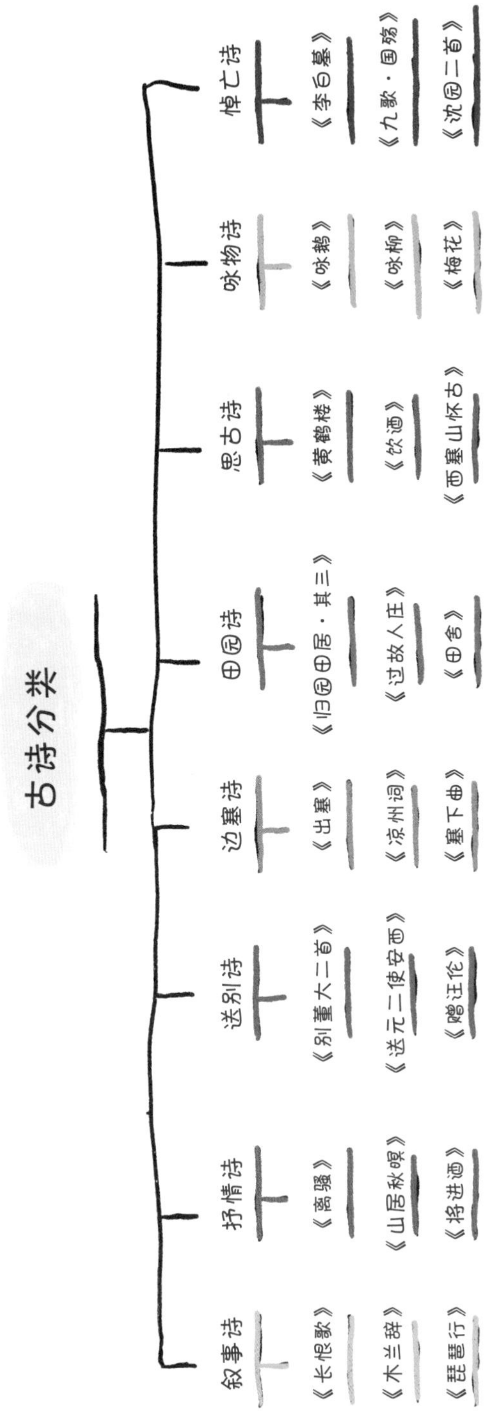
古诗分类
叙事诗
《长恨歌》
《木兰辞》
《琵琶行》
抒情诗
《离骚》
《山居秋暝》
《将进酒》
送别诗
《别董大二首》
《送元二使安西》
《赠汪伦》
边塞诗
《出塞》
《凉州词》
《塞下曲》
田园诗
《归园田居·其三》
《过故人庄》
《田舍》
思古诗
《黄鹤楼》
《饮酒》
《西塞山怀古》
咏物诗
《咏鹅》
《咏柳》
《梅花》
悼亡诗
《李白墓》
《九歌·国殇》
《沈园二首》

5. 括号图

用括号图对古诗进行拆解，可以将古诗由大化小，降低学习难度。

举例：用括号图对古诗《画》进行拆解。

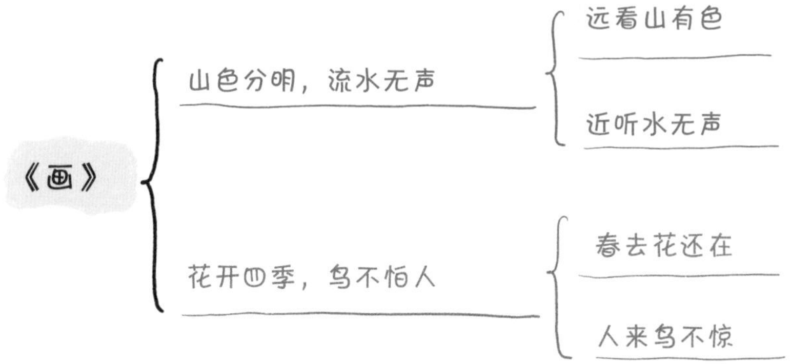

6. 流程图

唐朝诞生了很多著名的诗人，产生了很多脍炙人口的古诗，用流程图按照初唐、盛唐、中唐、晚唐的时间顺序对诗人进行总结，能够更加有逻辑地学习古诗。

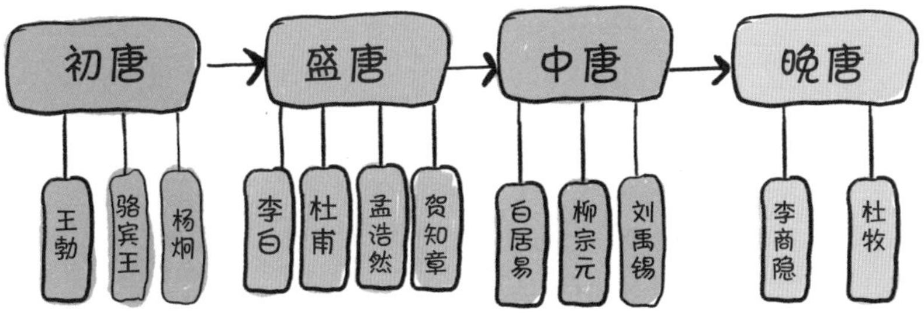

唐代各时期著名诗人

7. 复流程图

用复流程图对诗仙、诗圣等信息进行整理，可以更加直观地进行学习。

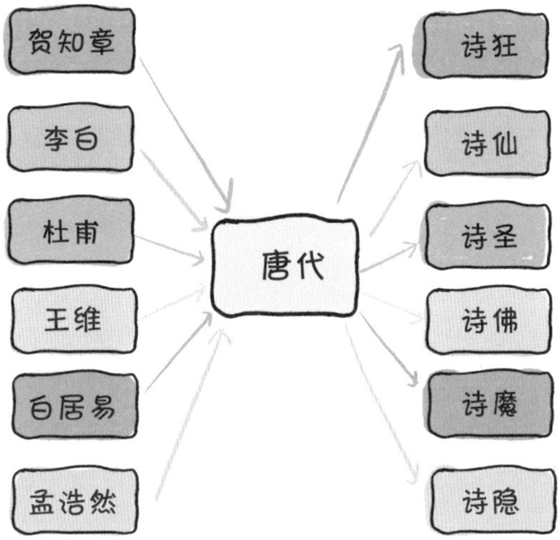

8. 桥形图

用桥形图总结诗人和朝代，既便于记忆，又能够避免混淆。

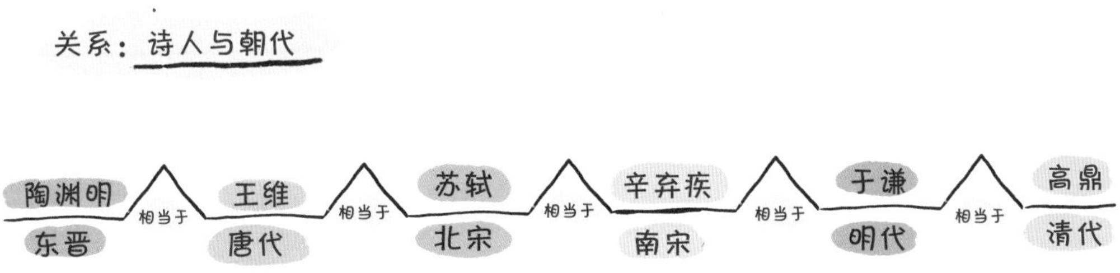

Mind Map 幼小衔接系统训练

思维导图

用思维导图系统地分析古诗，可以让孩子对古诗进行全方位的学习。

举例：用思维导图分析古诗《咏柳》。

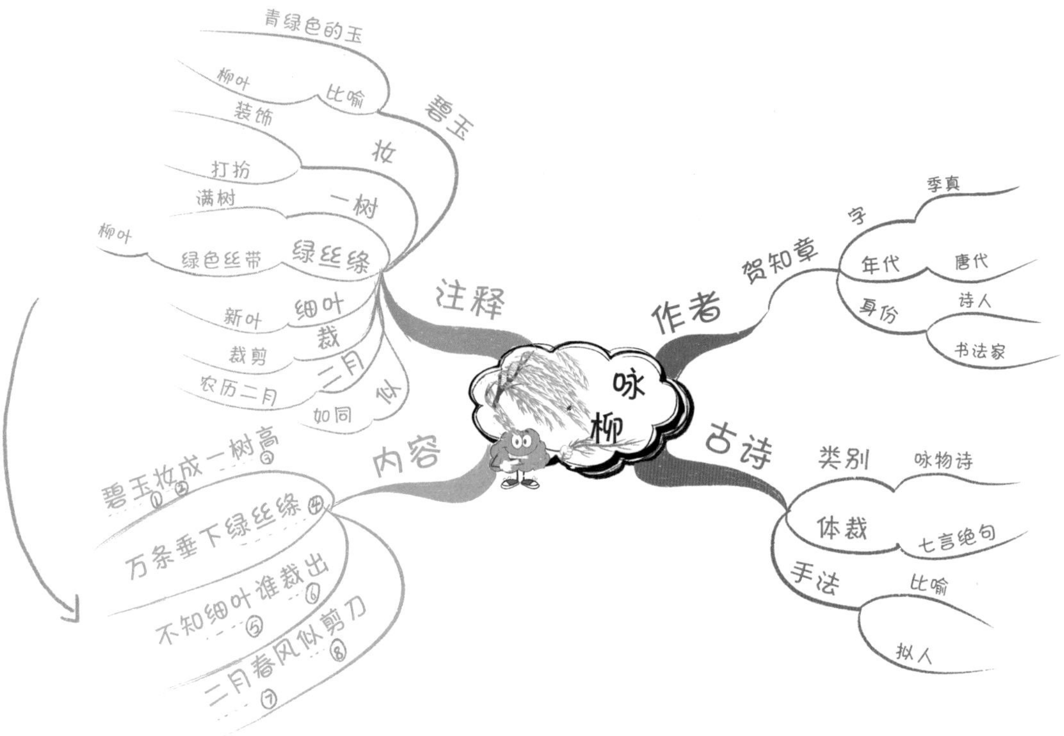

用思维图示激发数学学习兴趣

幼小衔接阶段的孩子对什么事情都充满好奇，在询问“为什么”的同时希望能够探求问题背后的故事。在孩子们的问题中，数学问题相对抽象，如果使用思维图示，则可以使抽象问题更加形象化、具体化，帮助孩子更加直观地分析问题，培养数学逻辑思维，激发数学学习兴趣。

T+M 思维训练实操

Thinking Maps 基础学习训练

1. 圆圈图

用圆圈图学习凑十法，对数字 10 展开凑十联想。

凑十歌

一九一九好朋友，

二八二八手拉手，

三七三七真亲密，

四六四六一起走，

五五凑成一双手。

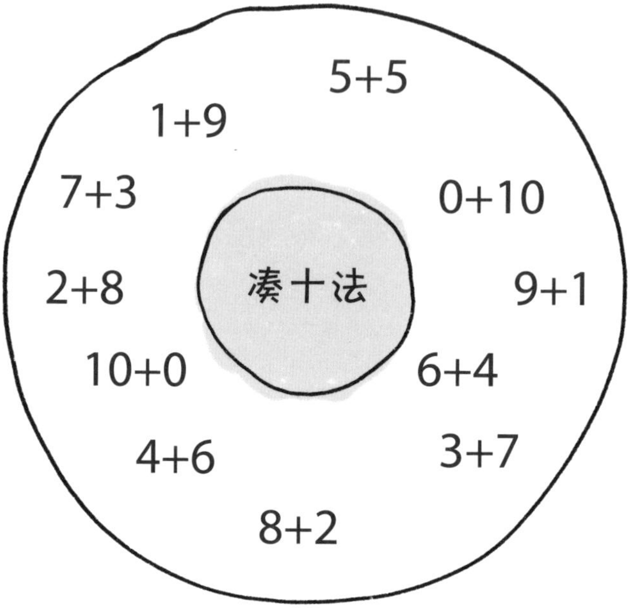

2. 气泡图

均分问题是幼升小考试中常见的应用题型，可以通过气泡图学习均分问题。

举例：把 18 个胡萝卜分别平均分给 3 只、2 只、6 只兔子，每只兔子分别能分到多少个胡萝卜？

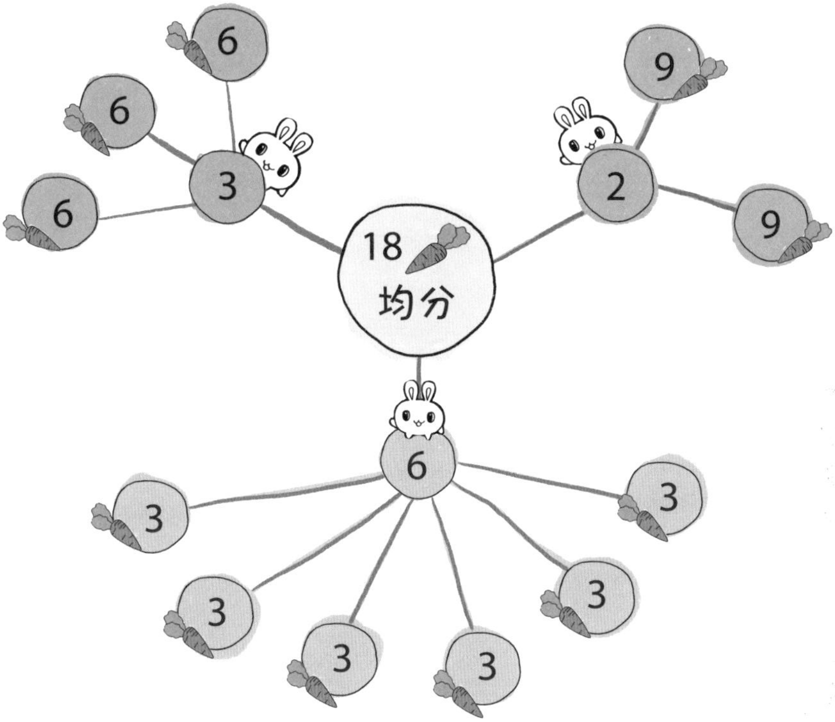

3. 双气泡图

加法和减法是幼小衔接阶段的基础运算，用双气泡图比较加法和减法的相同点和不同点，可以提高孩子对运算的认知。

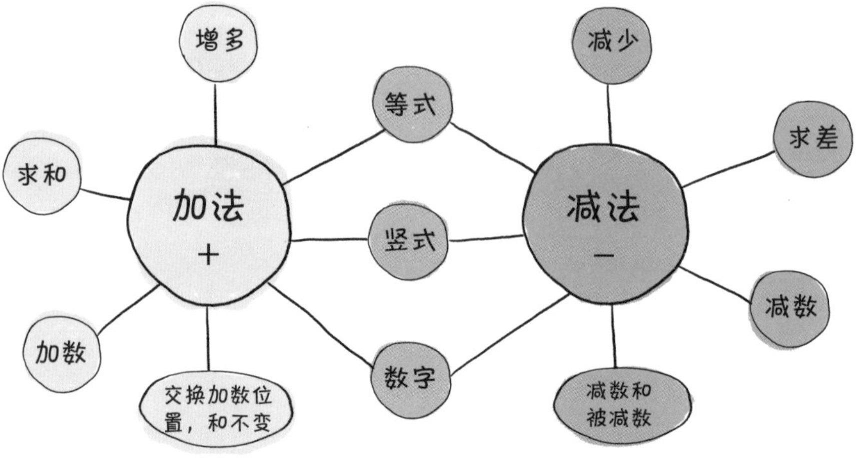

4. 树形图

用树形图对长度单位进行分类，有助于孩子系统化地学习长度单位。

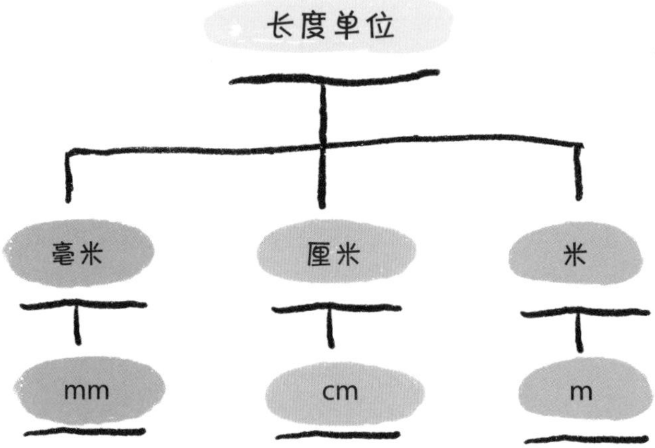

5. 括号图

用括号图认识时钟，既能对时钟进行拆解认知，又能对指针每个部分的作用进行分析。

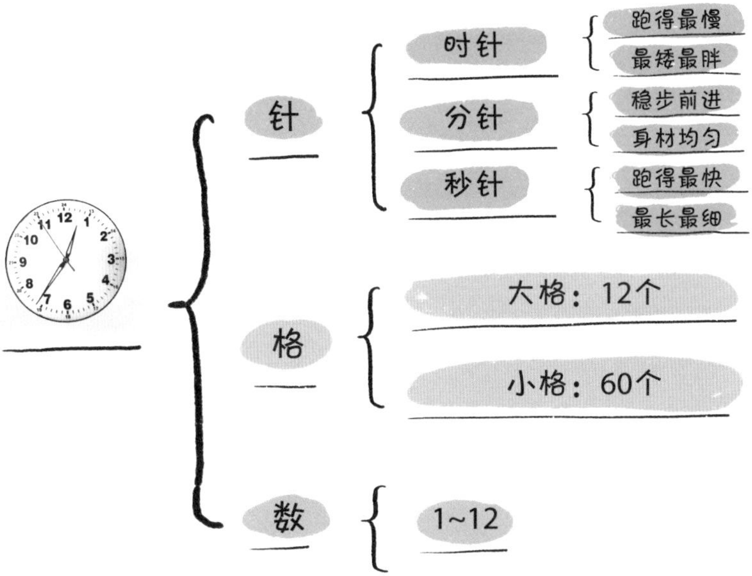

6. 流程图

可以用流程图学习相邻偶数，将数字按降序排列，箭头指向小的数，每格少 2。

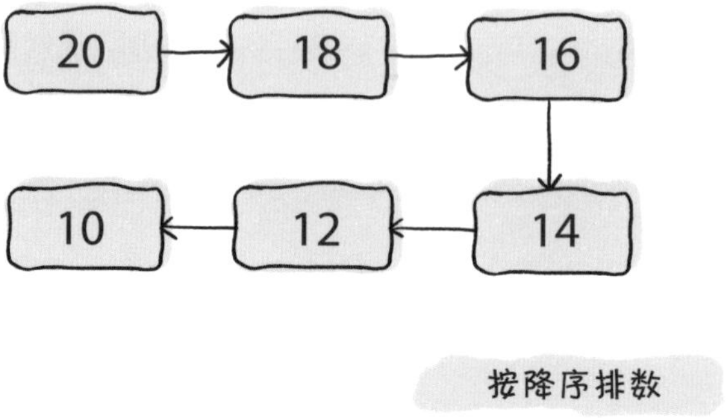

7. 复流程图

复流程图有助于练习加减法运算。

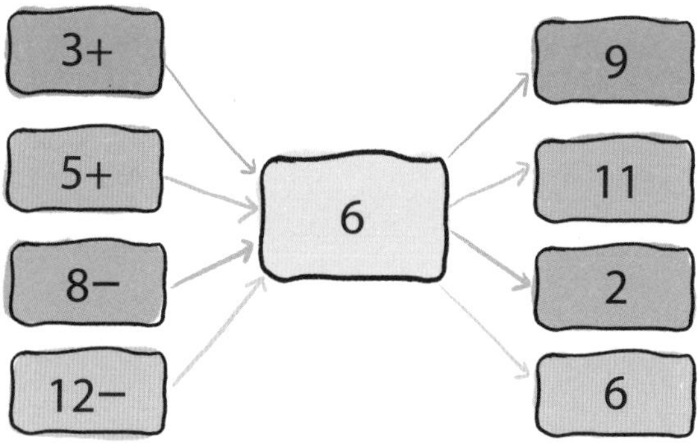

8. 桥形图

逻辑推理也是近几年幼升小考试中出现较为频繁的题型，此类题的难度体现在孩子需要在短时间内解决问题，图示法是最好的解题方法。

举例：动物公寓每层楼有两户居民，长颈鹿住在 401 室，斑马住在长颈鹿楼下，大象是斑马的邻居，鸵鸟住在大象楼下，请问鸵鸟住在哪个房间？

Mind Map 幼小衔接系统训练

思维导图

用思维导图学习加减运算法。

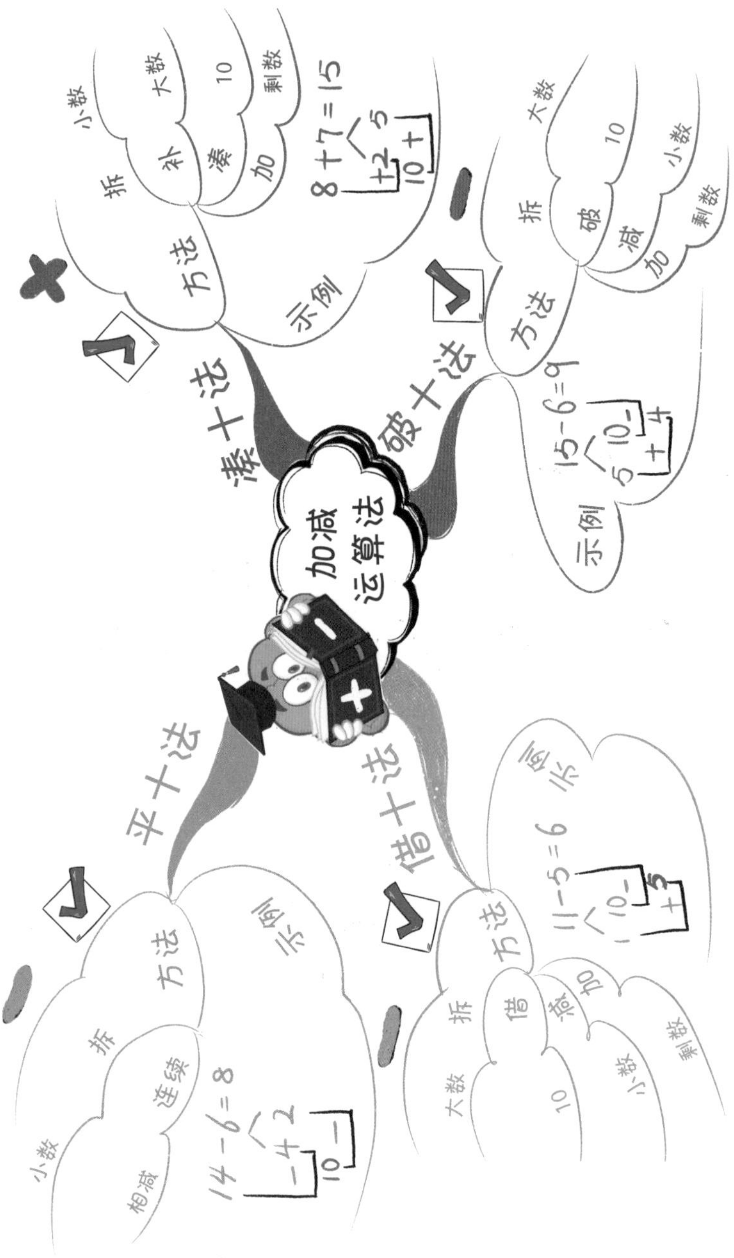
加减运算法
凑十法
方法
拆
小数
补
大数
凑
10
加
剩数
示例
8+7=15
破十法
方法
拆
大数
破
10
减
小数
加
剩数
示例
15-6=9
平十法
方法
拆
连续
小数
相减
示例
14-6=8
借十法
方法
拆
借
减
加
大数
10
小数
剩数
示例
11-5=6

用思维图示激发英语学习兴趣

英语单词切不可死记硬背，特别是对于初学英语的孩子，在背单词这一环节中一定要寻找有趣的方法。思维图示具有灵活多变的优势，可以开发出具有一定思维逻辑、好玩、好记、好用的记忆方法，帮助孩子解决不爱记单词的问题，打好学习英语的基础。

T+M 思维训练实操

Thinking Maps 基础学习训练

1. 圆圈图

用圆圈图对字母形状展开发散联想，能够激发孩子学习英语的兴趣。

举例：用圆圈图对字母 A 展开发散联想。

2. 气泡图

用气泡图举一反三，学习新单词。

举例： 以 oy 为基础，加上不同的字母，组成新的单词。

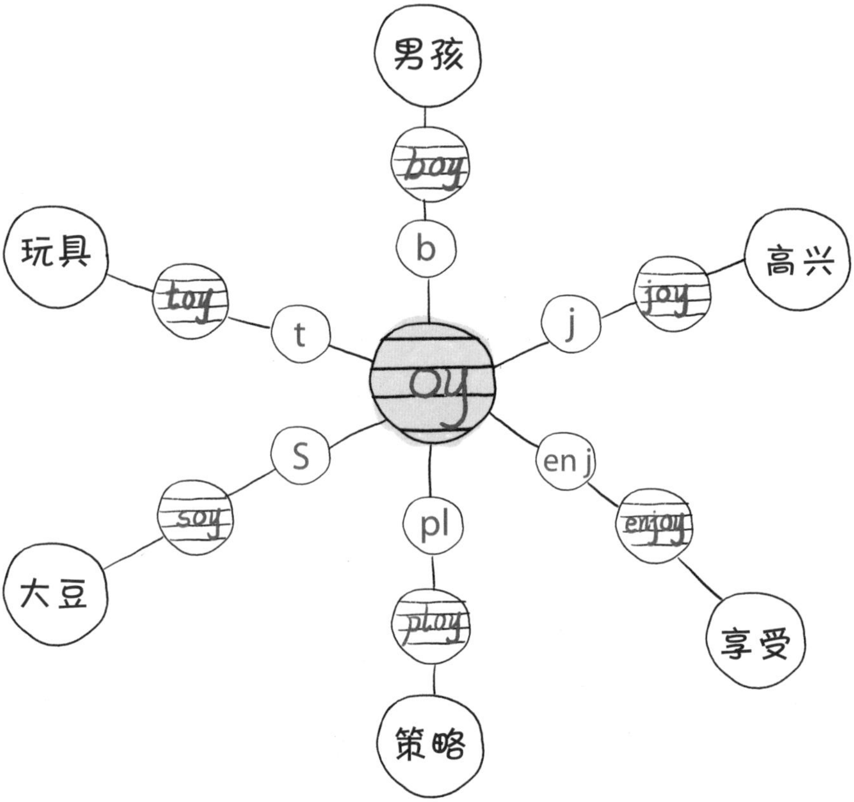

3. 双气泡图

用双气泡图比较相似的单词，可以避免混淆。

举例：用双气泡图比较介词 in 和 on。

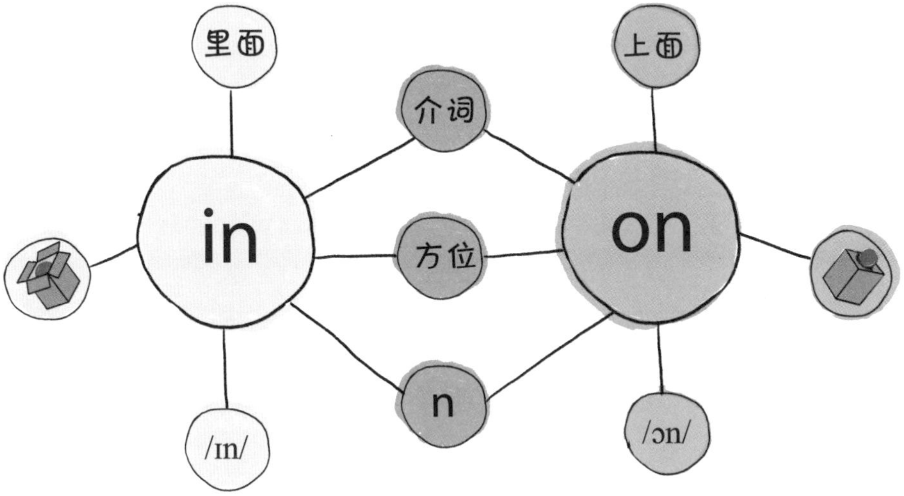

4. 树形图

用树形图学习音标，将音标的分类由大化小，轻松学习。

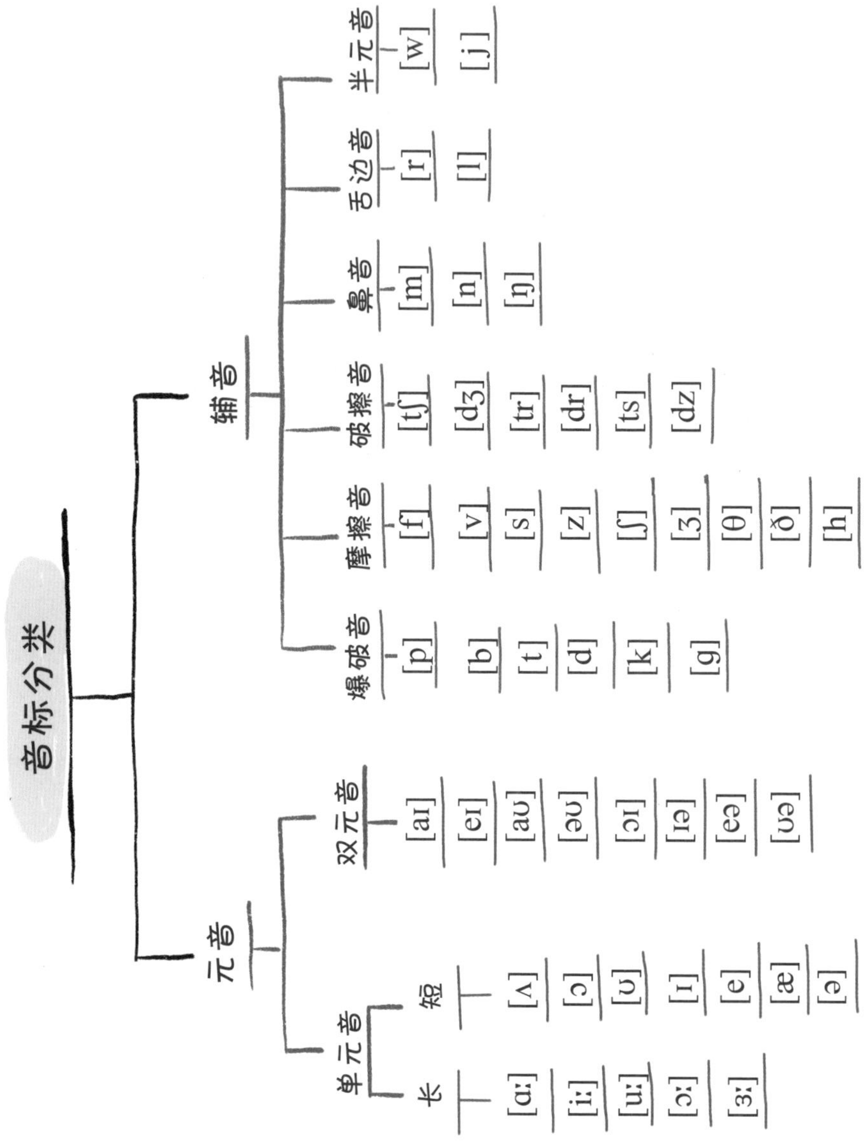
音标分类
元音
单元音
长
[ɑː]
[iː]
[uː]
[ɔː]
[ɜː]
短
[ʌ]
[ɔ]
[ʊ]
[ɪ]
[e]
[æ]
[ə]
双元音
[aɪ]
[eɪ]
[aʊ]
[əʊ]
[ɔɪ]
[ɪə]
[eə]
[ʊə]
辅音
爆破音
[p]
[b]
[t]
[d]
[k]
[g]
摩擦音
[f]
[v]
[s]
[z]
[ʃ]
[ʒ]
[θ]
[ð]
[h]
破擦音
[tʃ]
[dʒ]
[tr]
[dr]
[ts]
[dz]
鼻音
[m]
[n]
[ŋ]
舌边音
[r]
[l]
半元音
[w]
[j]

5. 括号图

用括号图拆解单词，将单词与生活相结合，进行情景化学习。

举例：用括号图对 head（头）这个单词进行拆解。

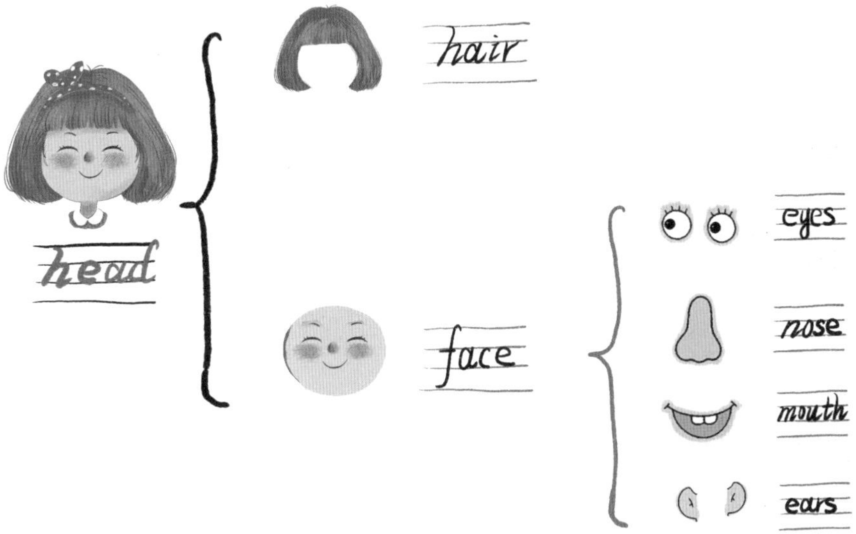

6. 流程图

语法学习对于幼小衔接的孩子很有难度，通过流程图对语法规则进行展示，可以提高学习效率。

举例：用流程图展现可数名词变复数的不规则变化。

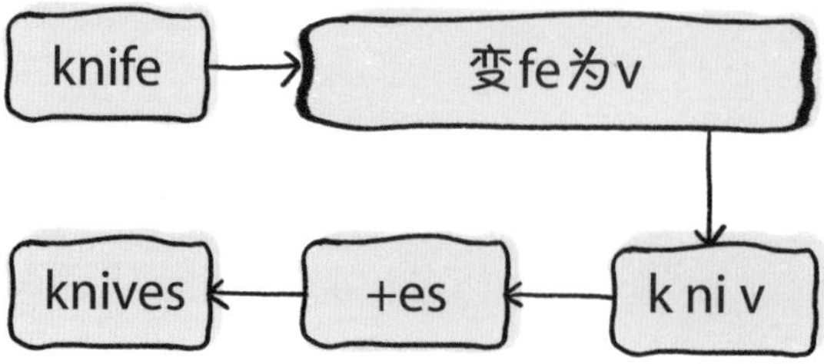

可数名词变复数的
不规则变化

7. 复流程图

复流程图可以用来学习短语搭配，根据具体应用拓展图示的绘制，让方法为学习服务。

举例：用复流程图对单词 look 进行短语搭配。

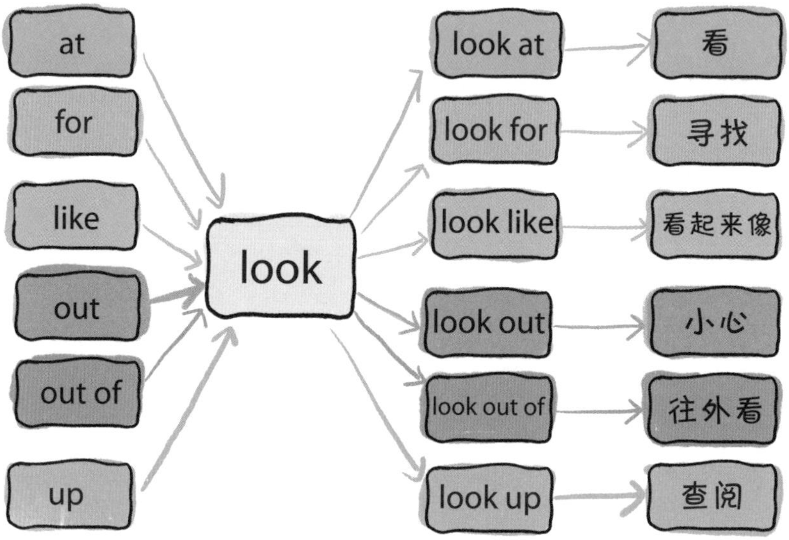

8. 桥形图

桥形图可以用来整理人称代词的主格和宾格。

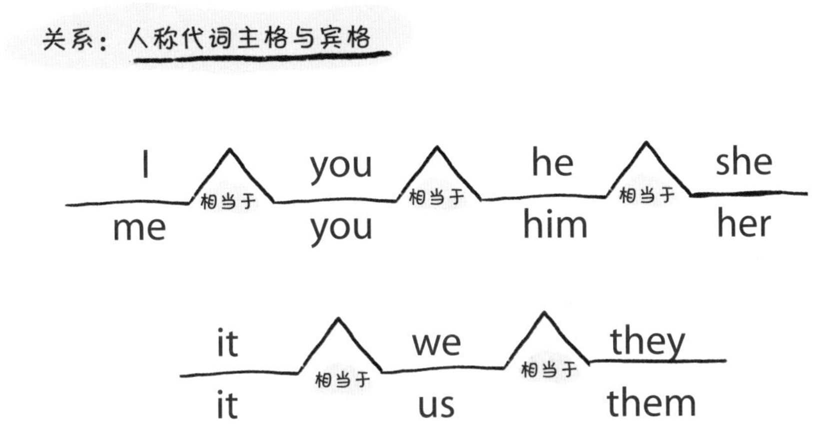

Mind Map 幼小衔接系统训练

思维导图

可以用思维导图对单词进行分类记忆。

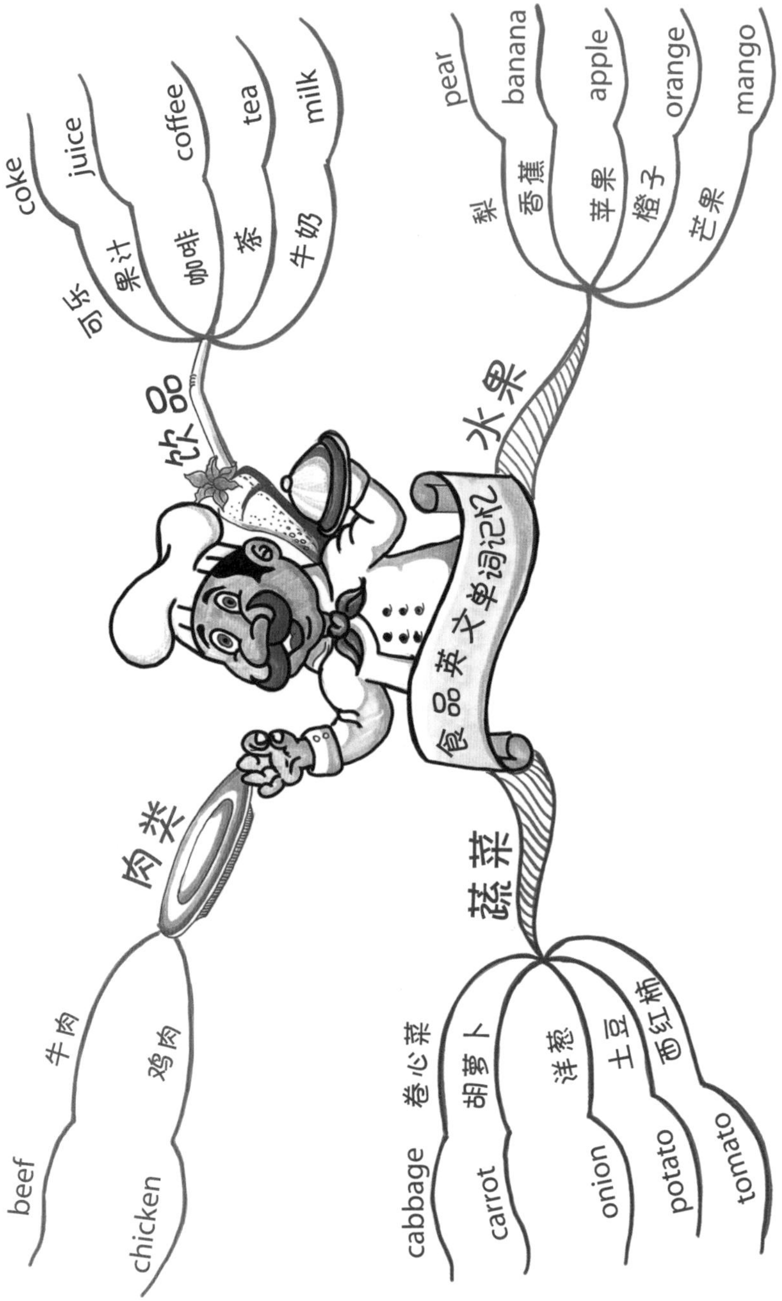
食品英文单词记忆
饮品
可乐
coke
果汁
juice
咖啡
coffee
茶
tea
牛奶
milk
水果
梨
pear
香蕉
banana
苹果
apple
橙子
orange
芒果
mango
肉类
牛肉
beef
鸡肉
chicken
蔬菜
卷心菜
cabbage
胡萝卜
carrot
洋葱
onion
土豆
potato
西红柿
tomato

后　记

写给未来

从 20 世纪初跨越到 21 世纪的人，都会有一种深刻的感受，面对日常生活所发生的变化越来越不知所措，科技、文化、环境都在发生着意料之外的变化。这样的时代有了新的代名词：VUCA 时代，即这个时代充满易变性（Volatility）、不确定性（Uncertainty）、复杂性（Complexity）和模糊性（Ambiguity）。

数字媒体化、信息智能化、网络普及化看似为学习者提供了更多元、更便捷的学习渠道，实则需要学习者进行更高质量的学习。资源多要学会选择，信息泛要学会总结，平台广要学会定位，变化快要学会创新……

面对 VUCA 时代，面对未来，传统的填鸭式学习、死记硬背已经不再奏效，学习方式正在从传统的“老师教”向“学生自主学”过渡，学校也不再是知识的唯一传播点。那么，未来孩子应该如何学习呢？

学习目标：为未来而学，进行有价值的学习

戴维·珀金斯认为，知识必须能够在某些场合实际运用，才值得学习。

我们应该为未来有价值的事物去进行学习。回想一下，你学过的哪些知识在今天的生活中还用得上？学习者要带着“超越”的思想去学习：超越课本联系生活，超越现在思考未来，超越领域打破界限，能够将学与用紧密结合，才是有意义、有价值的学习。

学习动力：做学习的“狙击手”而非“敢死队”

狙击手是利用自己的优势，瞄准目标一招制胜，而敢死队大部分是在无望之时采取的无奈之举。每一位学习者都应从自身优势出发来学习，这样才会有获得成功的内驱力，而不是受到外界过多的干扰，盲从选择、盲目学习，最后只能像敢死队一样付出巨大的代价。

学习心态：“结硬寨，打呆仗”

曾国藩带领湘军打败兵力多于自己很多倍的太平天国军的要领就是“结硬寨，打呆仗”，即构筑坚硬的壁垒，踏踏实实，稳扎稳打。学习也是一样。真正的高效学习，是以点带面的，先把重要的、核心的知识攻克，再运用核心知识游刃有余地带动其他知识的学习，做到融会贯通。

学习思维：在新旧知识中构建自己的知识体系

学习中会遇到各种问题，记不住、忘得快、不理解、学不会等。而实际上，记住或理解的方为知识，内化成能力的知识是最忘不掉的。所以，我们要学会把所学的知识联系起来，在新旧知识、不同知识中构建自己强大的知识体系，将孤立单一的知识点和学科串联起来，知识才能越学越多，越用越灵活。

学习方法：四两拨千斤

要学习某个内容，应该先针对所学内容找到高效快速的学习方法和学习工具。如今高效学习方法五花八门，切不可“法法俱到”地使用所有方法，因为工具越多，效率越低。要选择一种好用、有用、具有包容性的方法，把方法变成尚方宝剑，用到高手的境地，才能达到四两拨千斤的效果。

幼小衔接阶段对于孩子一生的学习成长都至关重要，就好像盖高楼要打地基一样，如果地基没有打好，楼房盖得越高，越有危险。幼小衔接正是孩子正式步入校园、开启校园学习的基础，是孩子未来学习的“地基”。

很多家长误认为认识多少汉字、会背多少古诗、是否会背乘法口诀等是衡量孩子是否能顺利升入小学的关键，其实幼小衔接不仅仅是知识的衔接，更是孩子树立学习目标、激发学习动力、调整学习心态、培养学习思维、摸索学习方法的关键阶段。

所以，在这个阶段，家长千万不要急于求成，本末倒置，上来就把刚进小学的孩子用小板凳拴住，而是要有长远眼光，帮助孩子把学习基础打牢，让孩子爱上学习、主动学习、学会学习。

本书中的 Thinking Maps 和 Mind Map 思维图示法能够帮助孩子实现幼升小的高效衔接。相信通过对本书的阅读，大家已经感受到了思维图示法的效用，希望大家不仅仅了解工具，还能学会使用工具，只有真正践行，才能达到预期的效果。

希望本书为不知道如何启迪孩子开启小学阶段学习的家长解决焦虑，在陪伴孩子的成长中找到教育的幸福感，帮助孩子打好幼小衔接的基础，让学习的大楼越盖越高。

赵　巍

使用说明

《T+M 思维训练手册》是《学习其实超有趣：拿来就用的思维图示学习法》一书的配套练习手册，家长可以一边阅读这本书，了解相关知识和训练方法，一边引导孩子使用《T+M 思维训练手册》进行实际操作练习。

书中提出的“T+M 思维训练法”将八大思维图示（Thinking Maps）和思维导图（Mind Map）有效嫁接，根据孩子的思维发展特点，充分训练和激发孩子的发散思维、描述思维、比较思维、分类思维、分解思维、顺序思维、因果思维和类比思维，并教会孩子如何将这些思维方法应用到各学科的学习中，让孩子用有趣、直观的方式识汉字、背古诗、学数学、记单词，把思维过程图示化，轻轻松松会画、会学、会用。该思维训练法能够帮助孩子从单一思维过渡到多元思维，从零散的知识点学习过渡到系统化学习，让孩子的思维在更广阔的空间里不断提升。

《T+M 思维训练手册》中的练习只是一些示例，并不是唯一答案，家长要根据孩子的实际情况举一反三，在此基础上灵活调整，为孩子设置更丰富的练习，真正将“T+M 思维训练法”应用到孩子的实际生活和学习中，帮助孩子建立科学的学习思维，养成良好的学习习惯，掌握高效的学习方法，为孩子步入更高阶段的学习打下坚实的基础。

T+M思维训练

思维图示绘制

八大思维图示

（Thinking Maps）

圆圈图

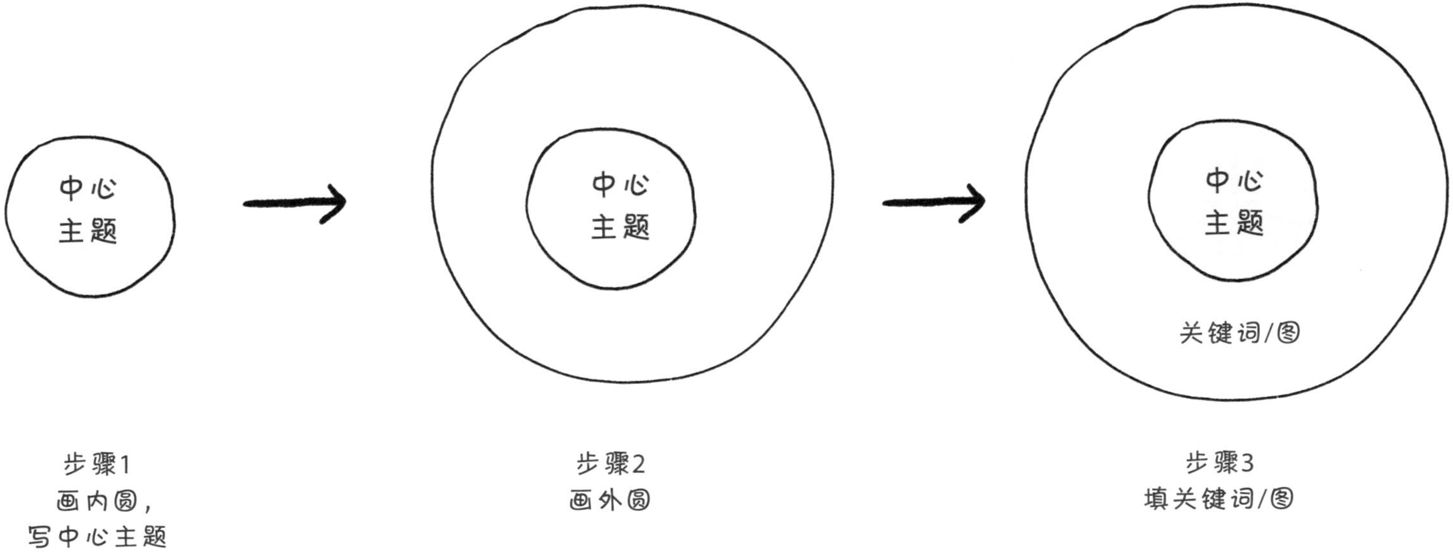
中心
主题
中心
主题
中心
主题
关键词/图
步骤1
画内圆，
写中心主题
步骤2
画外圆
步骤3
填关键词/图

气泡图

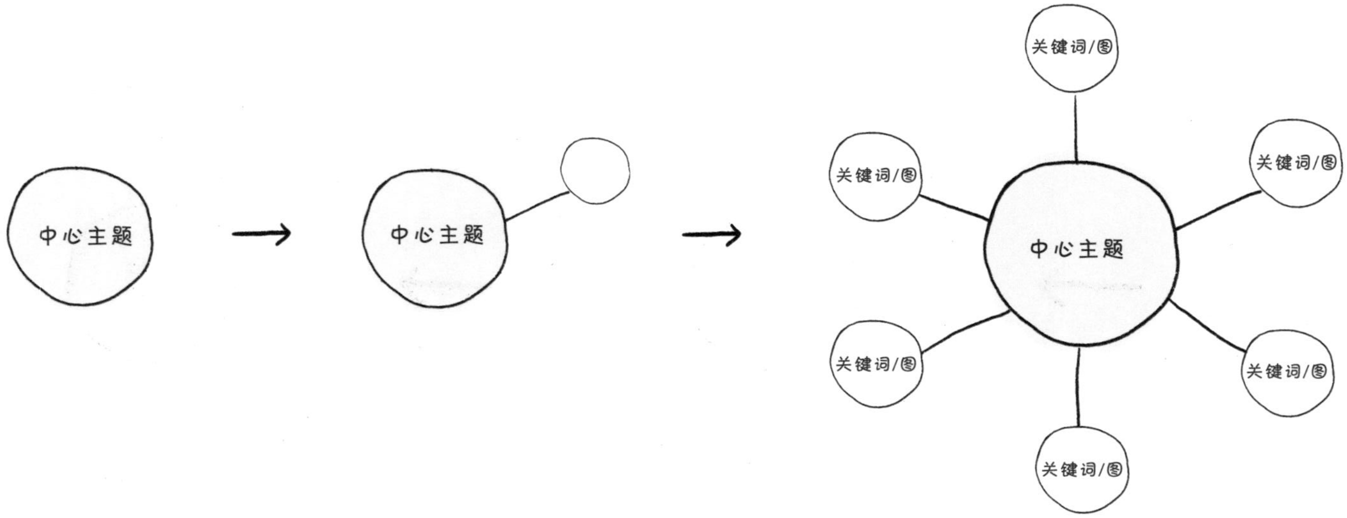

步骤1
画内圆，
写中心主题

步骤2
画气泡圆

步骤3
填关键词/图

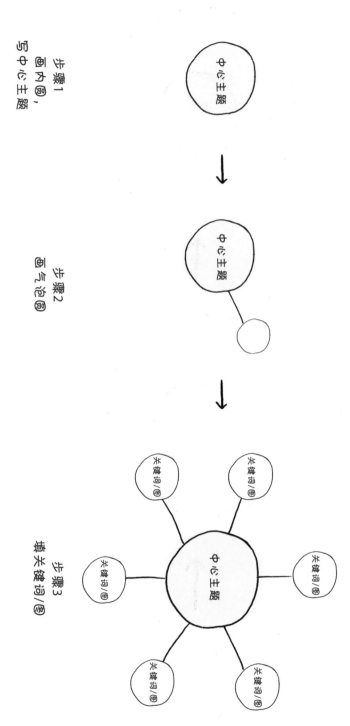

双气泡图

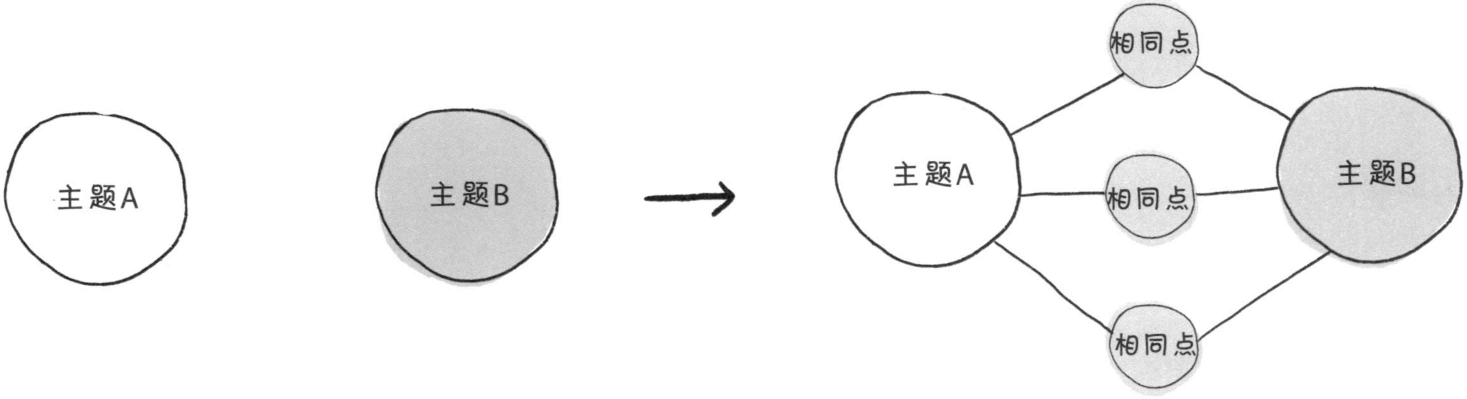

步骤1
画两个内圆，写中心主题A和B

步骤2
画气泡圆，写相同点

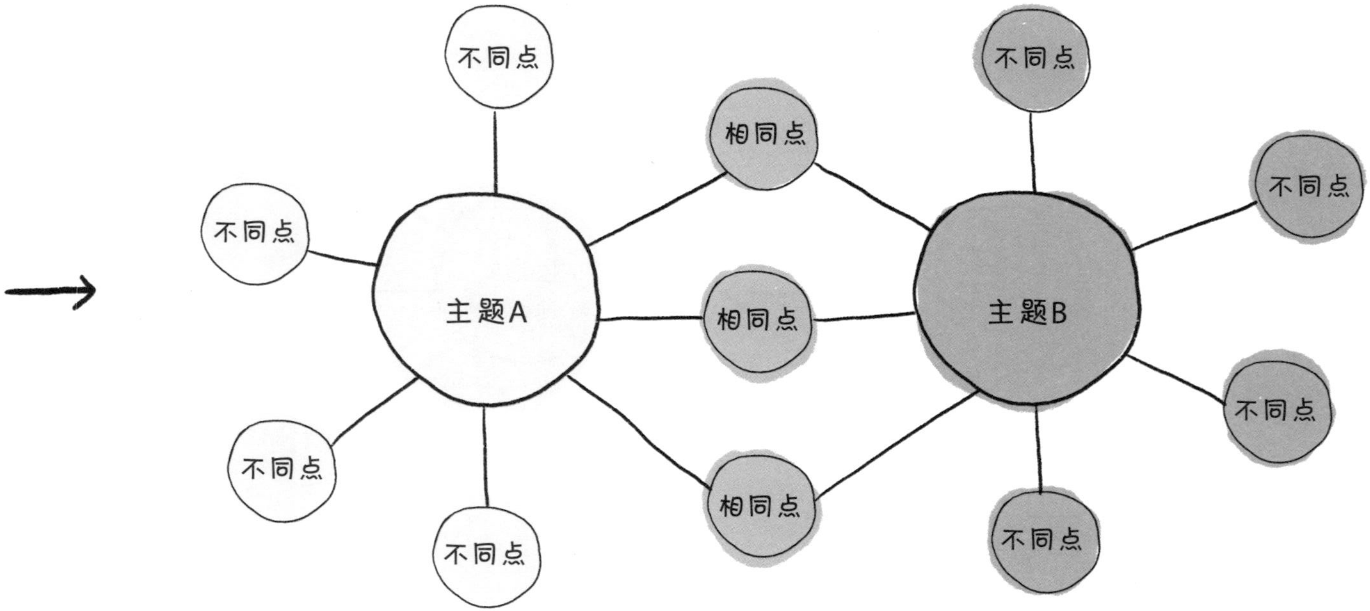

步骤3
画气泡圆，写不同点

树形图

第一种绘制方法

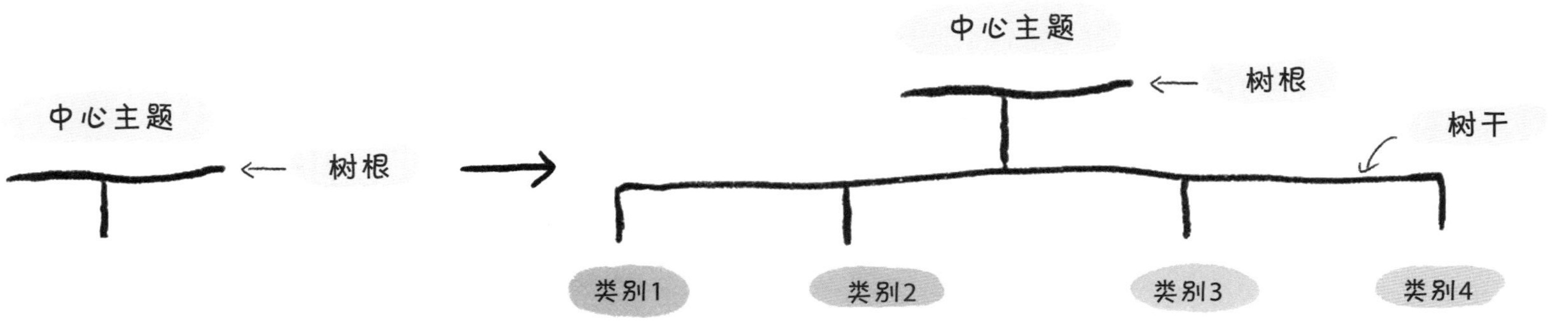

步骤1
画树根，写中心主题

步骤2
画树干，分类别

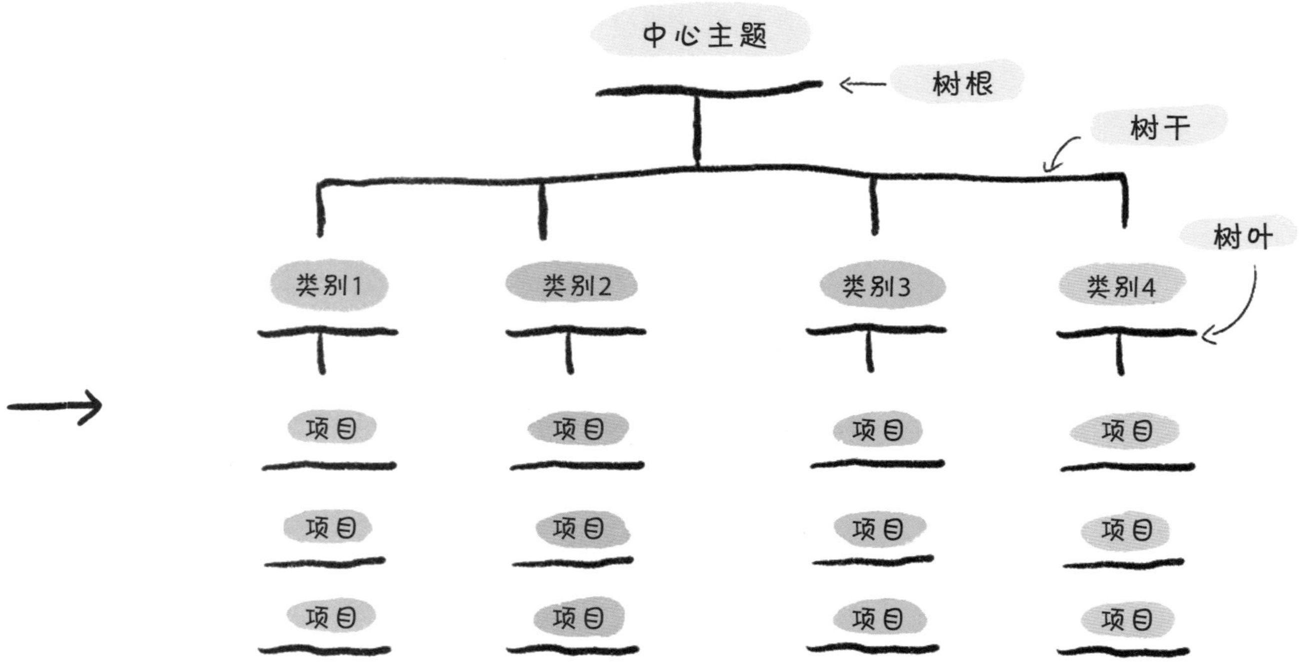
中心主题
树根
树干
树叶
类别1
类别2
类别3
类别4
项目
项目
项目
项目
项目
项目
项目
项目
项目
项目
项目
项目

步骤3
画树叶，填项目

第二种绘制方法

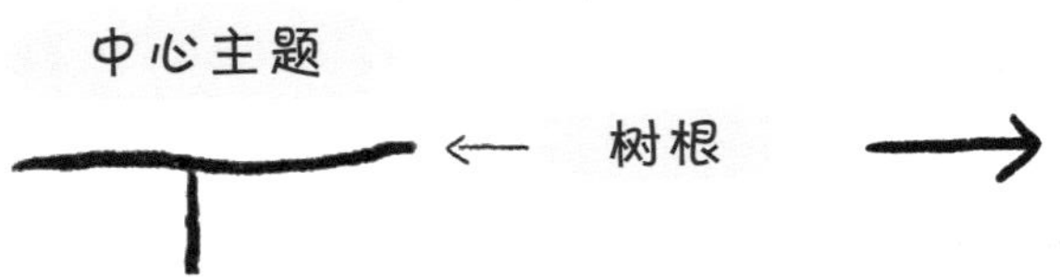

步骤1
画树根，写中心主题

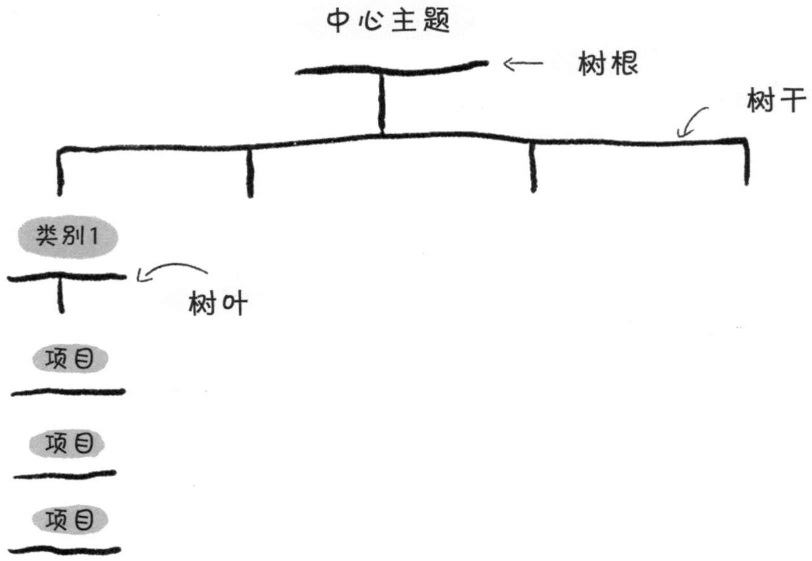

步骤2
填写一个类别的项目

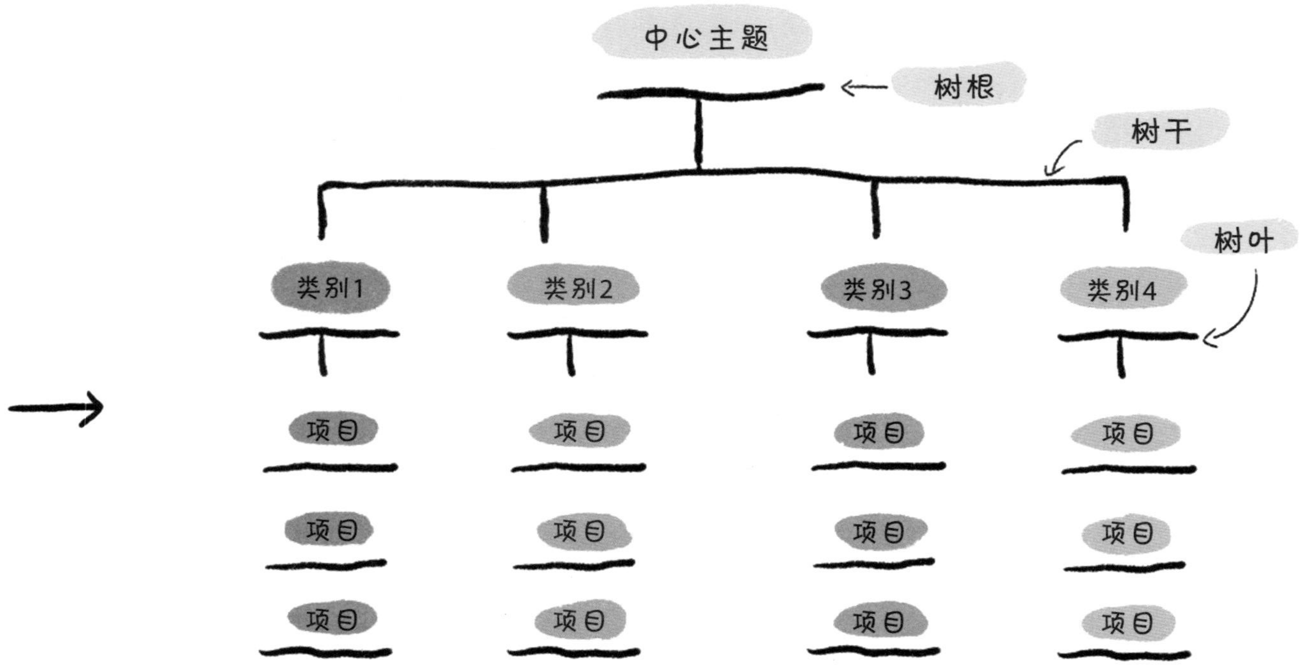

步骤3
依次填写其他类别的项目

括号图

第一种绘制方法

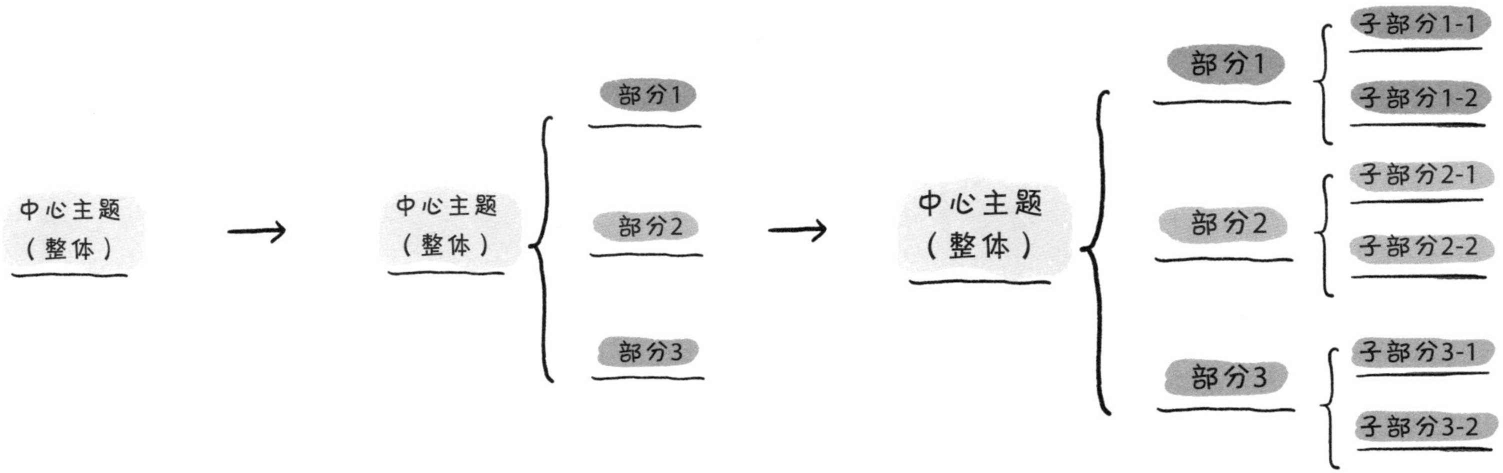

步骤1
画整体，写中心主题

步骤2
画大括号，分解整体

步骤3
画小括号，分解部分

第二种绘制方法

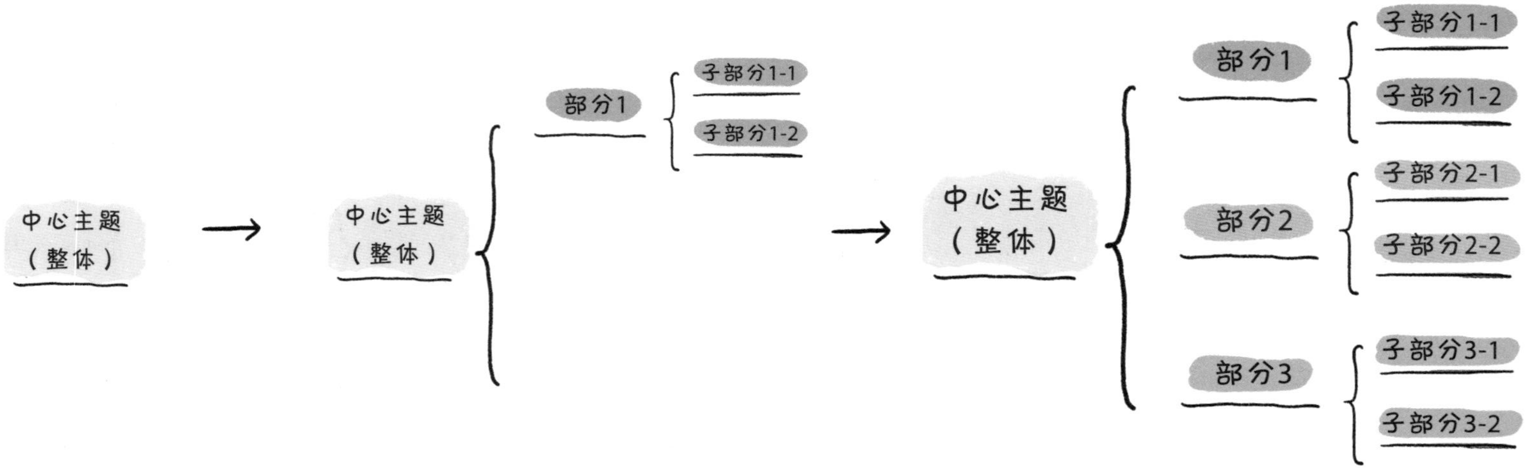

步骤1
画整体，写中心主题

步骤2
分解部分1

步骤3
依次分解其他部分

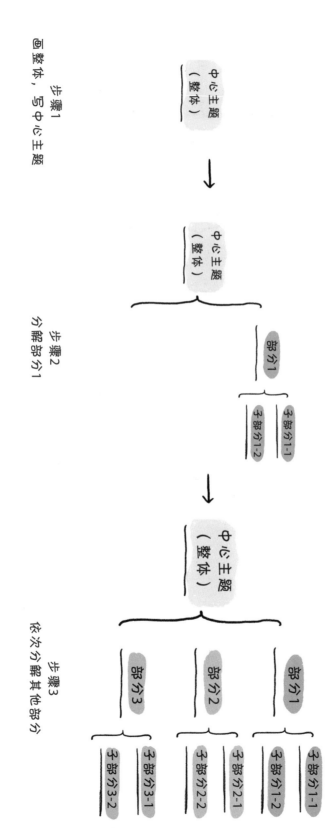

流程图

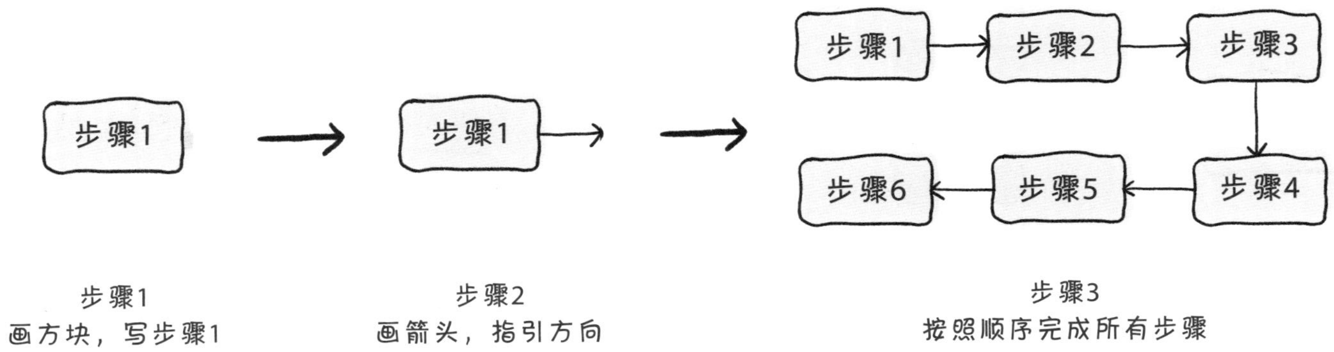
步骤1
步骤1
画方块，写步骤1
步骤1
步骤2
画箭头，指引方向
步骤1
步骤2
步骤3
步骤4
步骤5
步骤6
步骤3
按照顺序完成所有步骤

复流程图

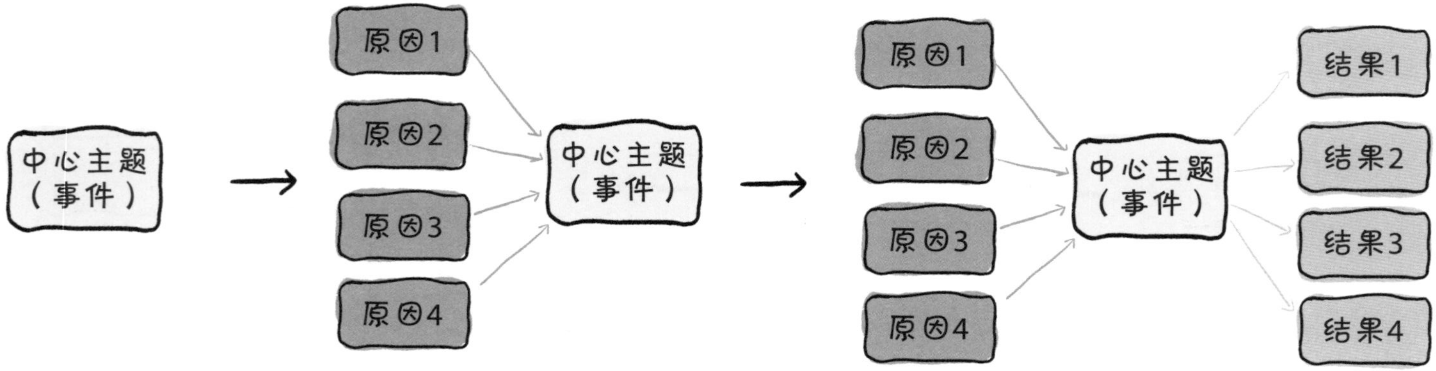

步骤1
画中心，写主题事件

步骤2
写原因，画箭头指向主题

步骤3
画箭头指向结果

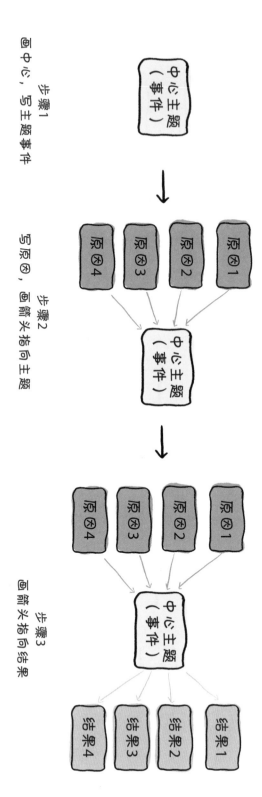

桥形图

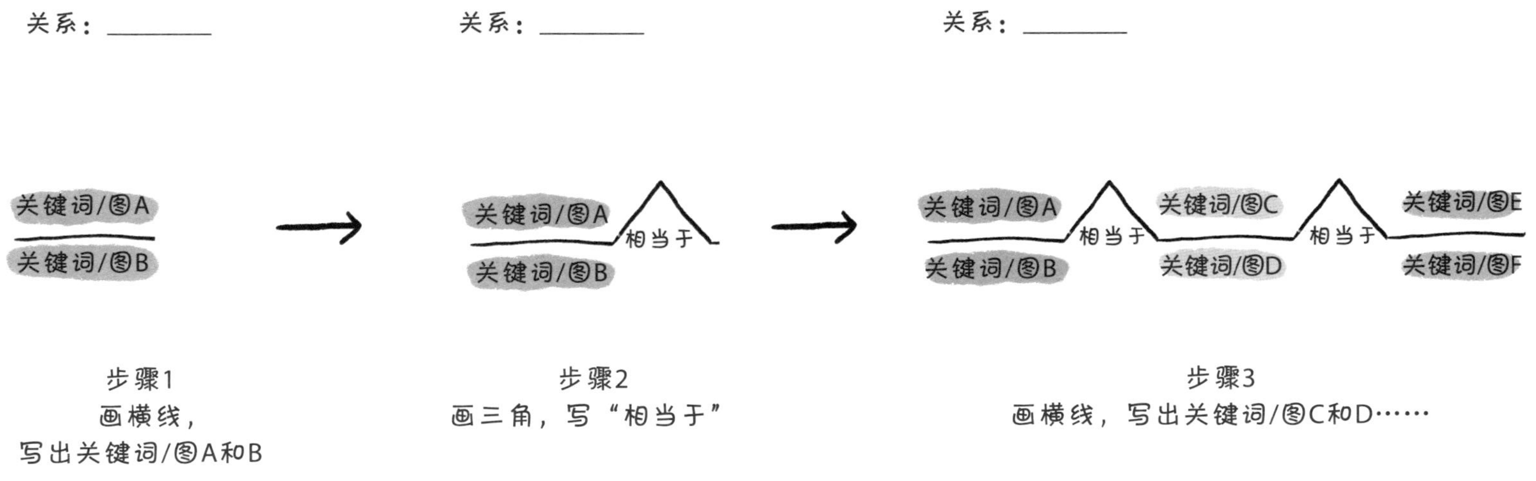
关系：________
关系：________
关系：________
关键词/图A
关键词/图B
关键词/图A
相当于
关键词/图B
关键词/图A
相当于
关键词/图B
关键词/图C
关键词/图D
相当于
关键词/图E
关键词/图F
步骤1
画横线，
写出关键词/图A和B
步骤2
画三角，写“相当于”
步骤3
画横线，写出关键词/图C和D……

思维导图

（Mind Map）

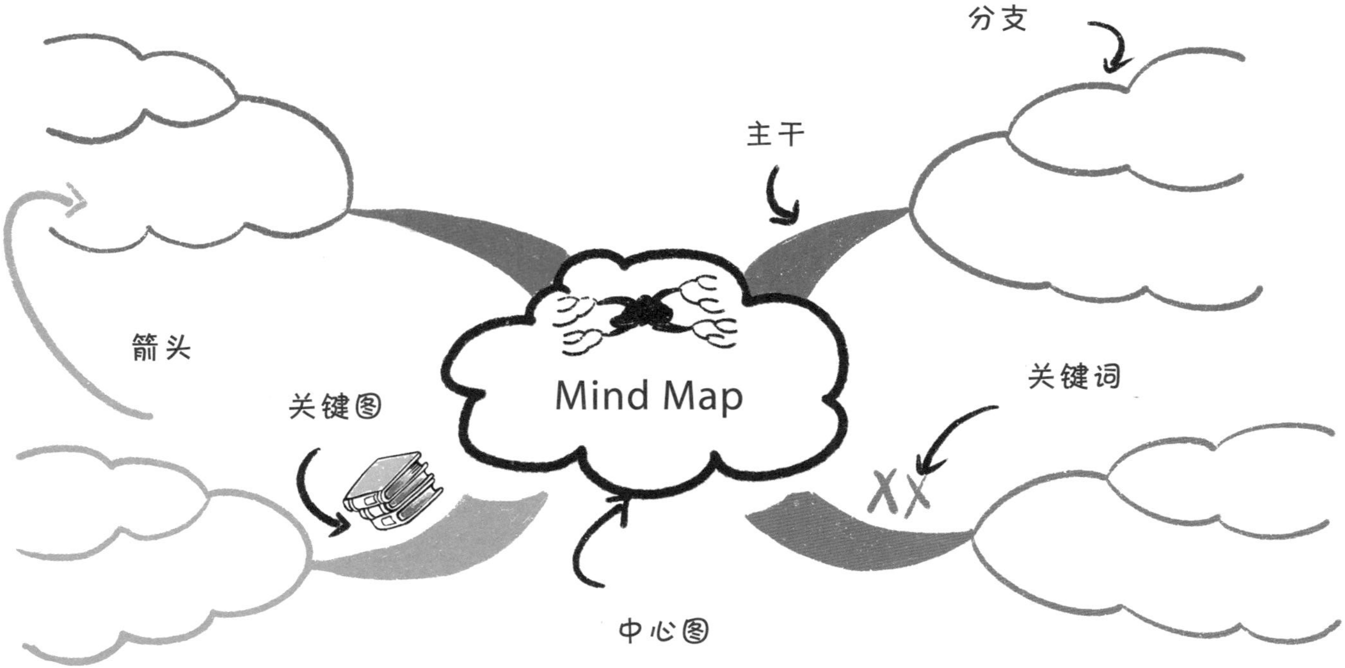
分支
主干
Mind Map
关键词
XX
箭头
关键图
中心图

思维训练

发散思维训练

圆圈图＋思维导图

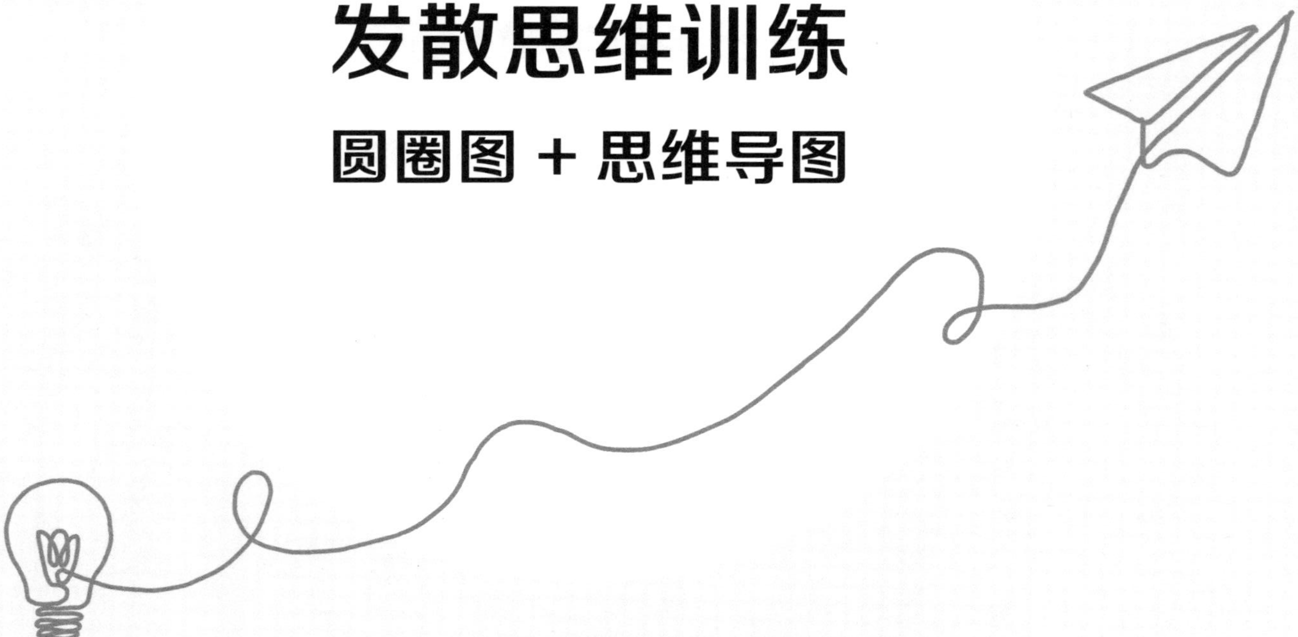

一、发散广度训练

用圆圈图对“笔”展开具象发散联想

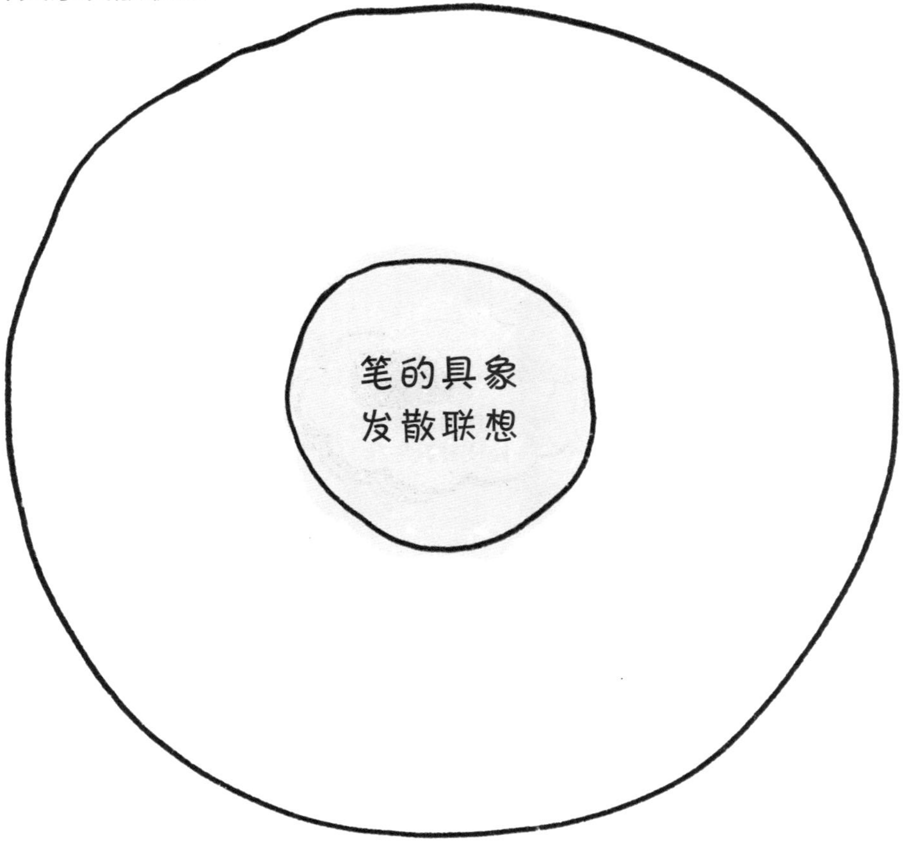

用思维导图对不规则图形展开抽象发散联想

二、发散深度训练

用圆圈图对“苹果”展开直接发散联想

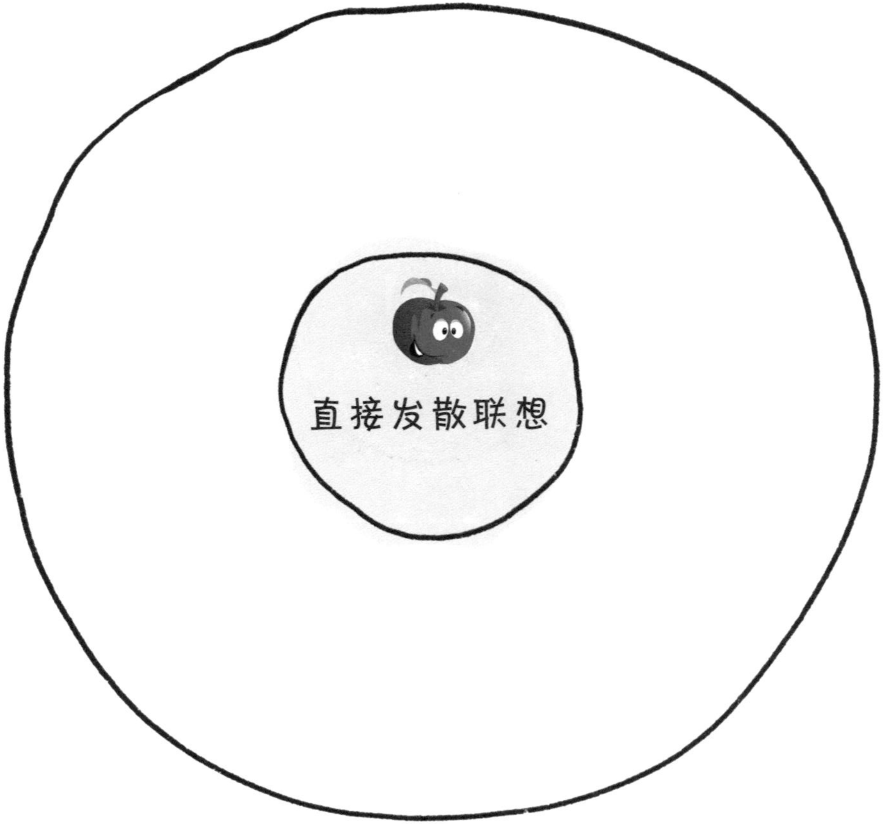

用思维导图对“苹果”展开间接发散联想

描述思维训练

气泡图 + 思维导图

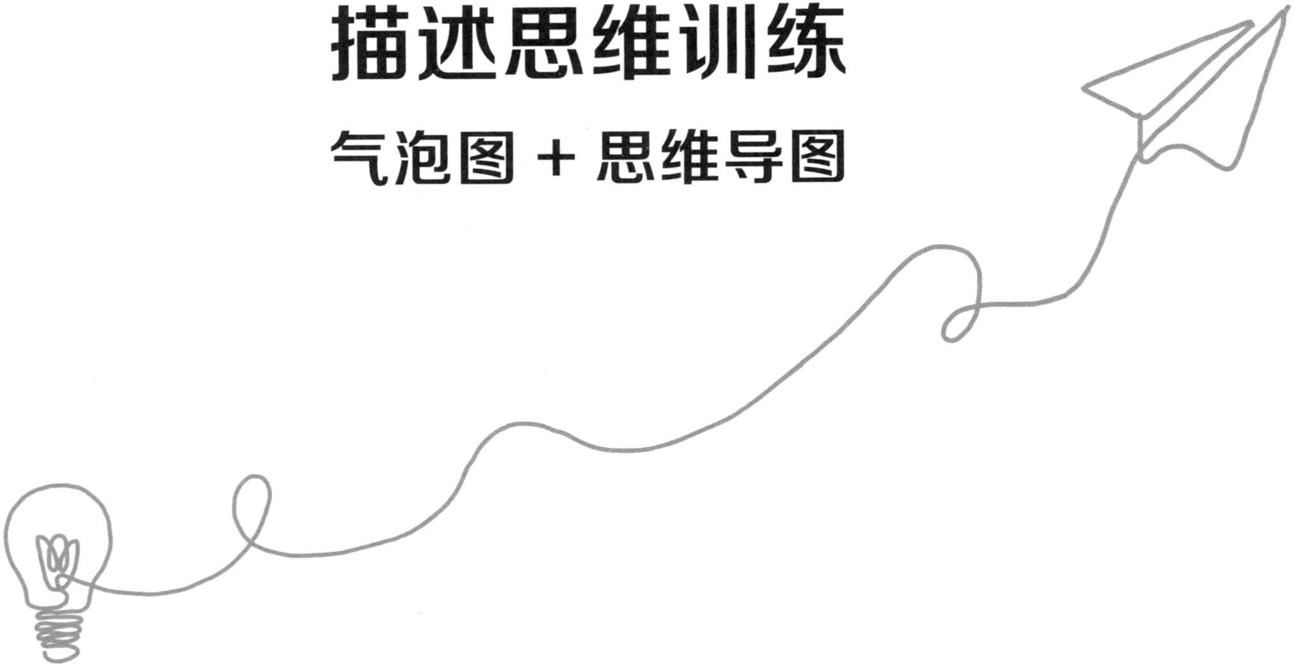

一、五感描述法

通过气泡图用五感描述法对西瓜进行描述

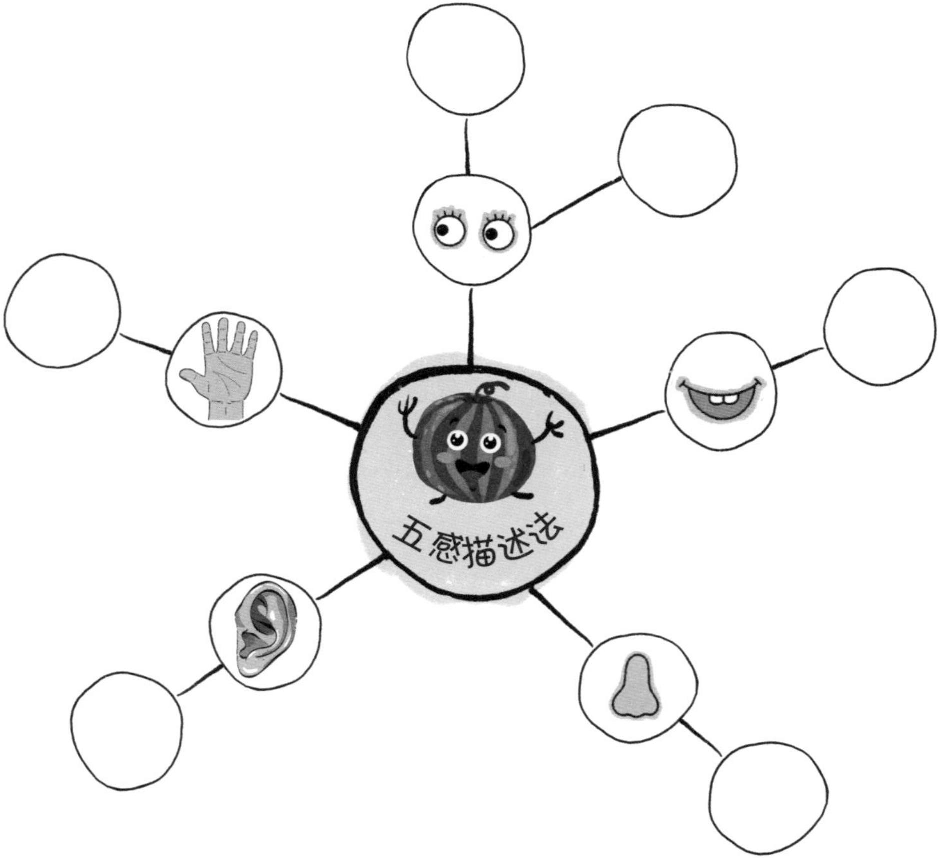

二、多元描述法

通过气泡图用多元描述法描述一下爸爸

通过气泡图用多元描述法描述一下妈妈

通过思维导图用多元描述法对西瓜进行描述

比较思维训练

双气泡图 + 思维导图

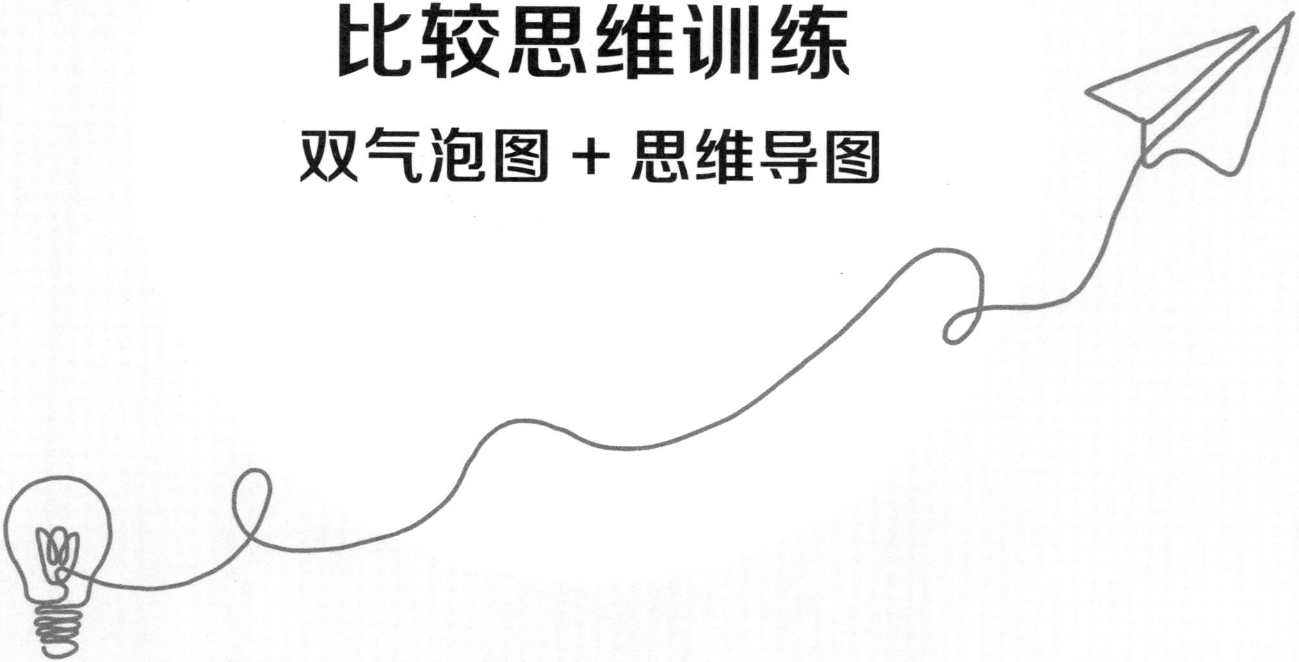

一、同类事物找不同

在下面两幅图片中圈出五处不同点

二、异类事物找相同

用双气泡图找出水牛和水杯的相同点（至少 5 点，并说出理由）

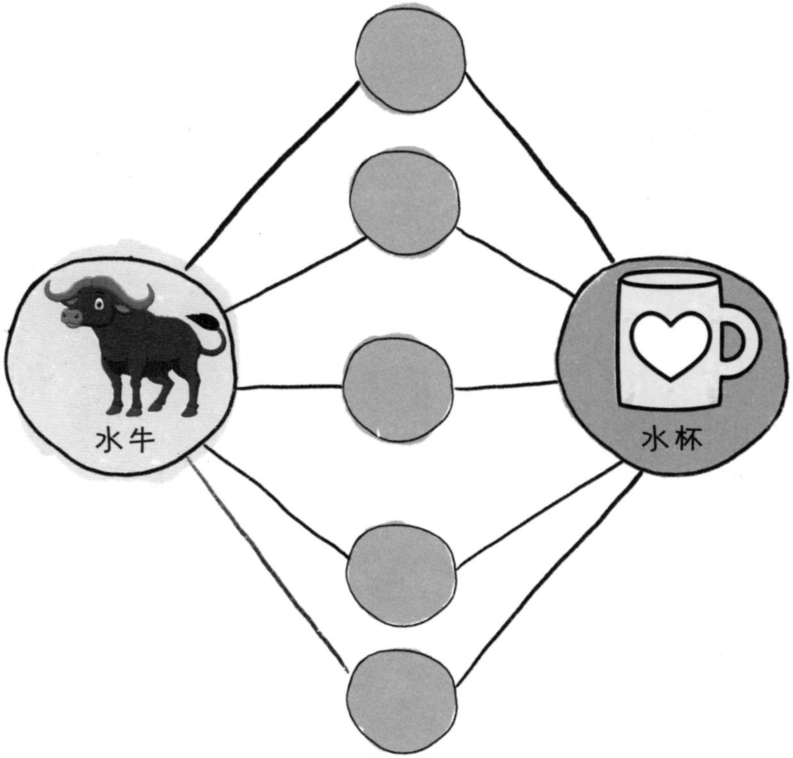

三、同类事物间找相同、比不同

用双气泡图找出老虎和狮子的相同点与不同点

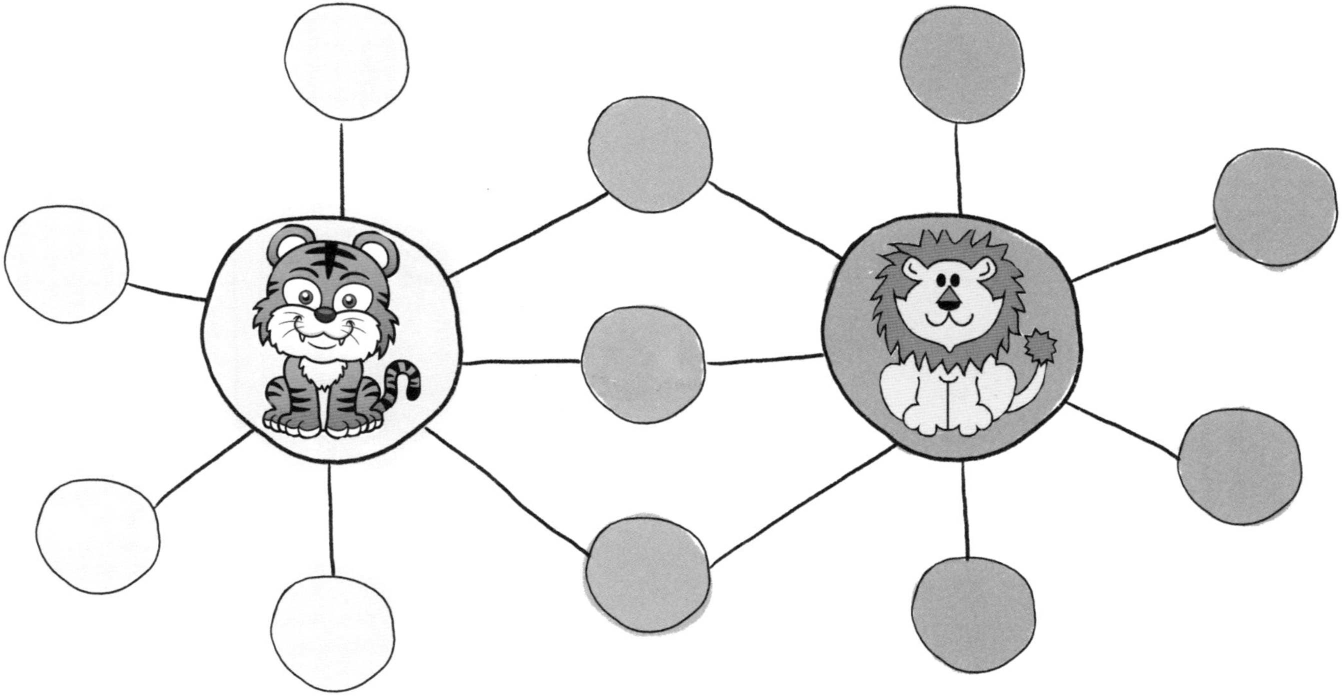

四、不同事物间找相同、比不同

用思维导图找出电脑和笔的相同点和不同点

分类思维训练

树形图 + 思维导图

一、单一属性分类

用树形图为下图中的物品分类（按属性分类）

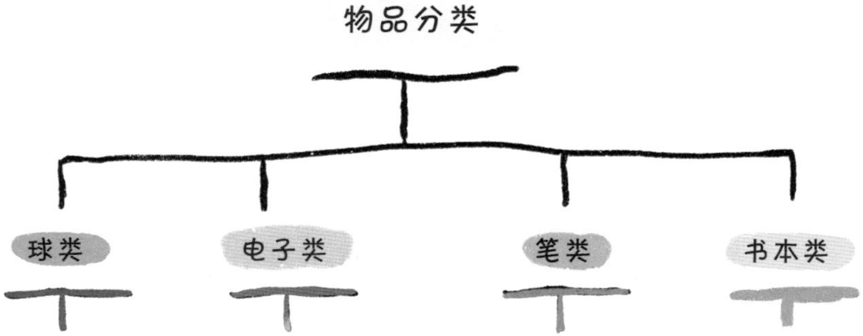

用树形图为下图中的物品分类（按形状分类）

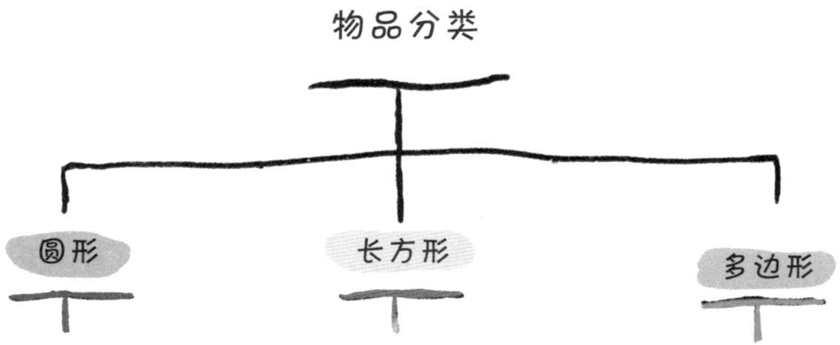

用树形图为下图中的食物分类

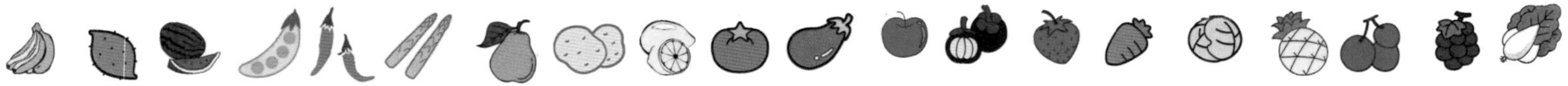

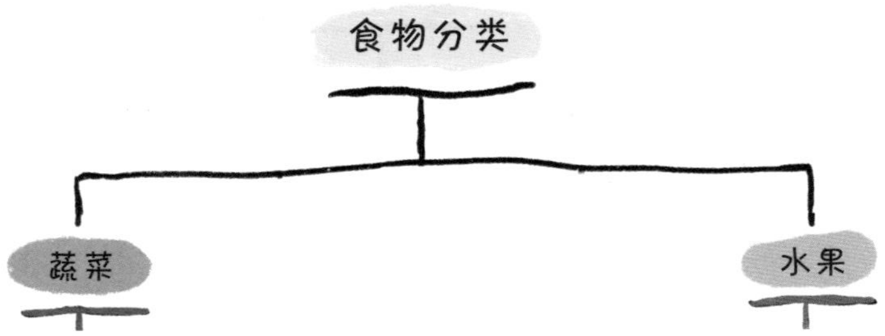

二、多种属性分类

用思维导图对下图中的食物进行多种属性分类

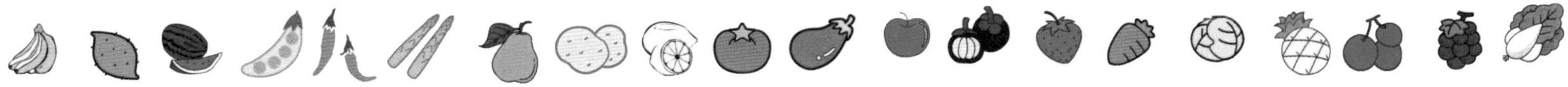

分解思维训练

括号图 + 思维导图

一、概念分解思维训练

用括号图对数字进行分解

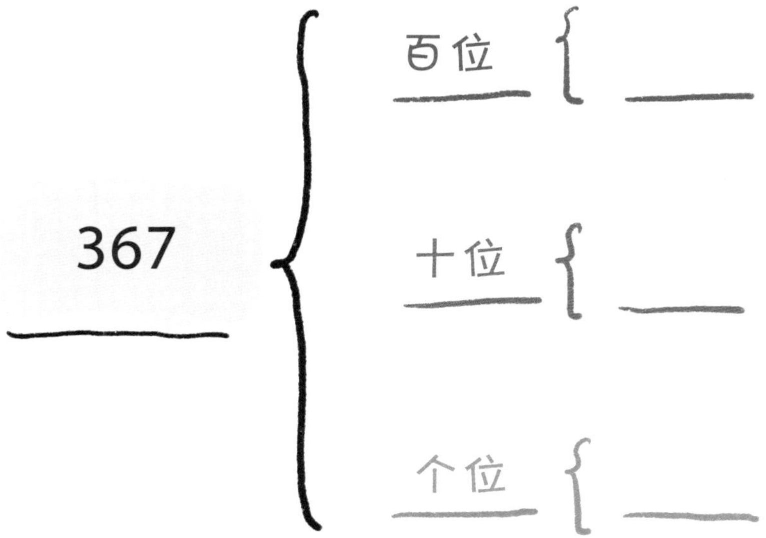

二、事物分解思维训练

用括号图对钢笔进行拆解

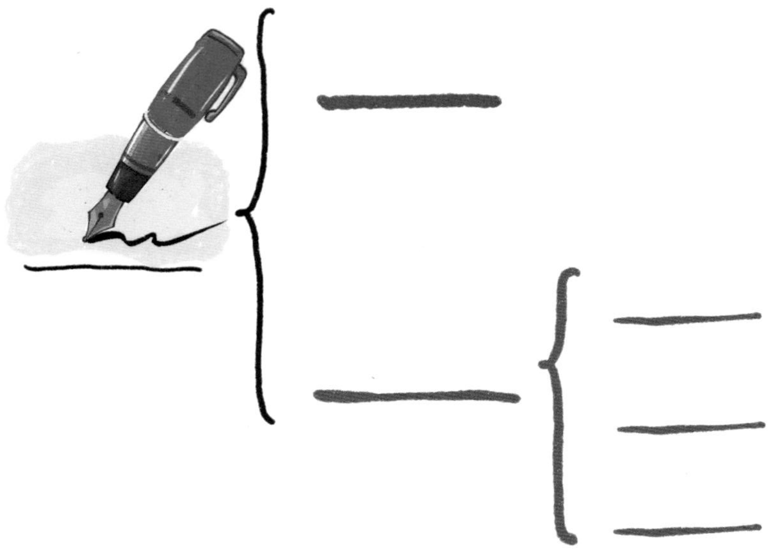

用括号图认识人的身体组成

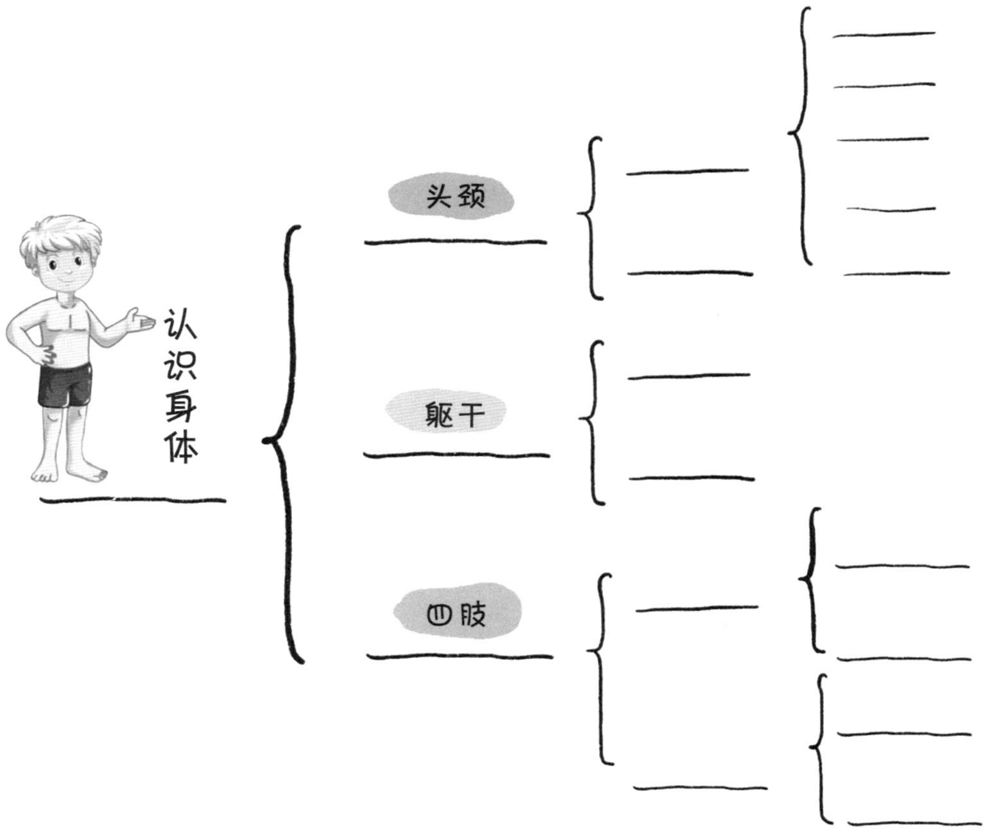

三、空间分解思维训练

用括号图对学校进行分解

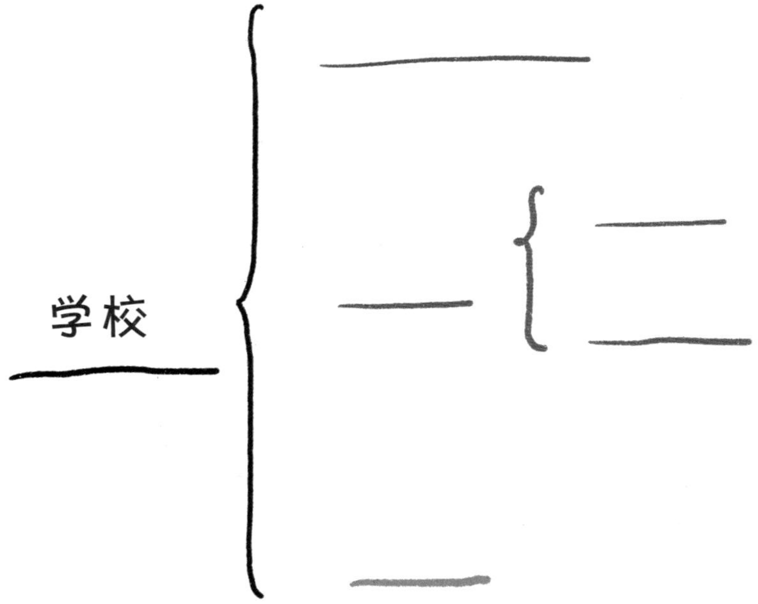

用括号图分解居住的房子

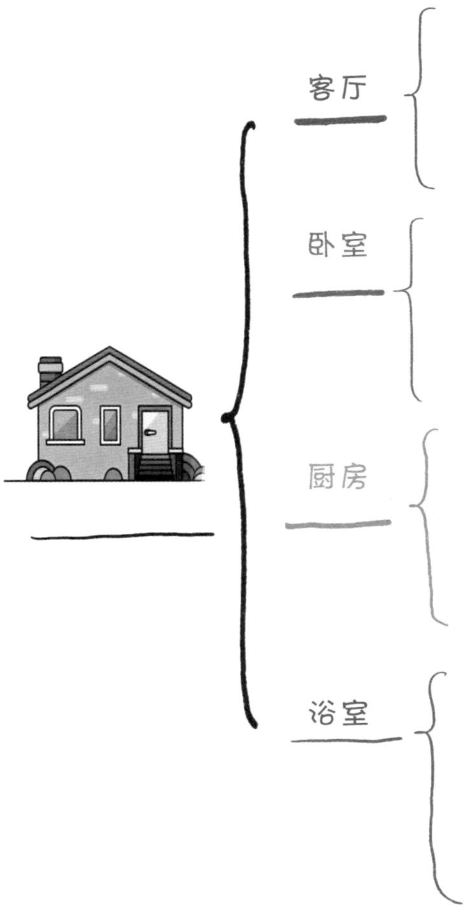

用思维导图分解居住的房子

顺序思维训练

流程图 + 思维导图

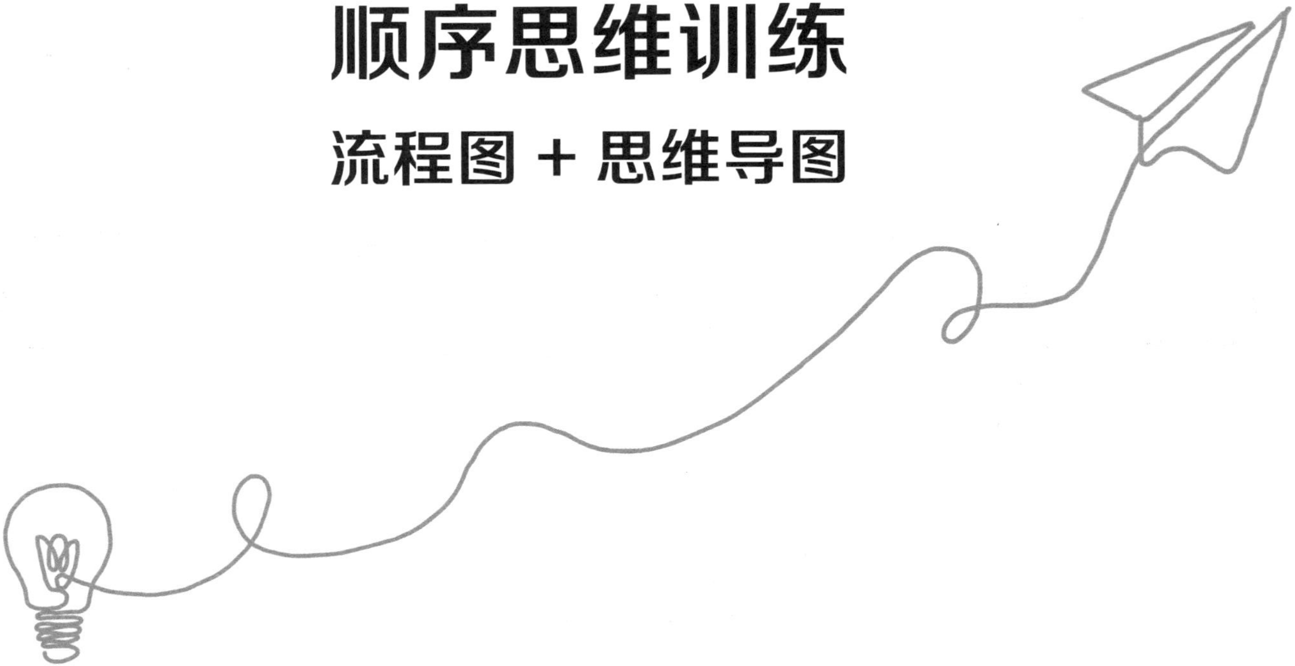

一、时间顺序

用流程图记录自己的一天

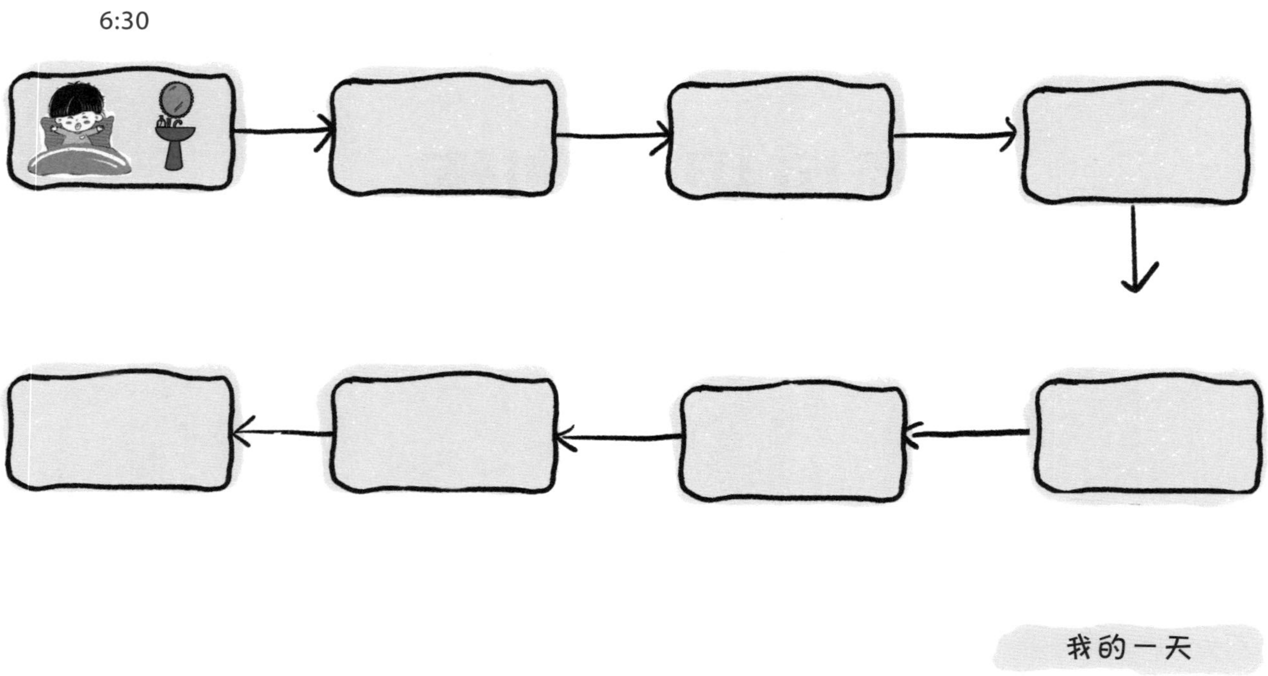

二、空间顺序

用流程图画出某一旅游景点游览路线

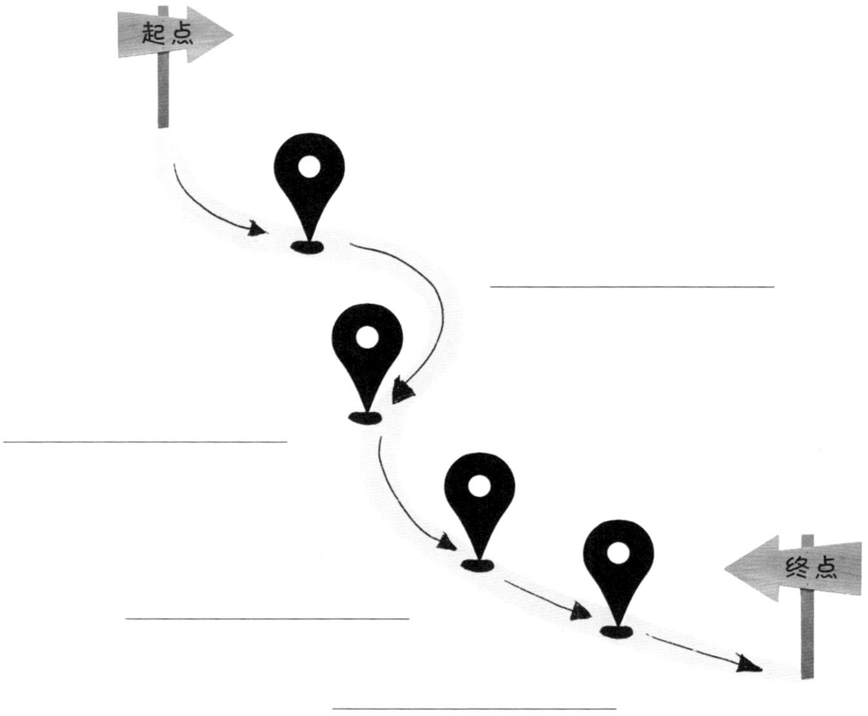

三、生长顺序

用流程图画出蝴蝶的生长过程

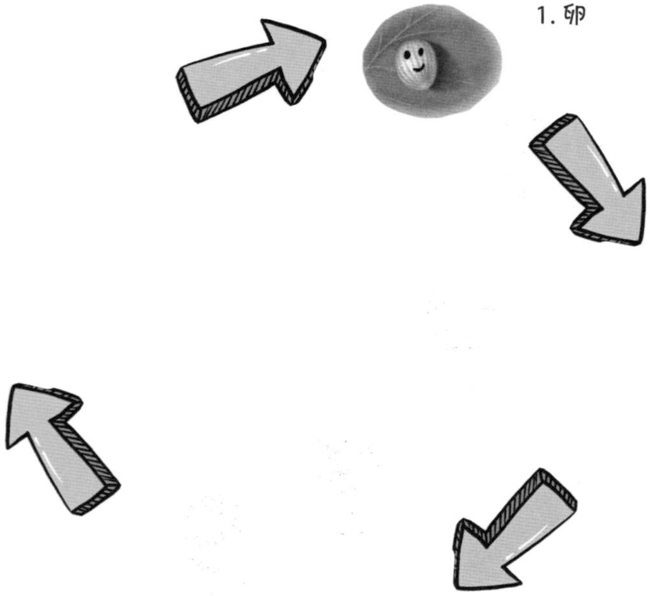

四、事情发生发展顺序

用流程图展示升学流程

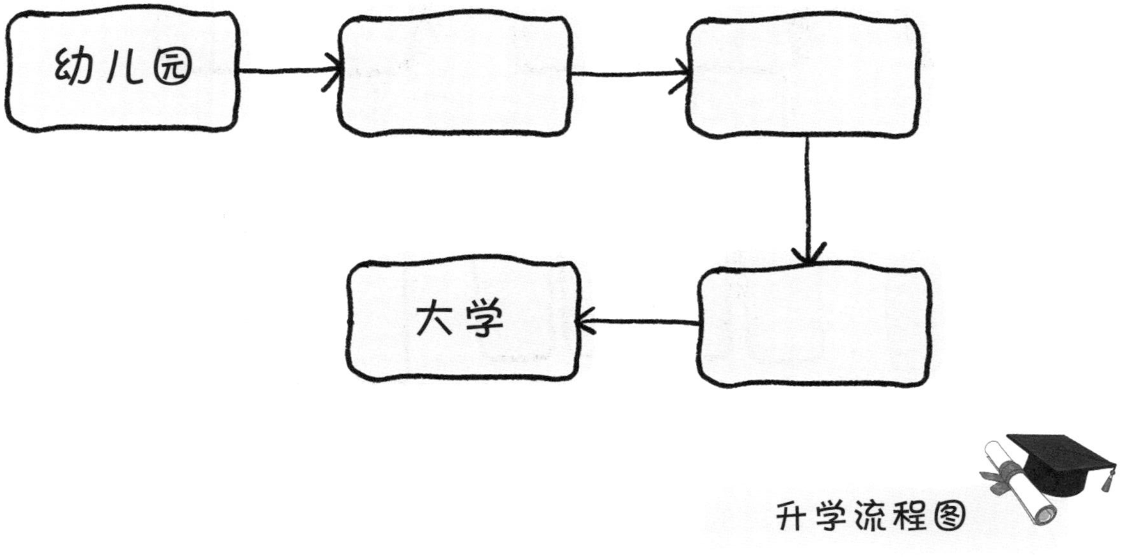

用流程图展示包饺子的流程

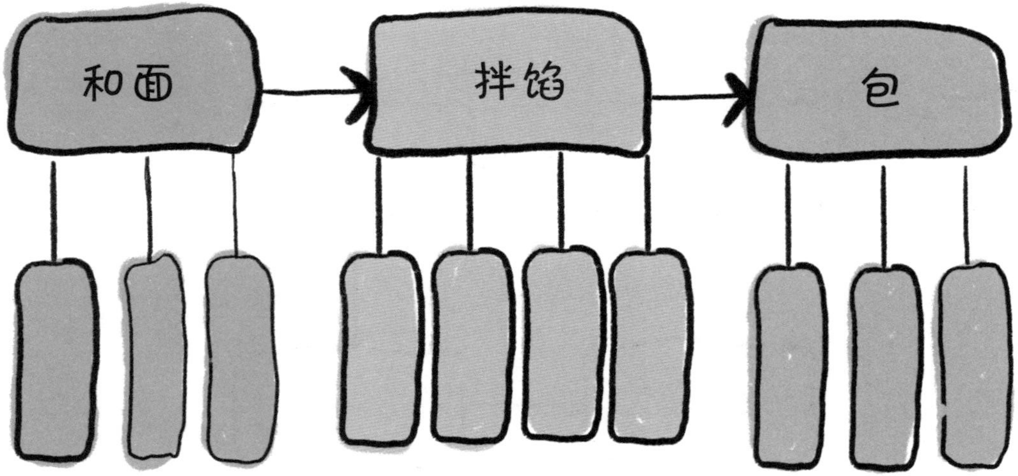

包饺子的流程

用流程图展示三明治的制作流程

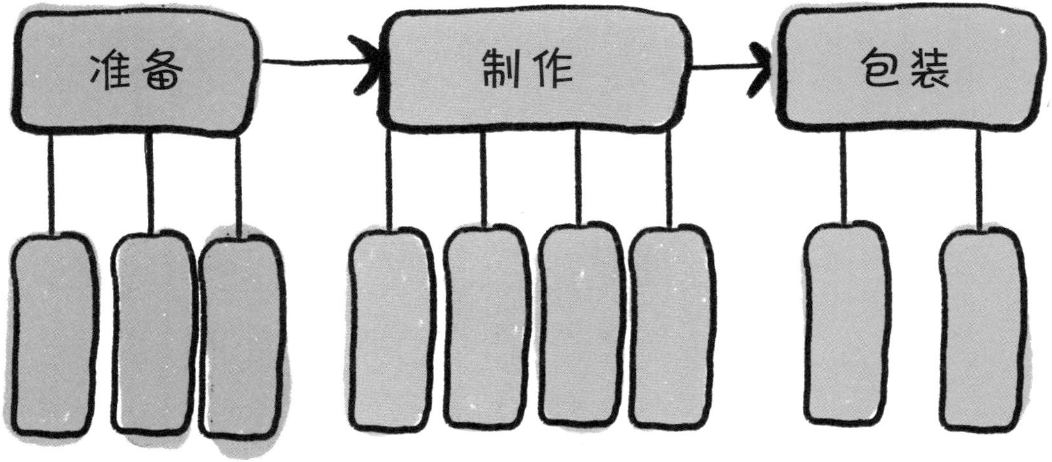

三明治的制作流程

用思维导图展示三明治的制作流程

因果思维训练

复流程图 + 思维导图

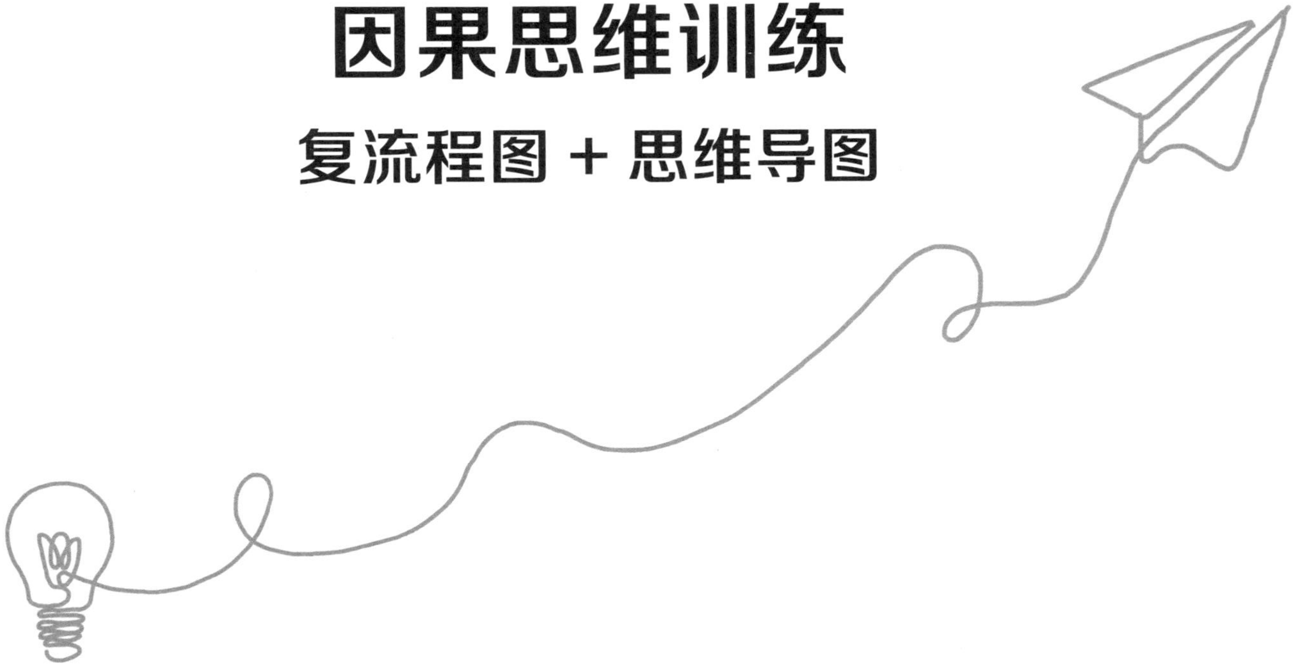

一、由因及果思维训练

用复流程图分析“坚持运动”会产生什么结果

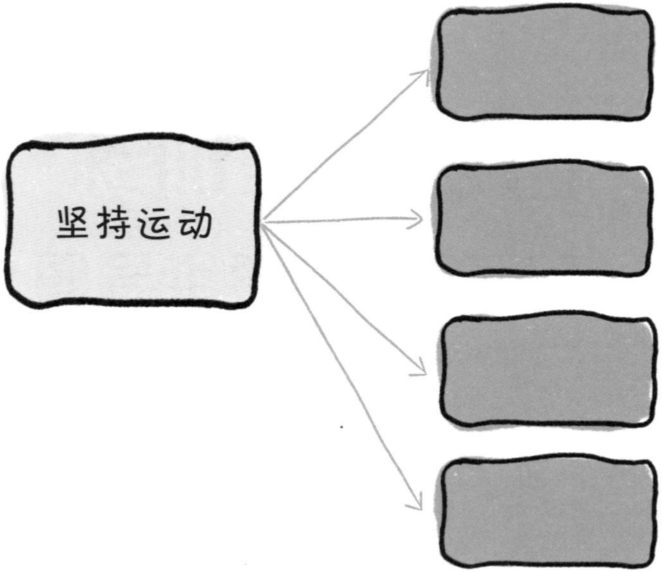

二、由果推因思维训练

用复流程图分析为什么会“身体强壮”

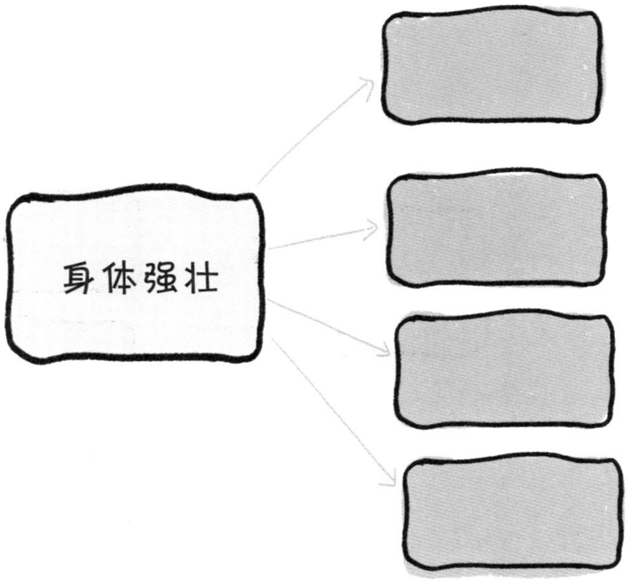

三、多因多果思维训练

用复流程图分析“坚持运动”的原因和结果

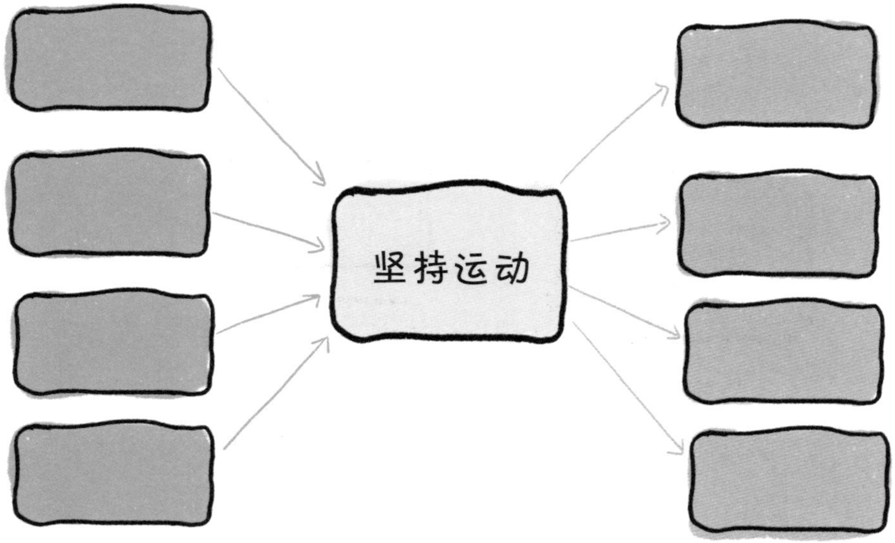

用复流程图分析“会学习”的原因和结果

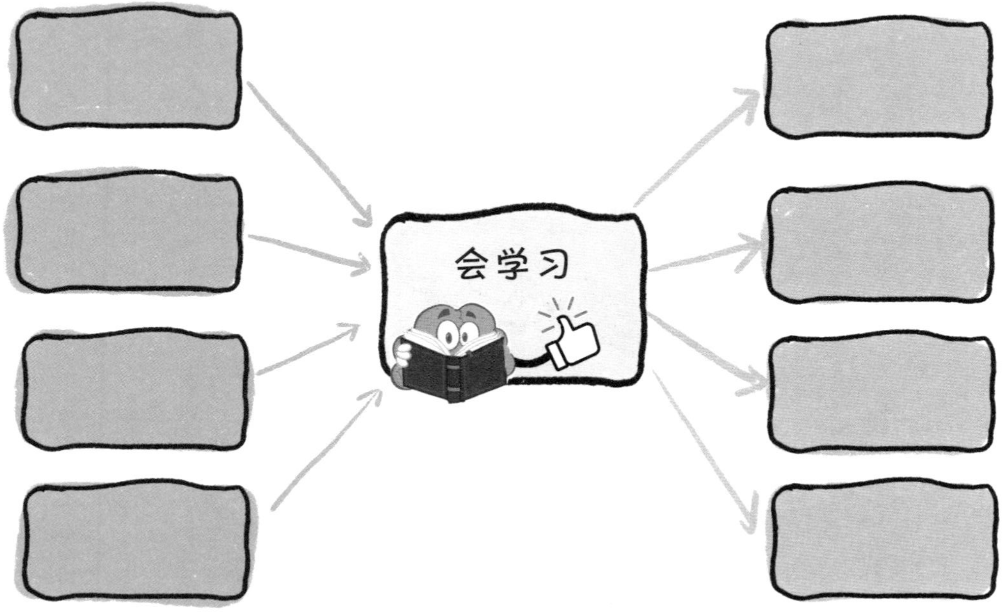

用思维导图分析“会学习”的原因和结果

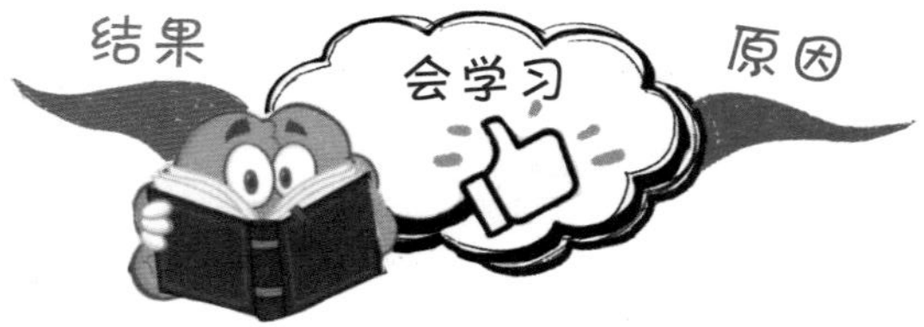

类比思维训练

桥形图 + 思维导图

一、工具与功能关系类比

用桥形图对文具及其功能进行类比

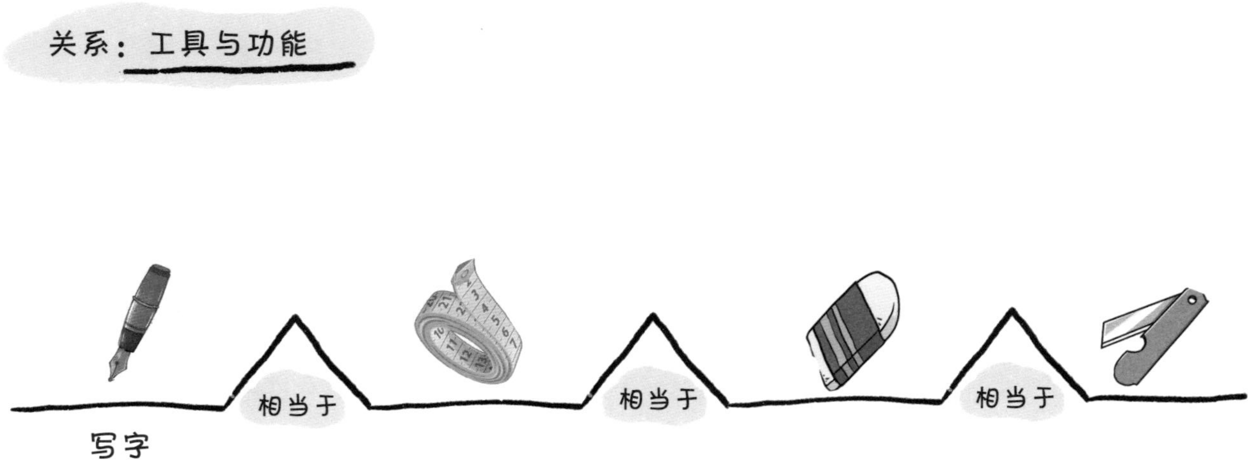

二、部分与整体关系类比

用桥形图对身体部位的部分与整体进行类比

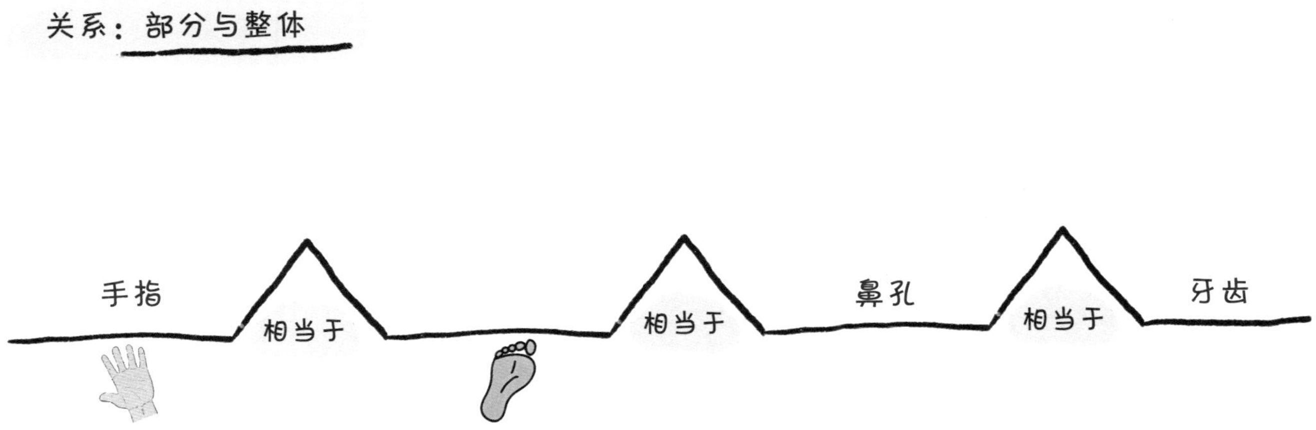

三、对立关系类比

用桥形图对对立关系进行类比

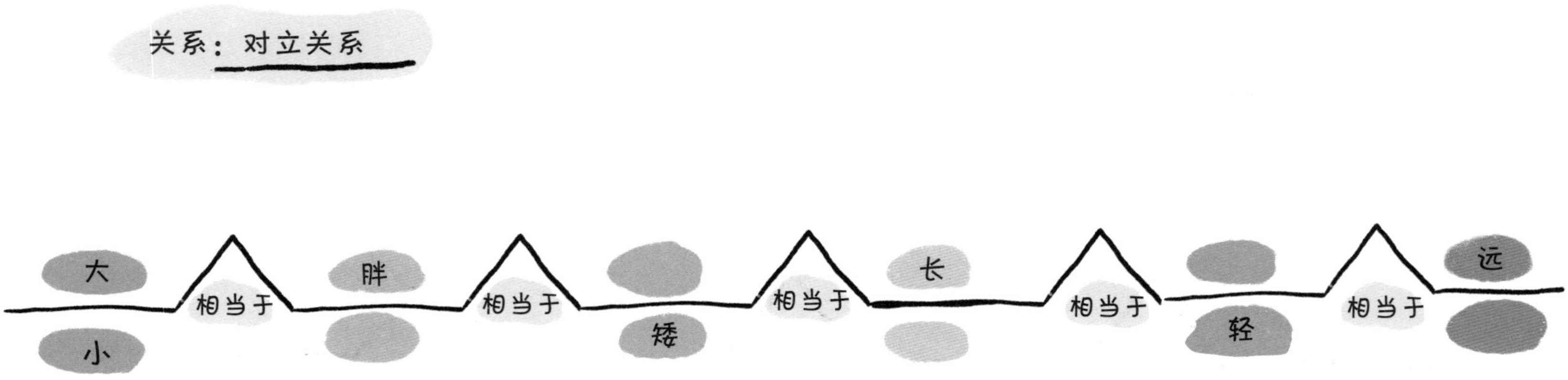

四、并列关系类比

用桥形图对同类动物进行类比

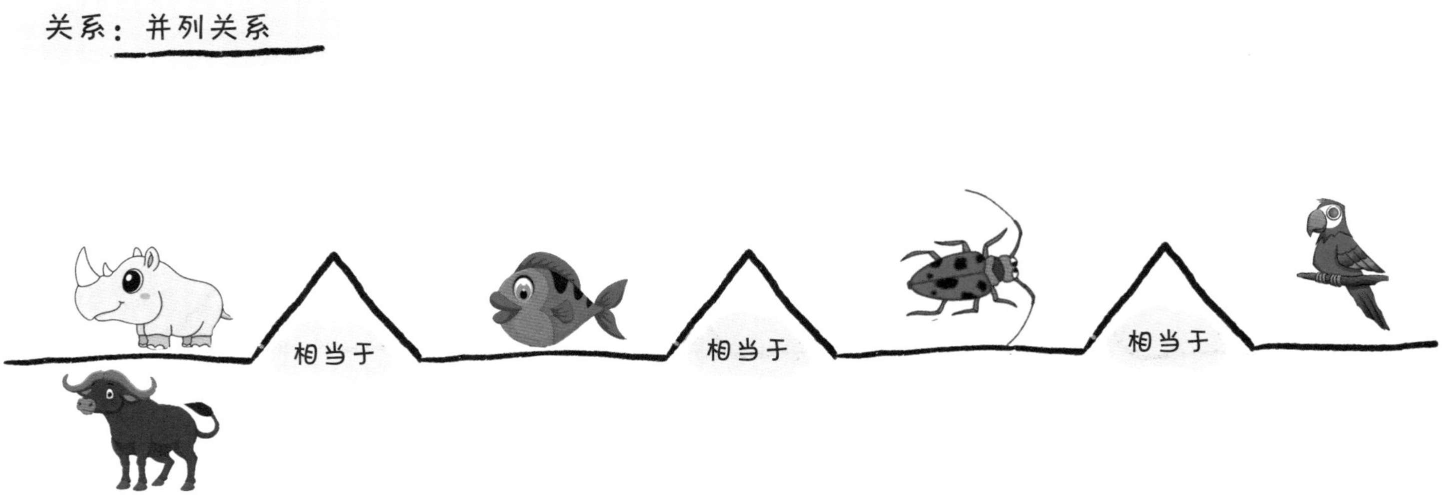

五、从属关系类比

用桥形图对国家及其首都进行类比

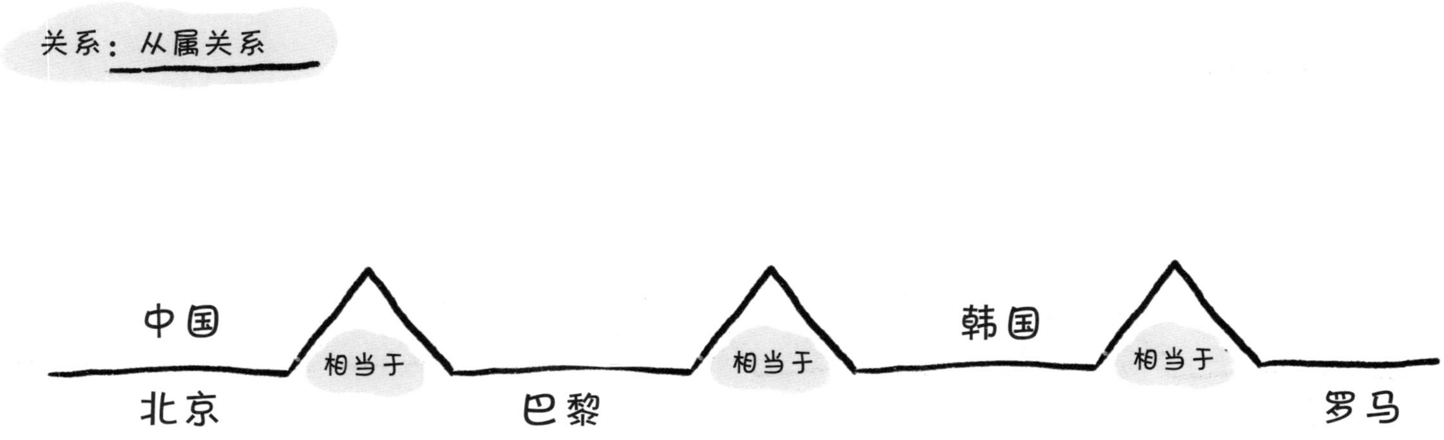

六、因果关系类比

用桥形图对心情与表情进行类比

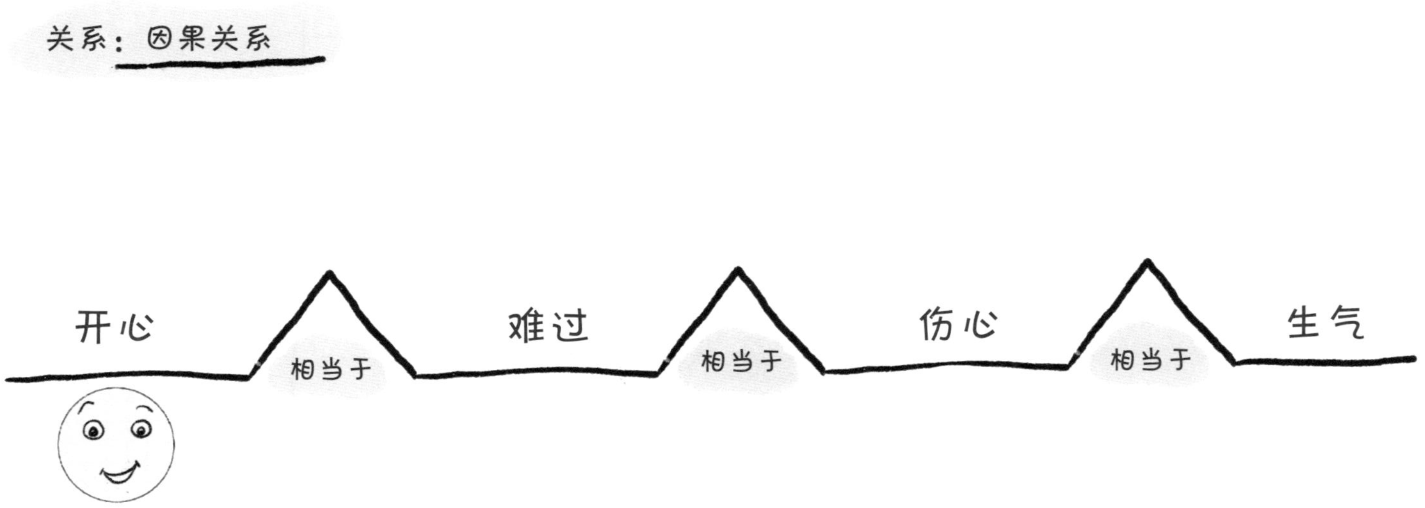

用思维导图总结Thinking Maps中的八个图示

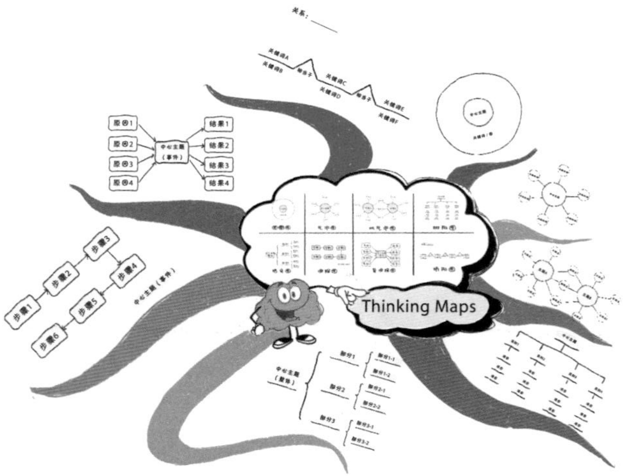

学科链接

巧用思维图示识汉字

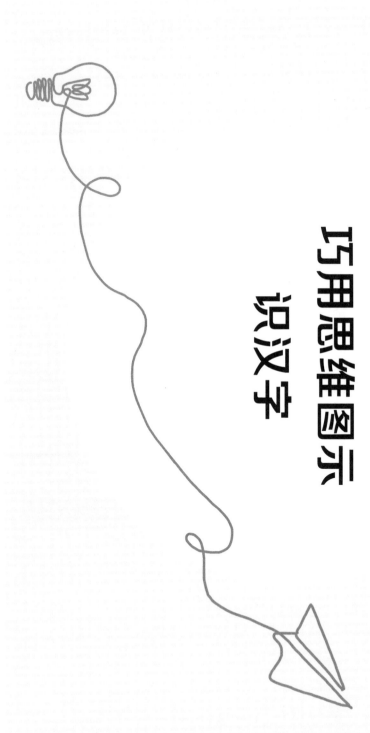

一、巧用圆圈图识汉字

用圆圈图给“日”字添加一笔，变成新的字

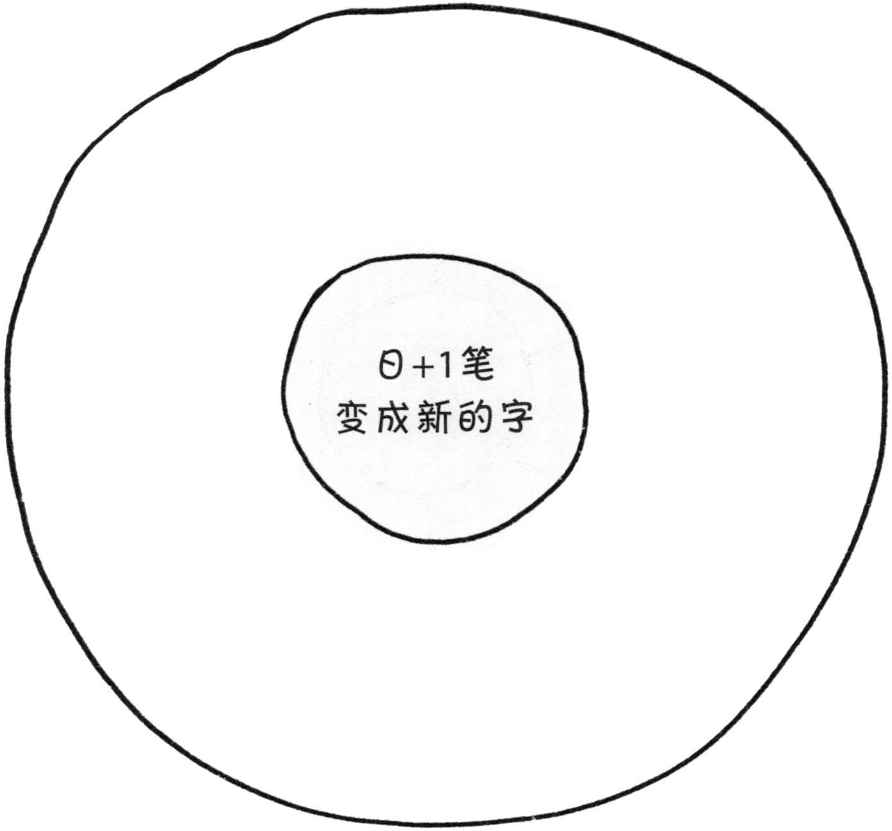

二、巧用气泡图识汉字

用气泡图为“云”字添加偏旁，变成新的字

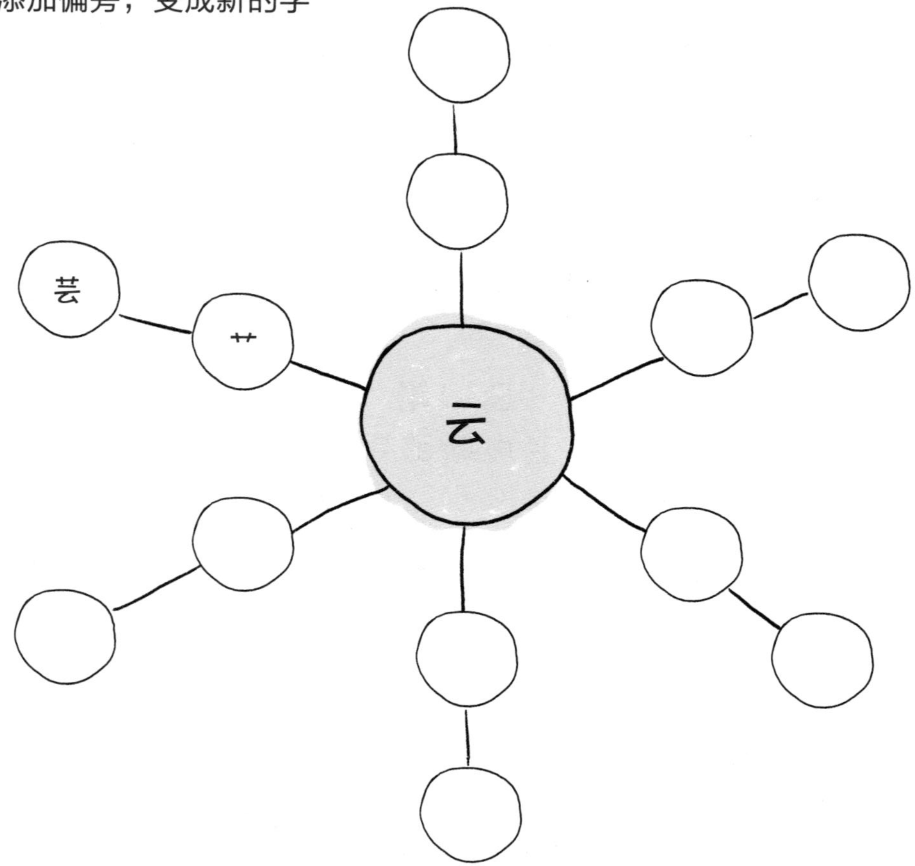

三、巧用双气泡图识汉字

用双气泡图比较易混字“驰”与“弛”

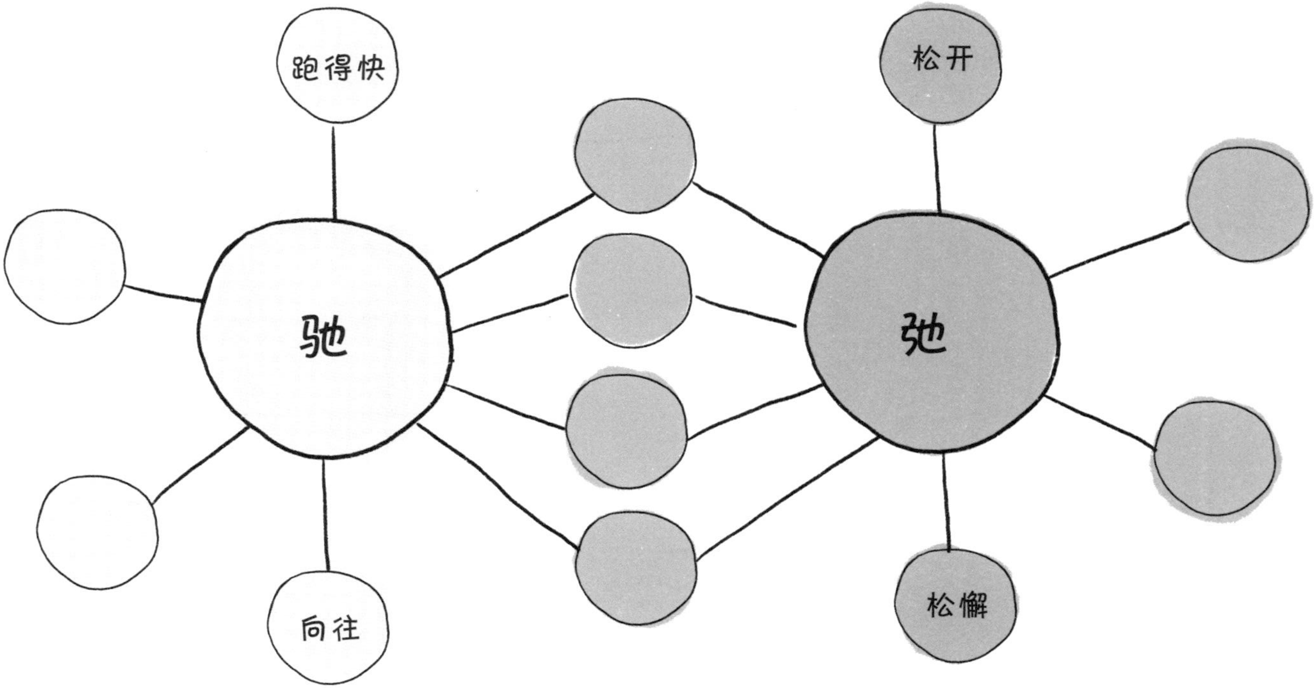

四、巧用树形图识汉字

用树形图对汉字结构进行分类

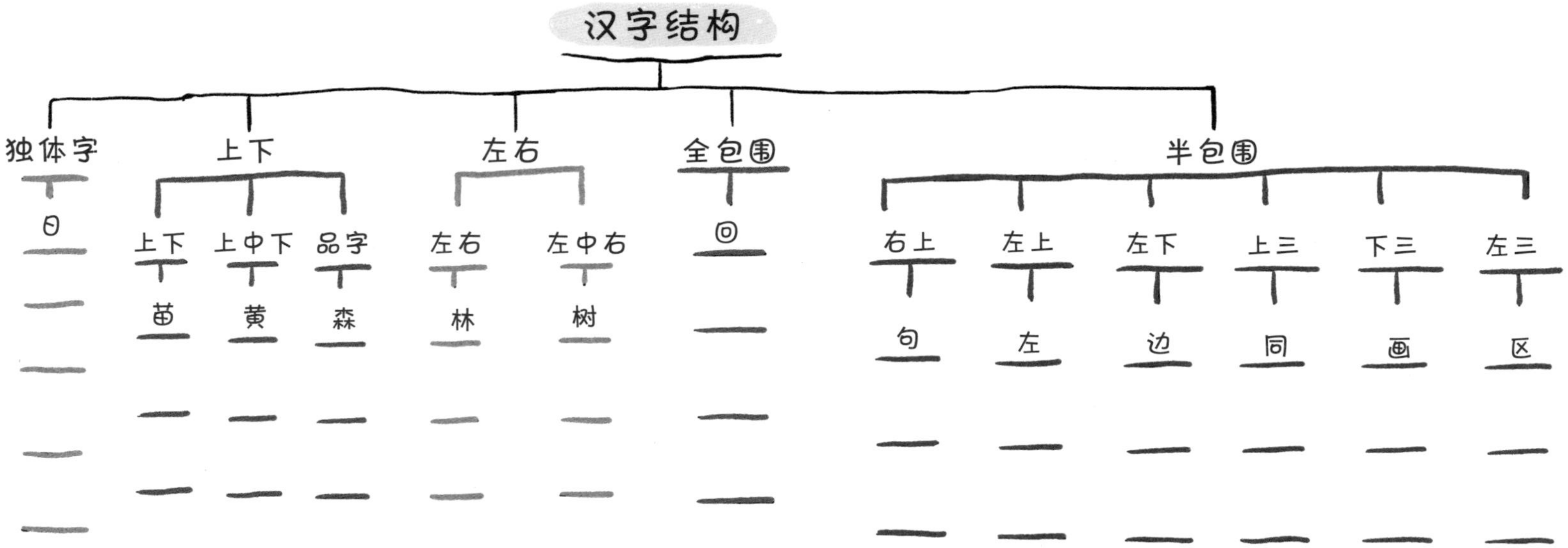

五、巧用括号图识汉字

用括号图拆解词语“蘑菇”

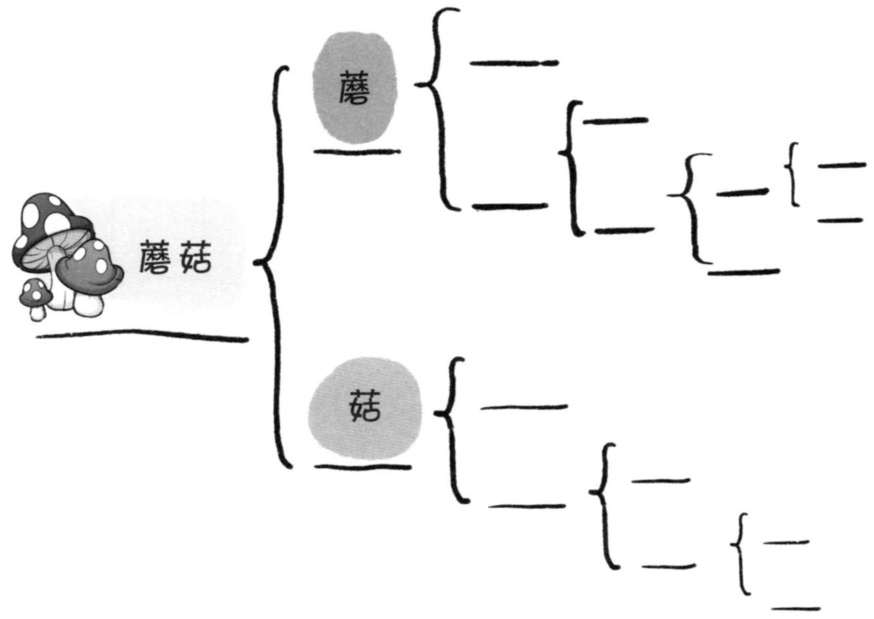

六、巧用流程图识汉字

用流程图按照正确笔顺书写“米”字

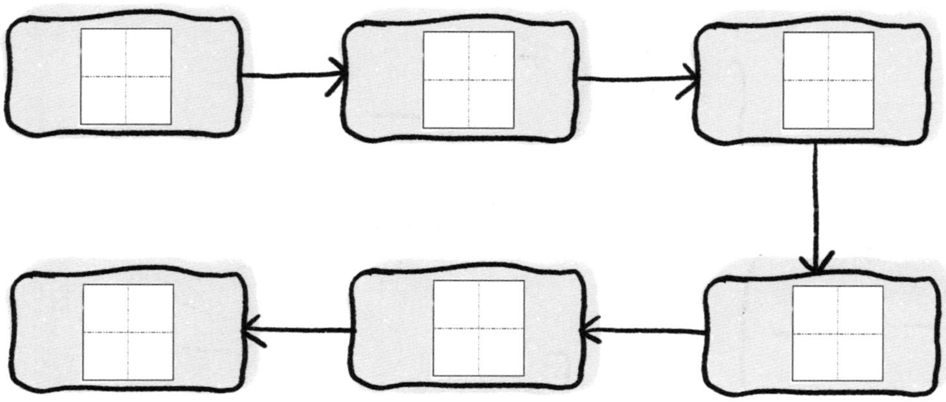

“米”字笔顺流程图

七、巧用复流程图识汉字

用复流程图给“春”字组词

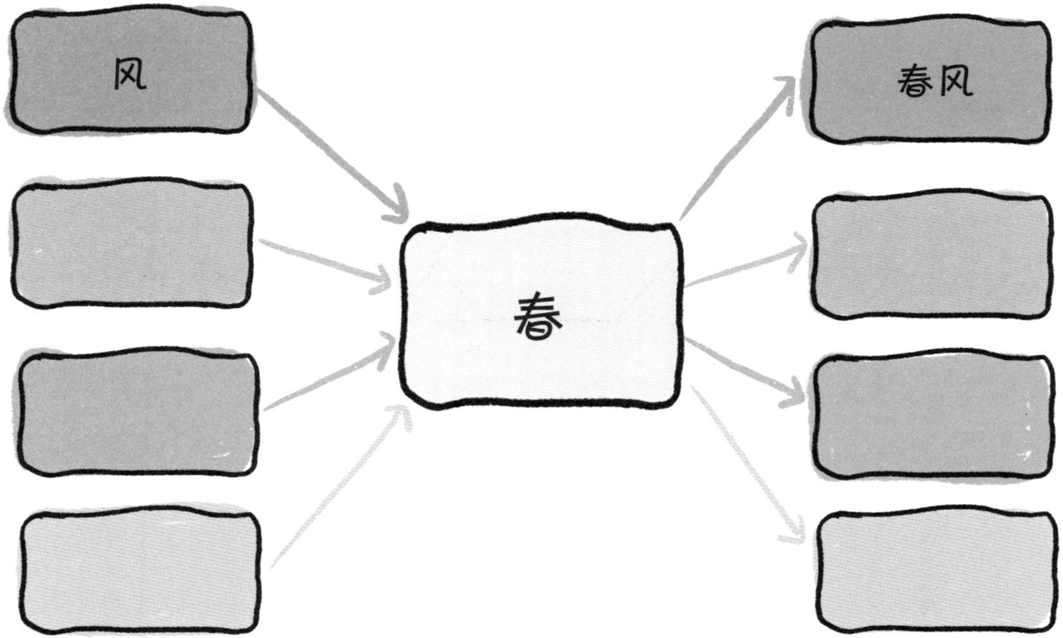

八、巧用桥形图识汉字

用桥形图列举颠倒词

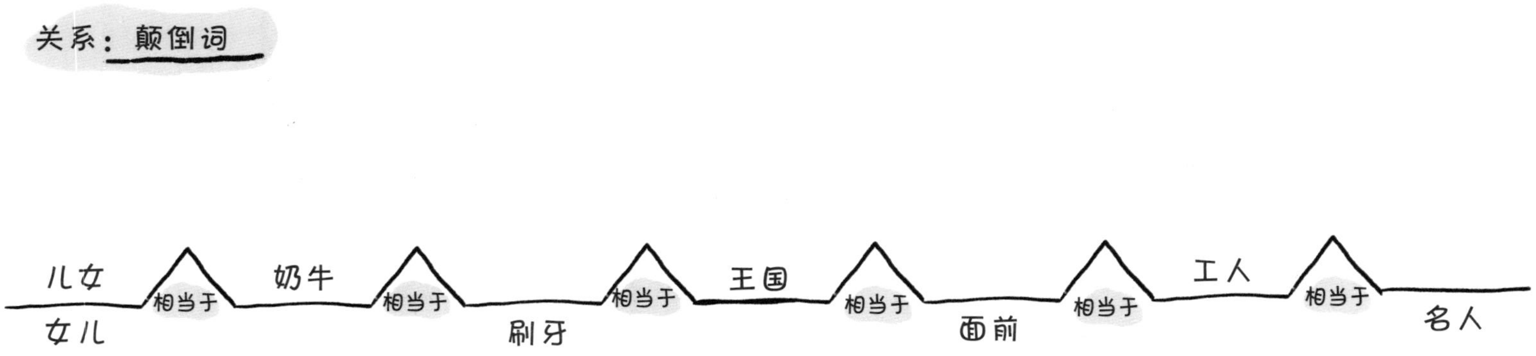

九、巧用思维导图识汉字

用思维导图学习“中”字

巧用思维图示
激发阅读兴趣

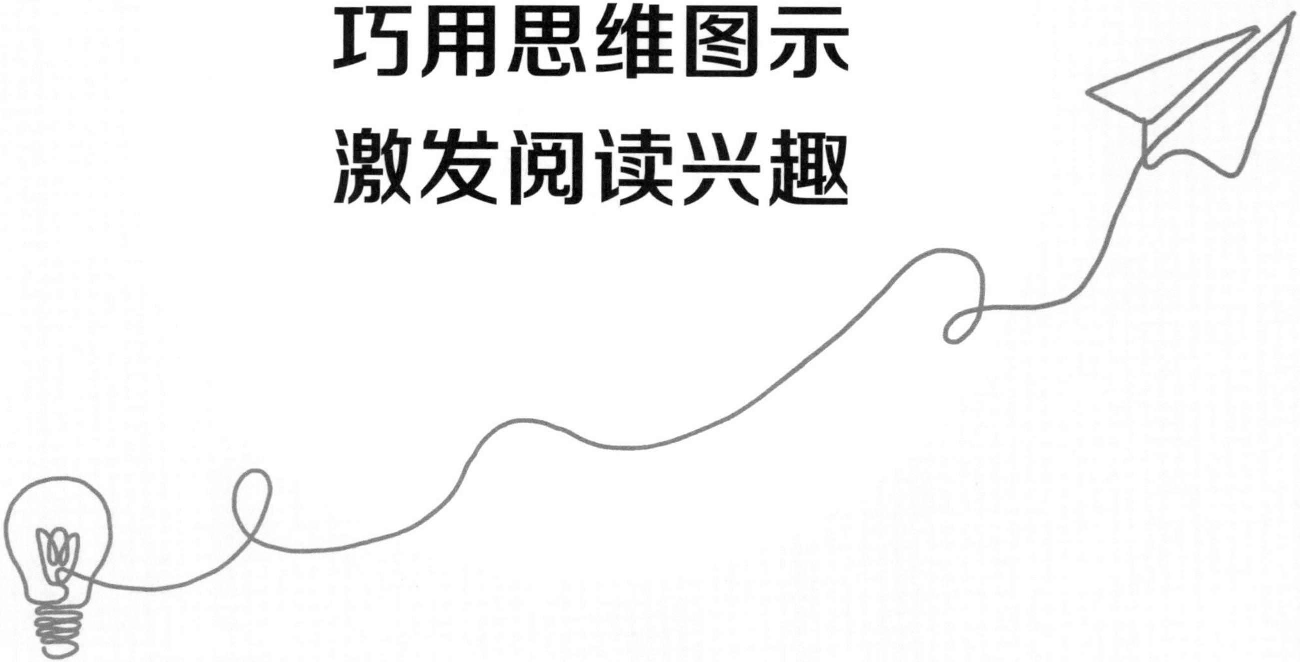

一、巧用圆圈图阅读

选择一本绘本，通过圆圈图对其主题展开发散联想

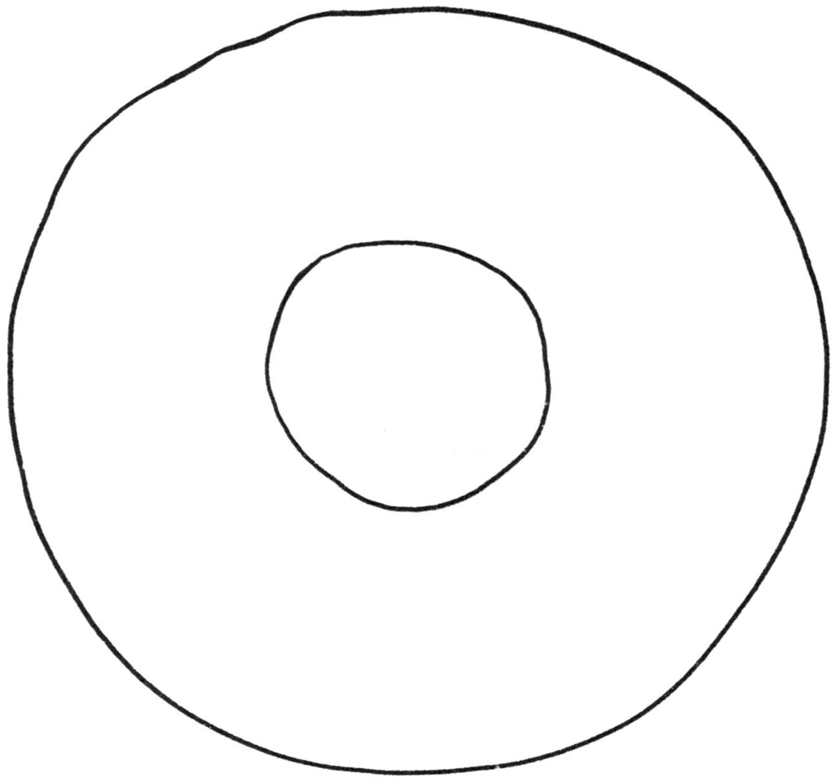

二、巧用气泡图阅读

用气泡图对绘本主角进行描述

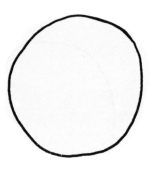

三、巧用双气泡图阅读

用双气泡图对绘本中的两个角色进行比较

四、巧用树形图阅读

选取 2~4 个角色，用树形图分析角色的转变过程

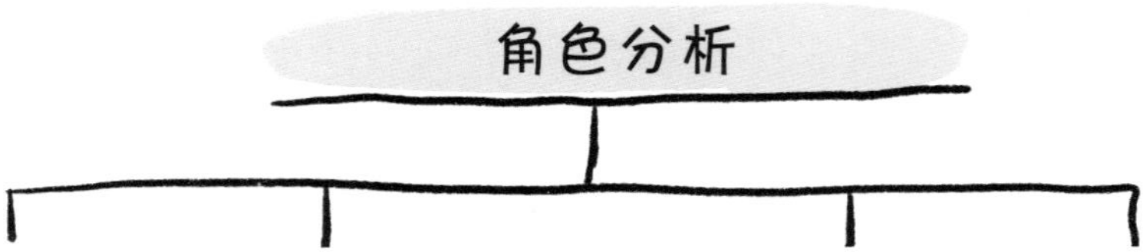

五、巧用括号图阅读

选取一个段落，用括号图对其内容进行拆解

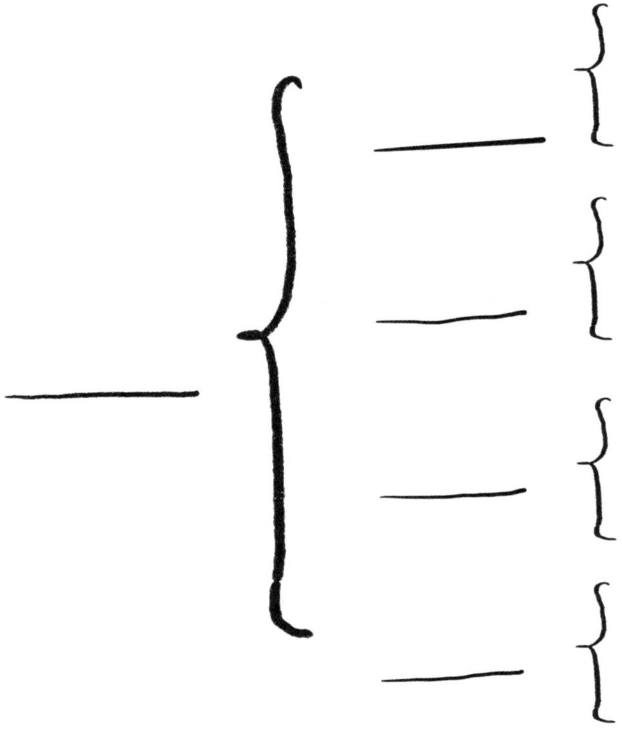

六、巧用流程图阅读

用流程图梳理绘本情节，展示故事的发展过程

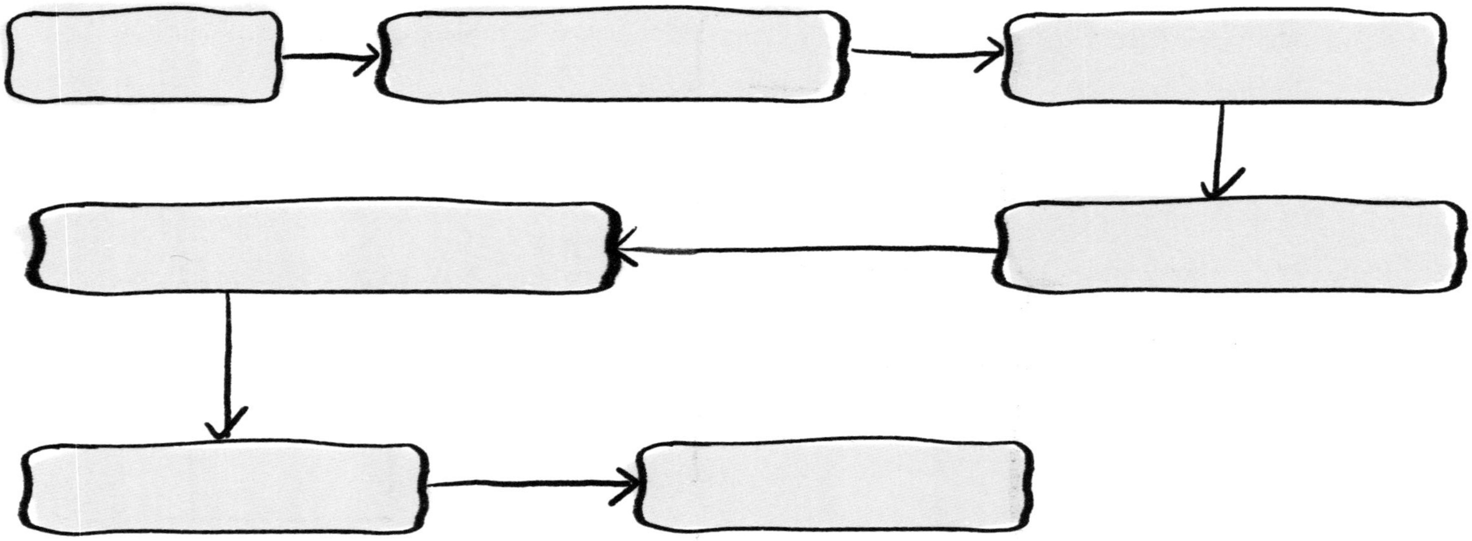

七、巧用复流程图阅读

用复流程图梳理绘本主角的经历，并对主角的品质进行具体的剖析

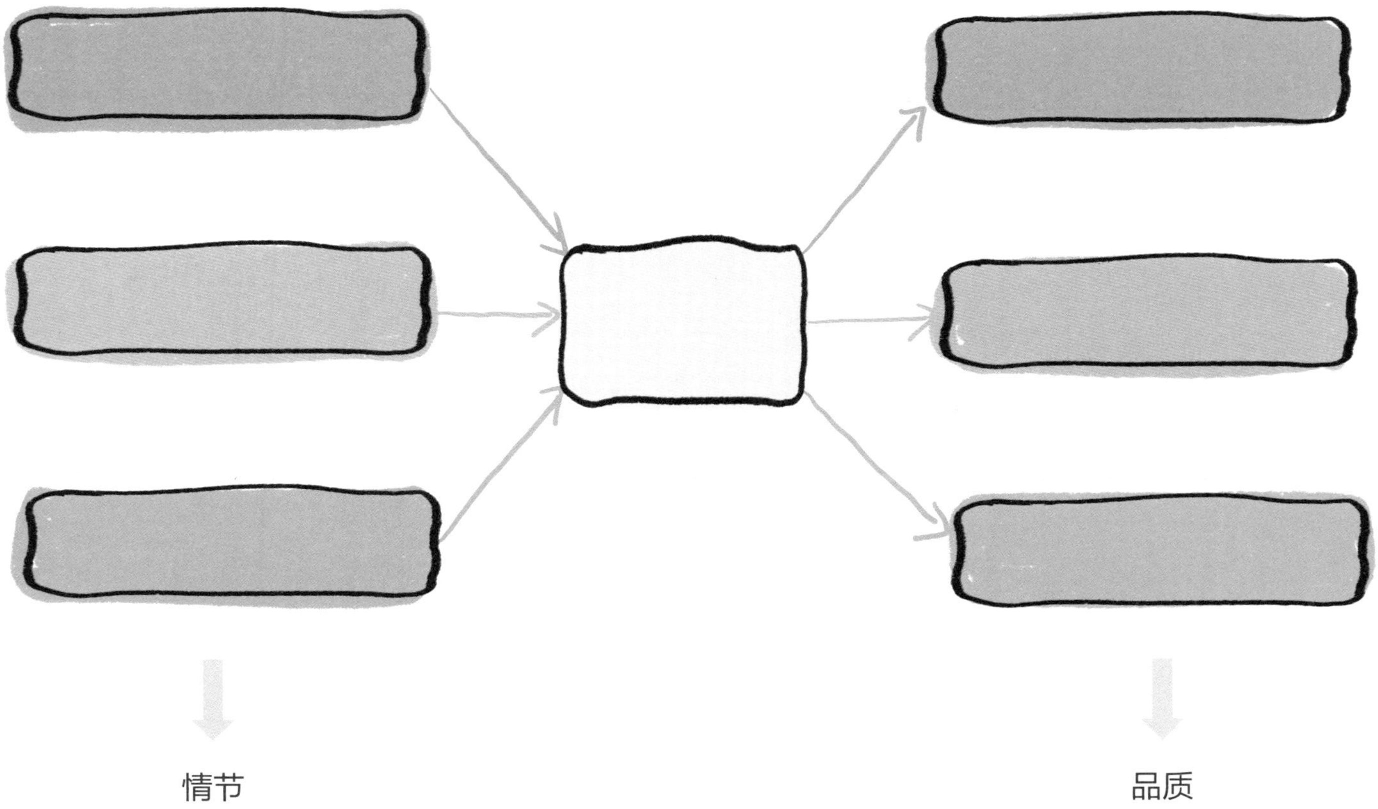

八、巧用桥形图阅读

用桥形图体现绘本中的修辞手法

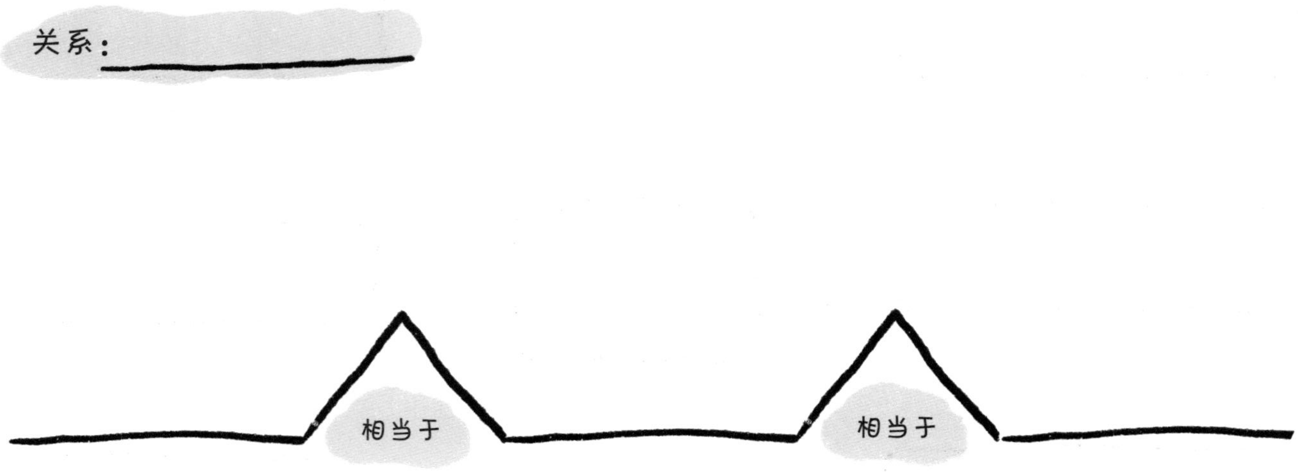

九、巧用思维导图阅读

用思维导图拆解绘本，多角度深入地对绘本进行展示

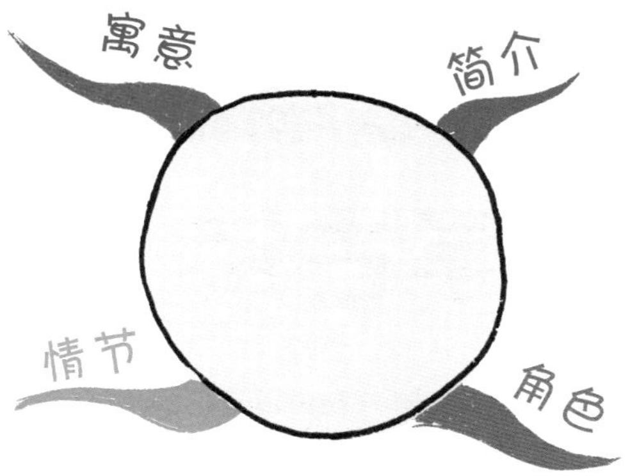

巧用思维图示
学古诗

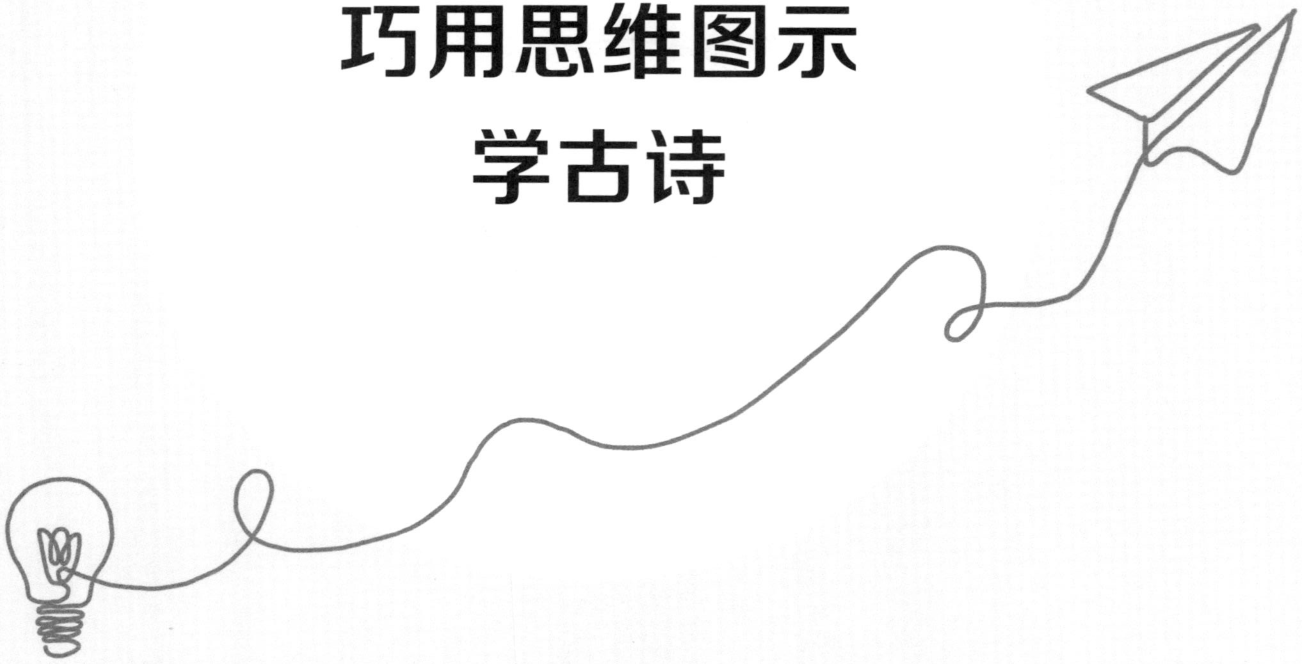

一、巧用圆圈图学古诗

用圆圈图对古诗《咏鹅》展开发散联想

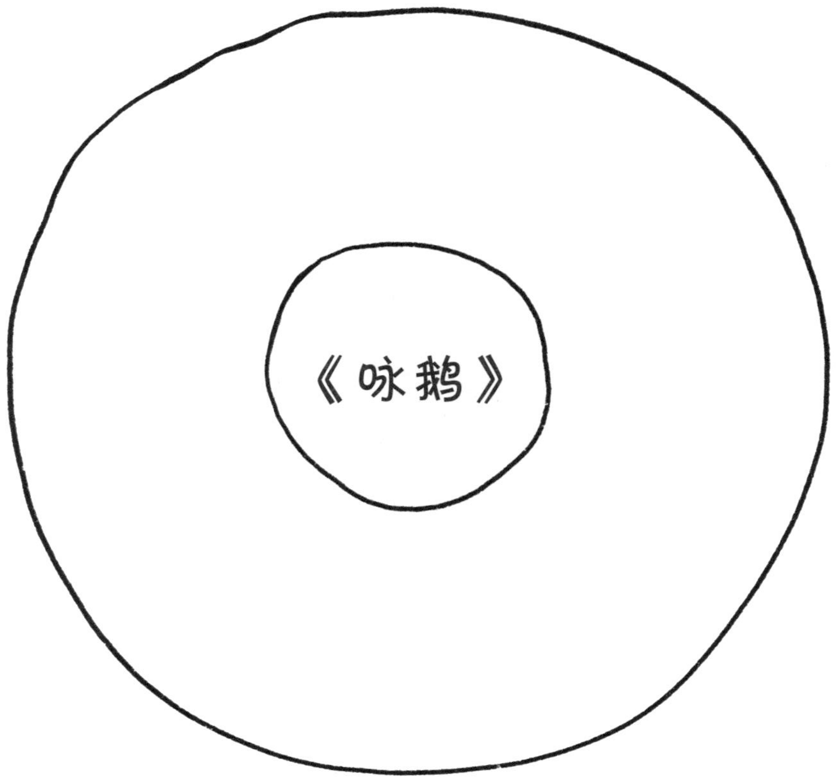

二、巧用气泡图学古诗

用气泡图总结诗人李白的几首古诗

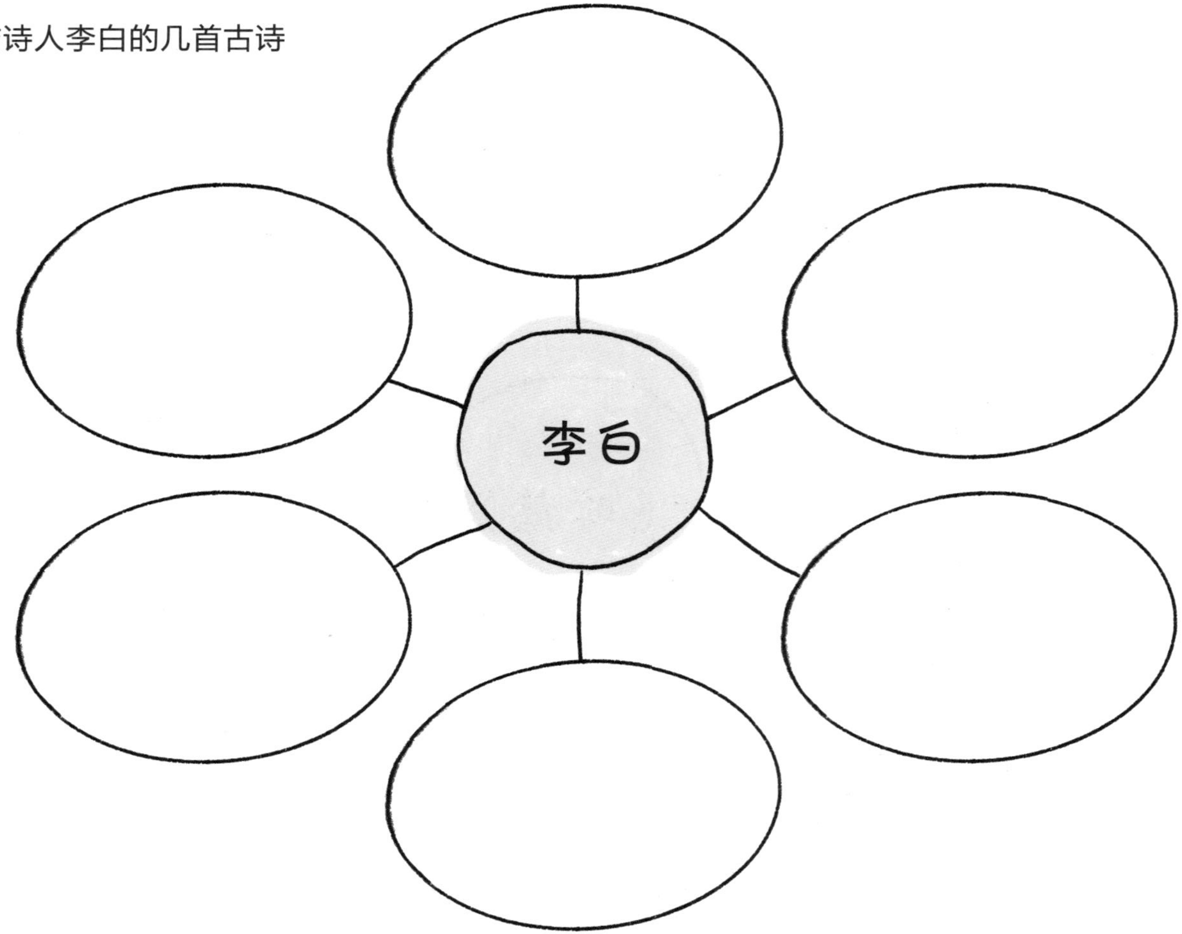

三、巧用双气泡图学古诗

用双气泡图比较李白和杜甫的相同点和不同点

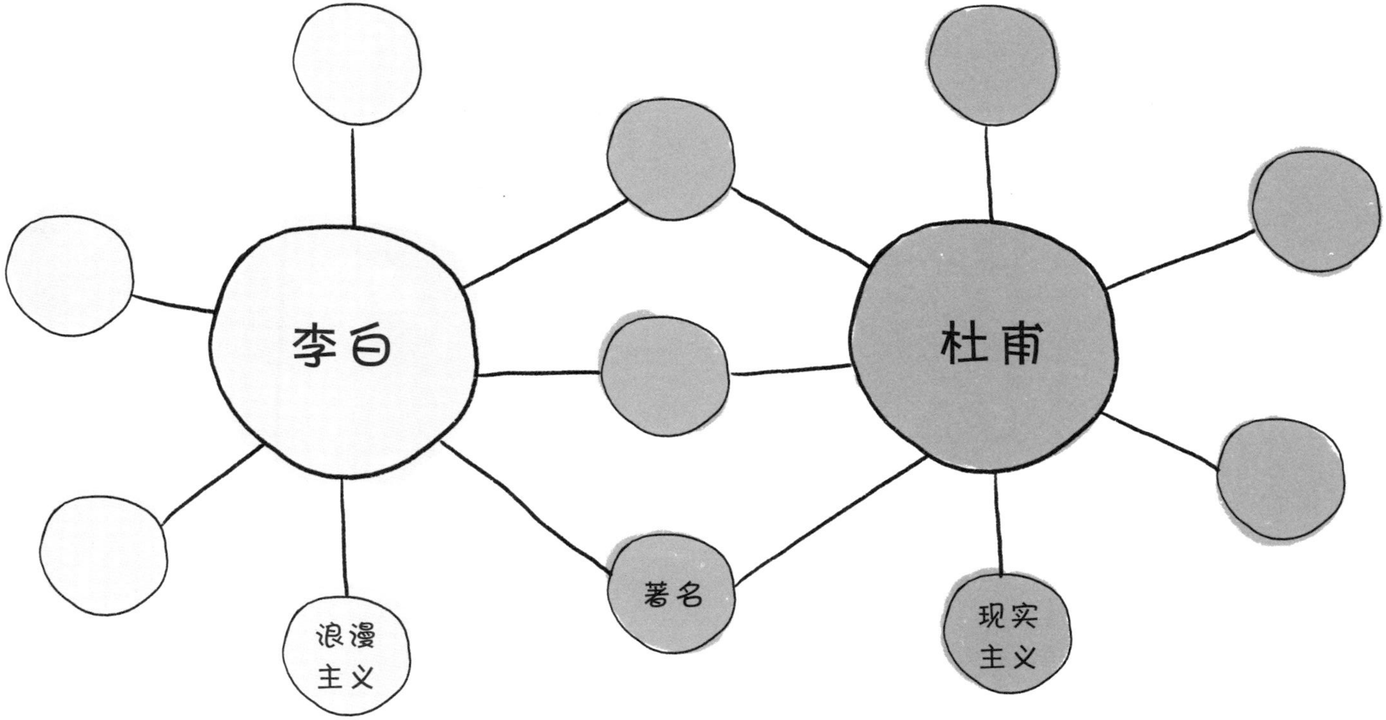

四、巧用树形图学古诗

用树形图对古诗进行分类

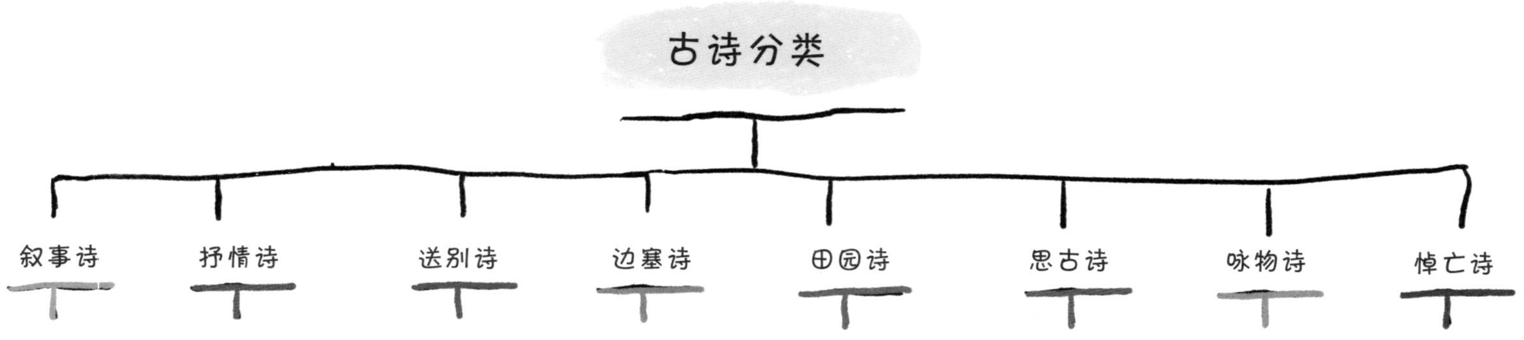

五、巧用括号图学古诗

用括号图对古诗《画》进行拆解

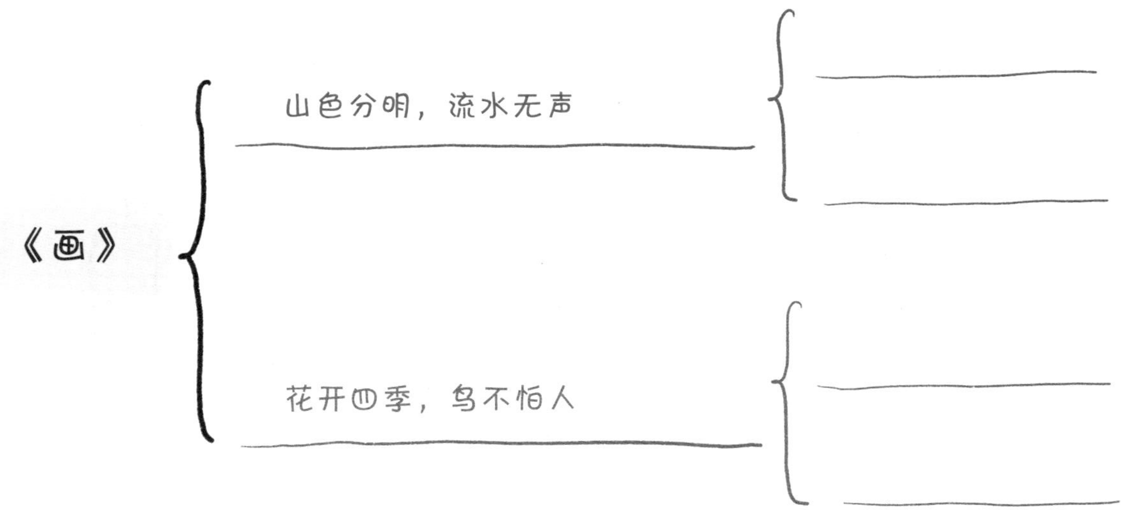
《画》
山色分明，流水无声
花开四季，鸟不怕人

六、巧用流程图学古诗

用流程图按照初唐、盛唐、中唐、晚唐的时间顺序列出诗人的名字

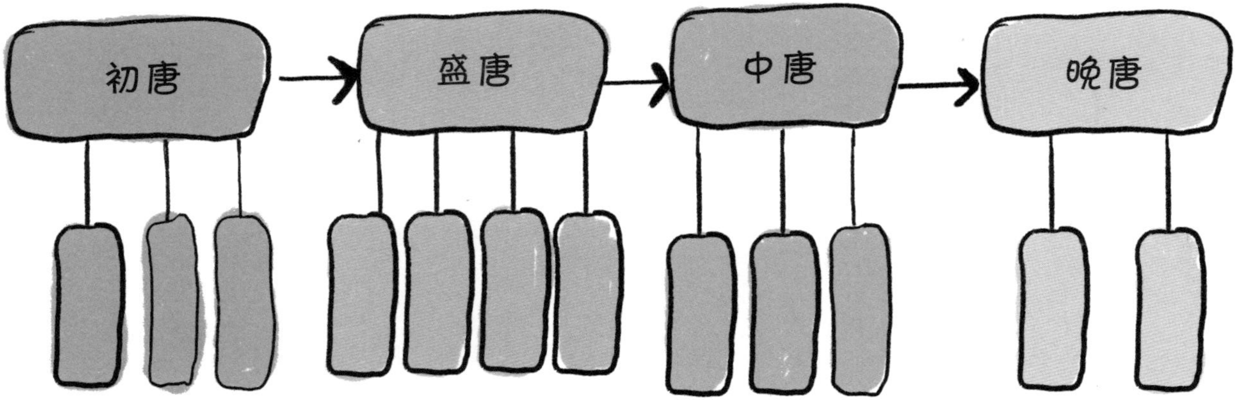

唐代各时期著名诗人

七、巧用复流程图学古诗

用复流程图对诗仙、诗圣等信息进行整理

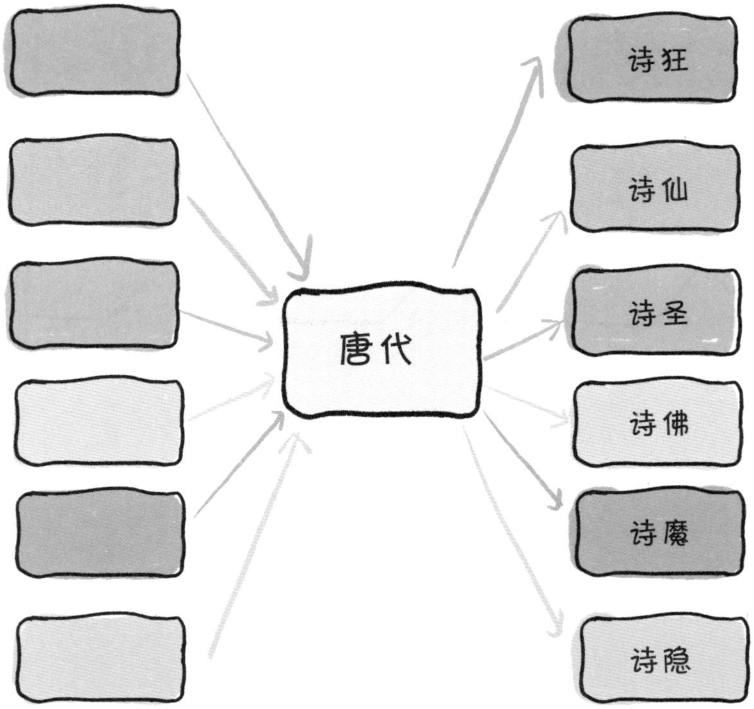

八、巧用桥形图学古诗

用桥形图总结诗人和朝代

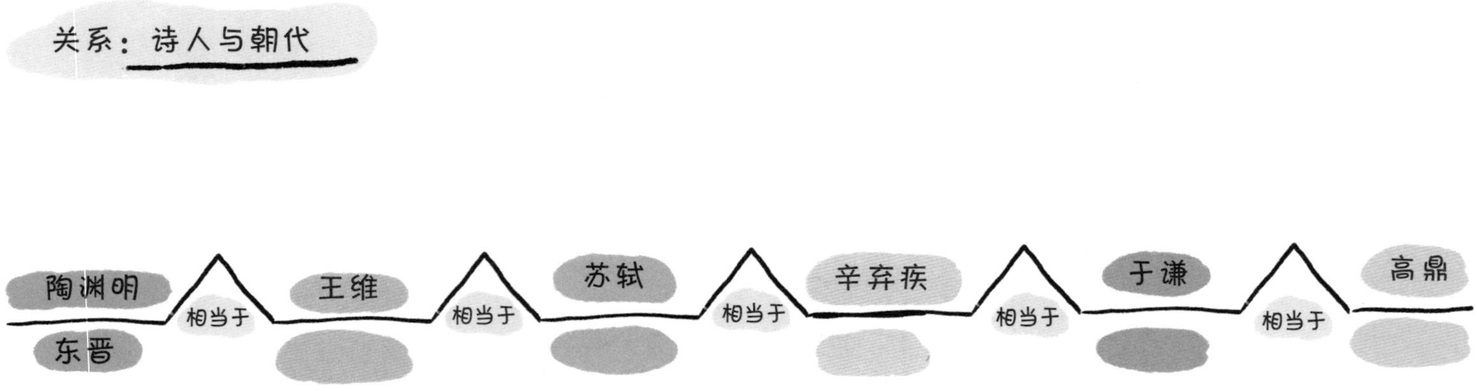

九、巧用思维导图学古诗

用思维导图分析古诗《咏柳》

巧用思维图示
学数学

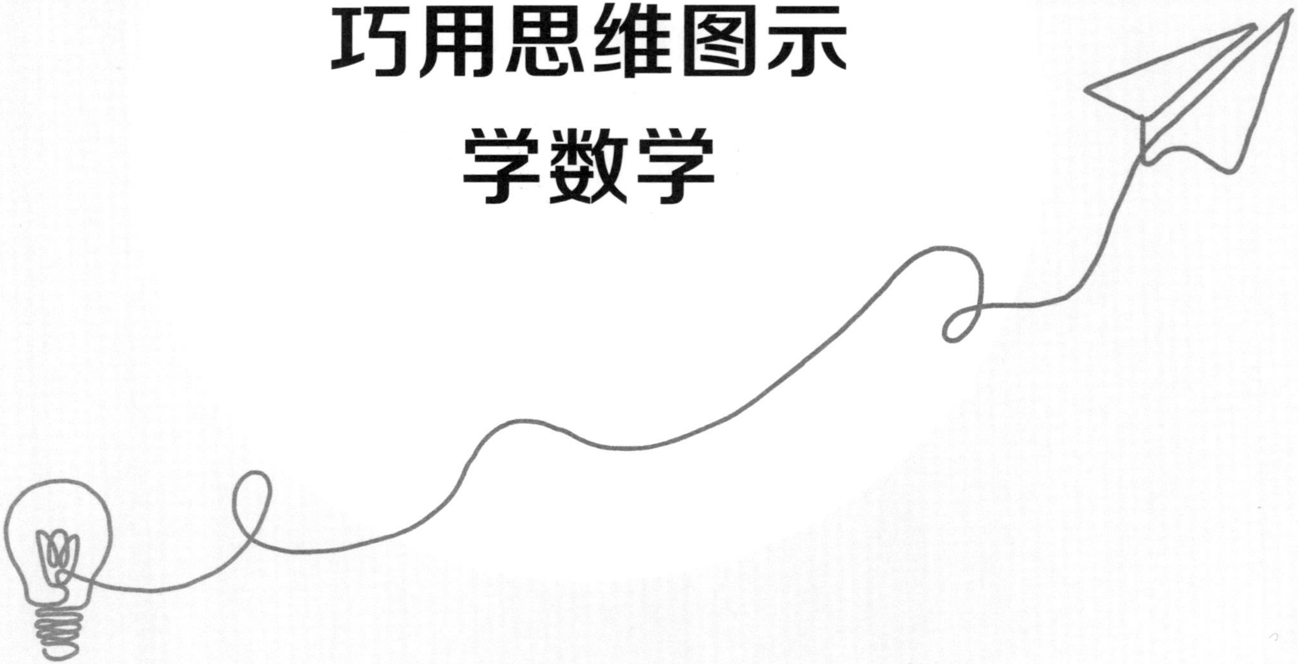

一、巧用圆圈图学数学

用圆圈图学习凑十法

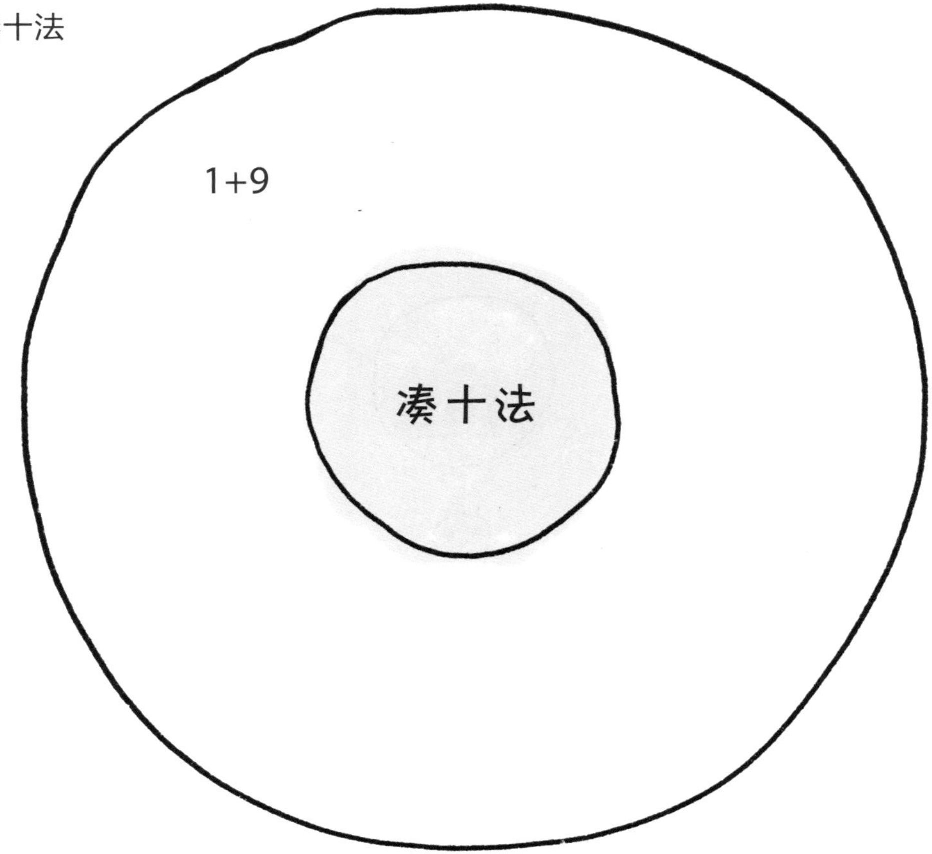

凑十歌

一九一九好朋友，
二八二八手拉手，
三七三七真亲密，
四六四六一起走，
五五凑成一双手。

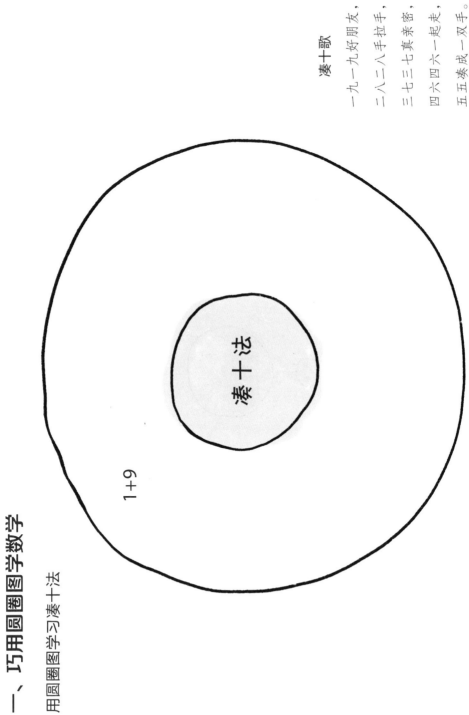

二、巧用气泡图学数学

用气泡图均分 18

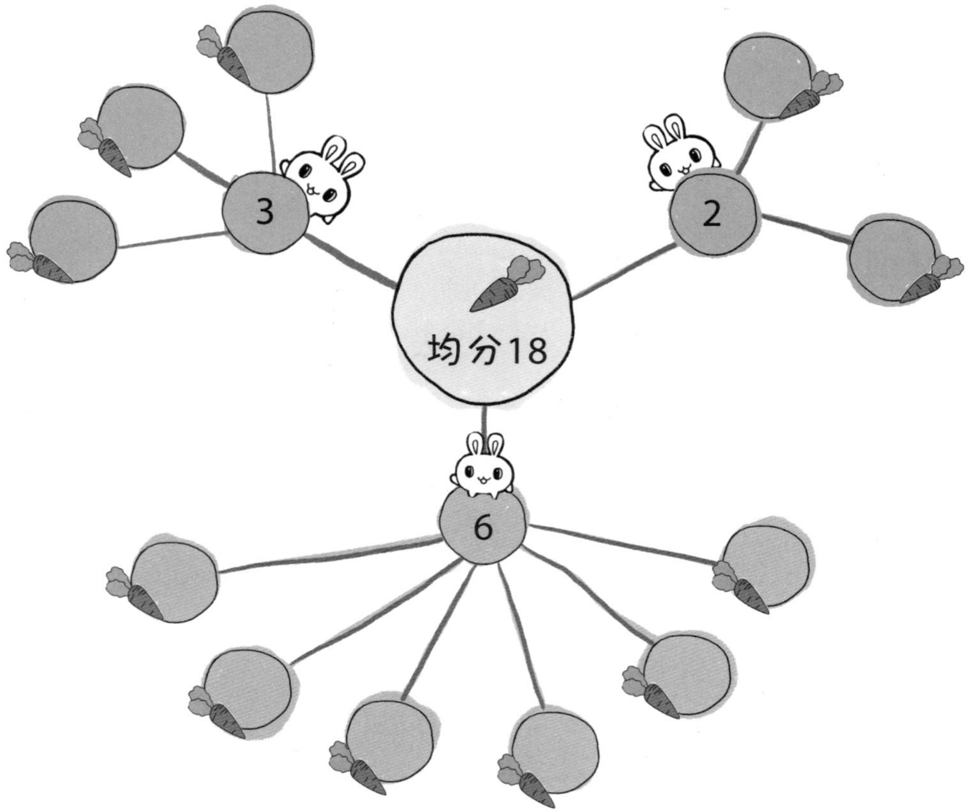

三、巧用双气泡图学数学

用双气泡图比较加法和减法的相同点和不同点

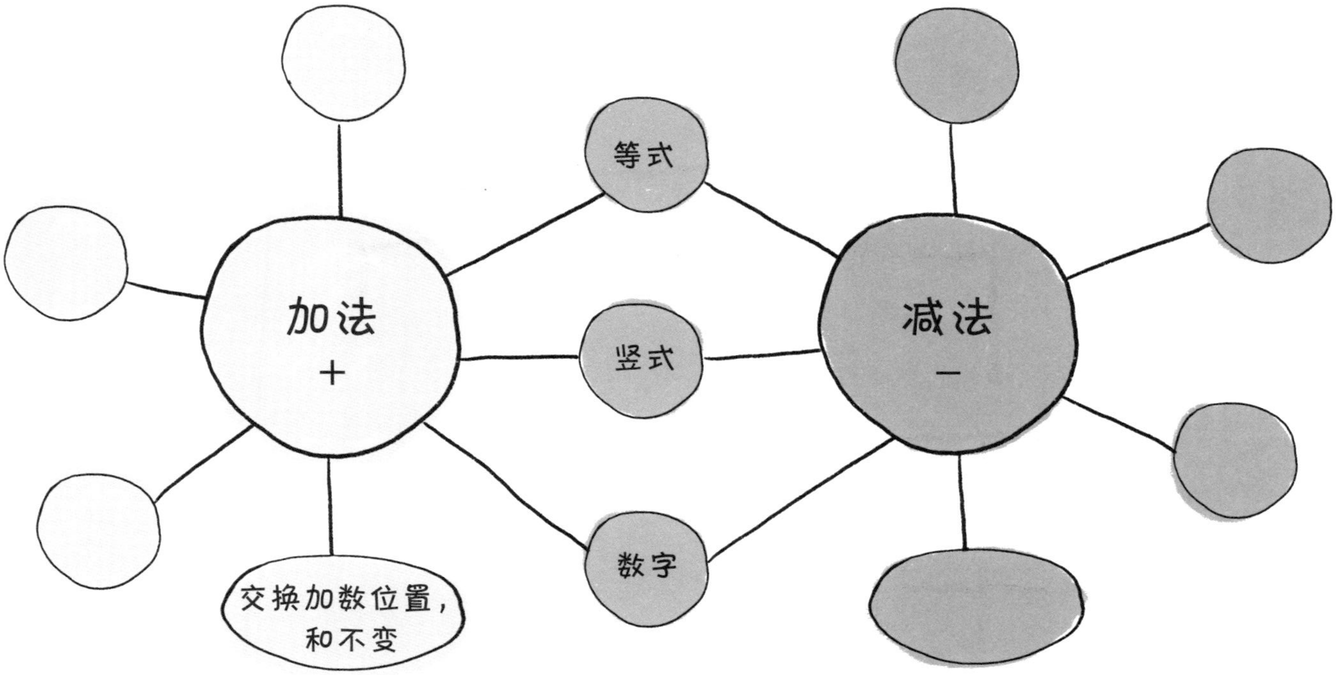

四、巧用树形图学数学

用树形图对长度单位进行分类

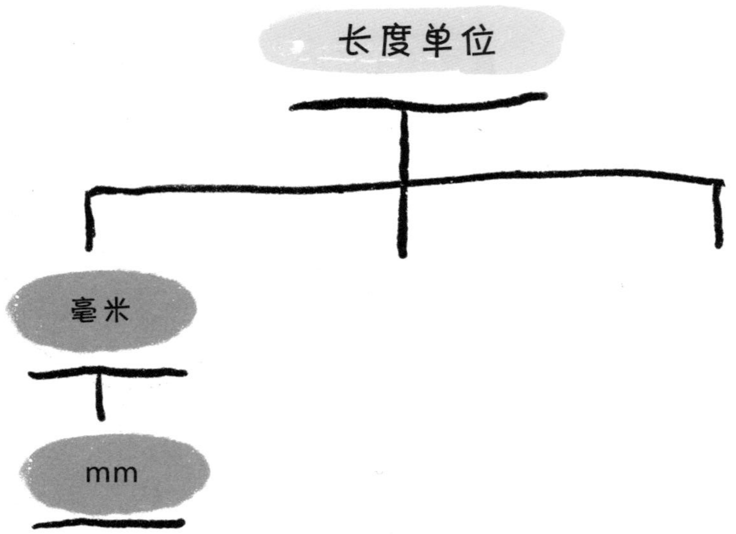

五、巧用括号图学数学

用括号图认识时钟

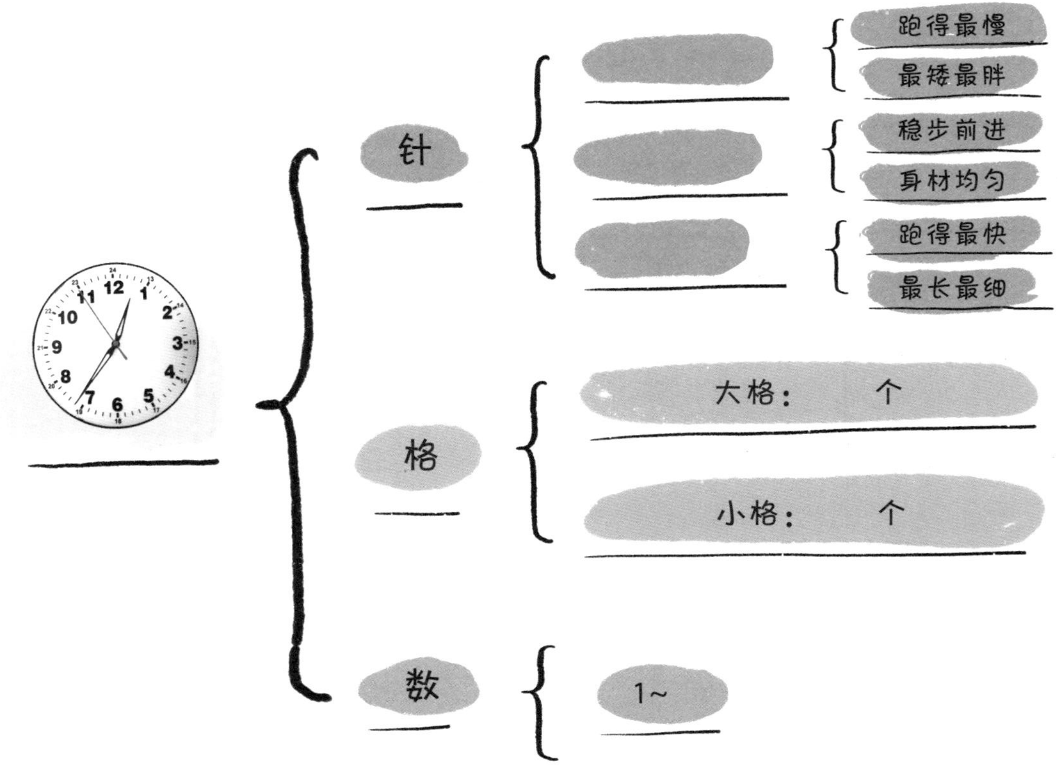

六、巧用流程图学数学

用流程图学习相邻偶数，按箭头指向每格少 2

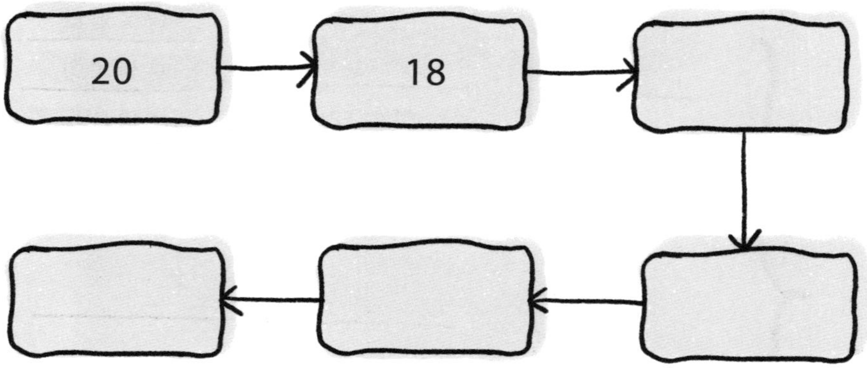

按降序排数

七、巧用复流程图学数学

用复流程图练习加减法运算

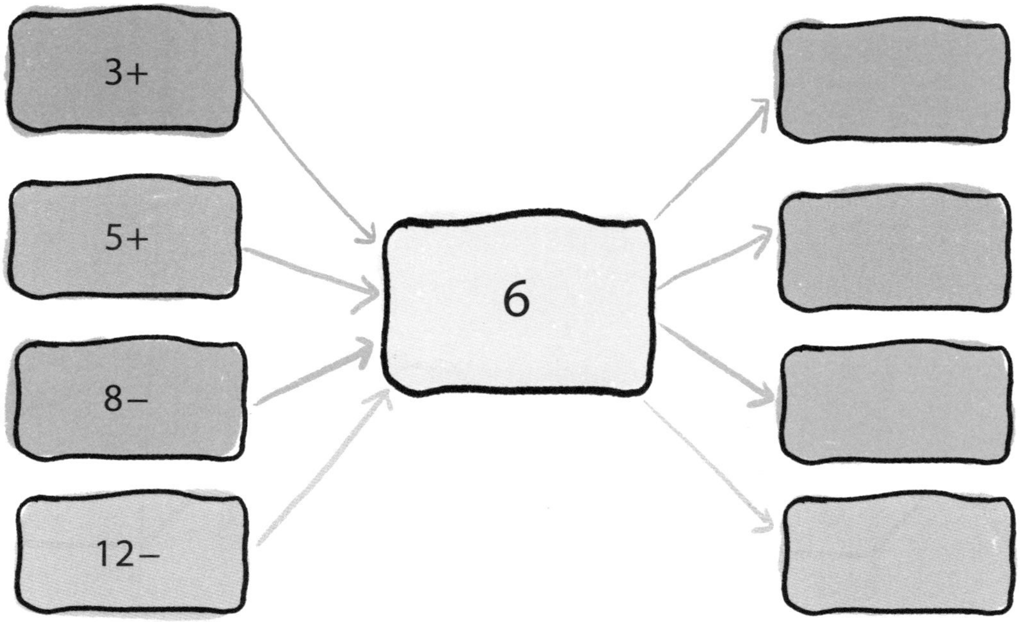

八、巧用桥形图学数学

用桥形图进行逻辑推理

动物公寓每层楼有两户居民，长颈鹿住在 401 室，斑马住在长颈鹿楼下，大象是斑马的邻居，鸵鸟住在大象楼下，请问鸵鸟住在哪个房间?

九、巧用思维导图学数学

用思维导图学习加减运算法

巧用思维图示
学英语

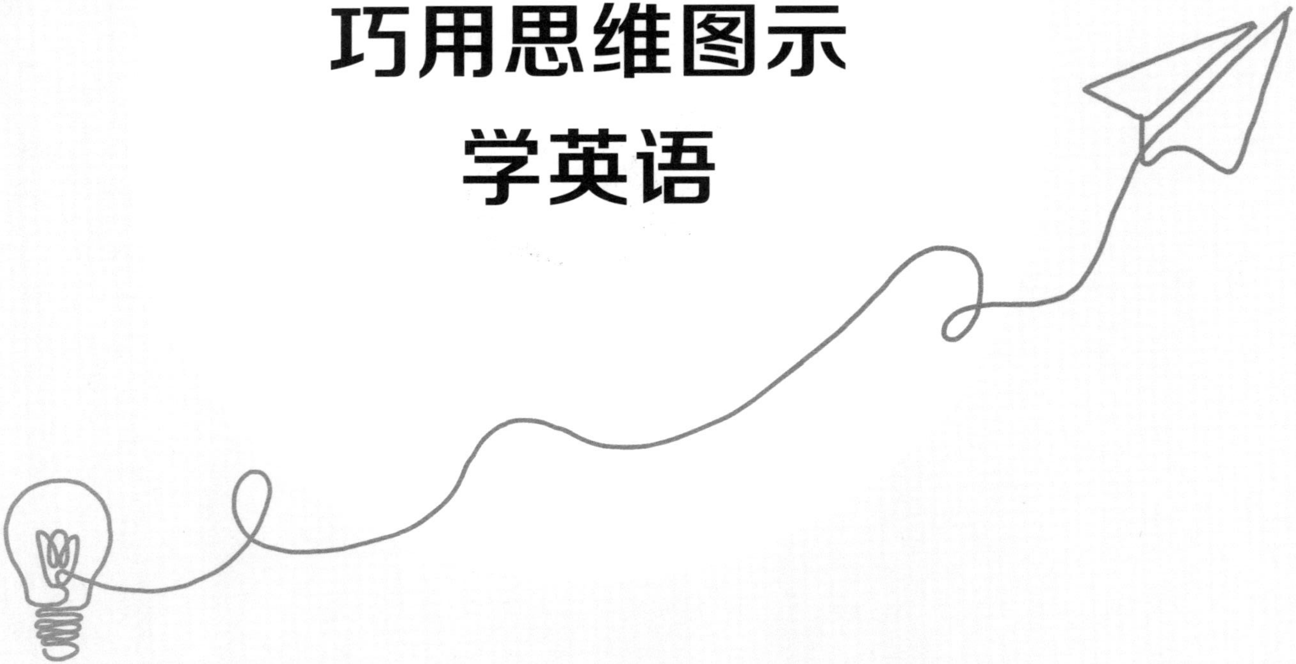

一、巧用圆圈图学英语

用圆圈图对字母 A 展开发散联想

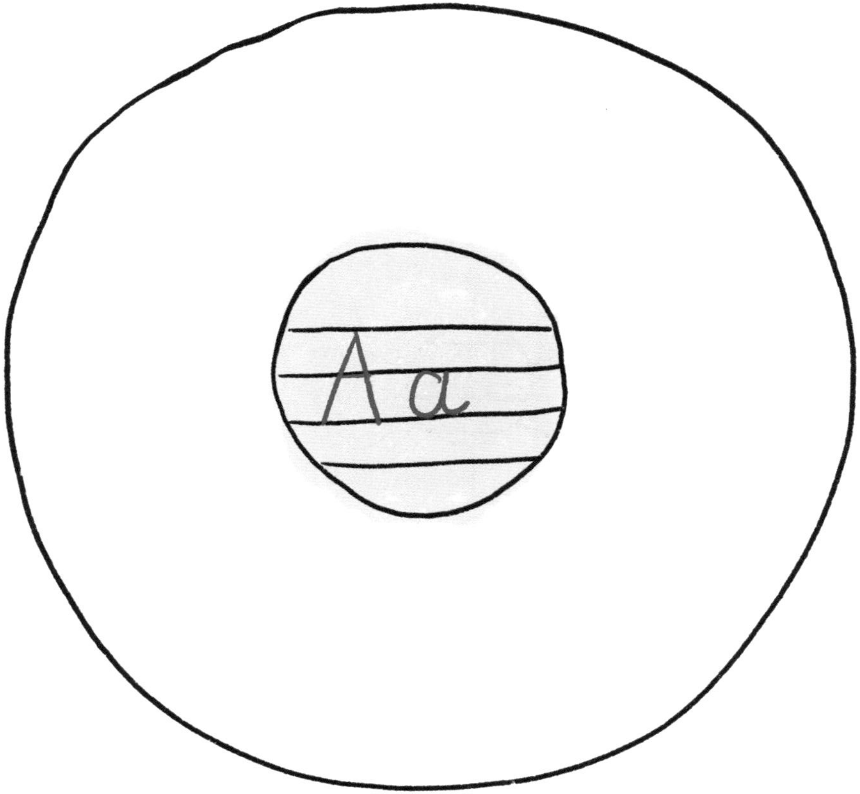

二、巧用气泡图学英语

用气泡图举一反三，学习新单词

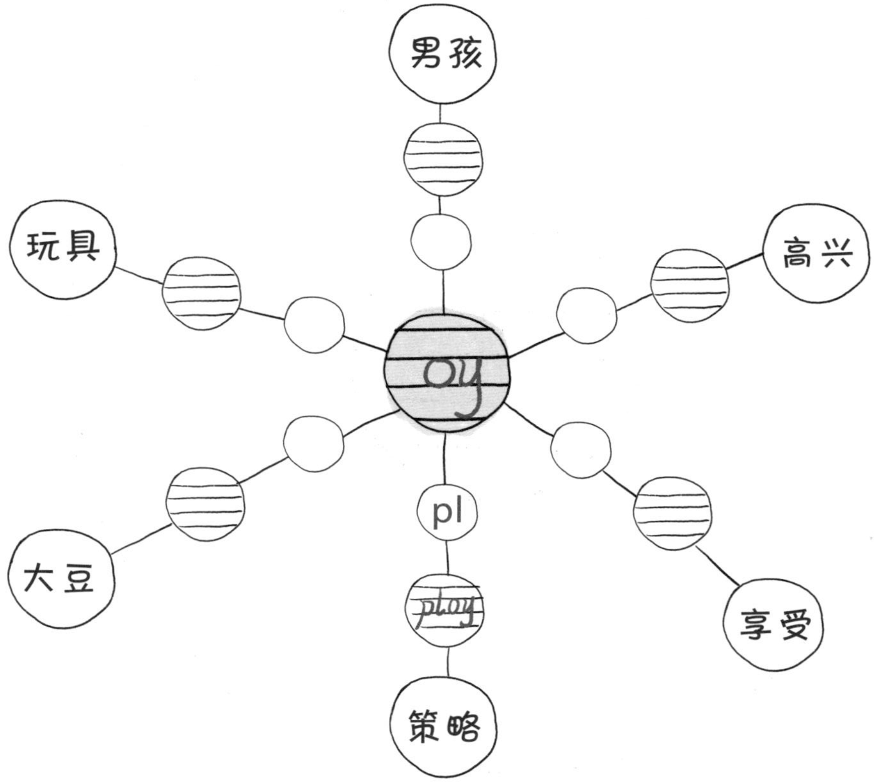

三、巧用双气泡图学英语

用双气泡图比较介词 in 和 on

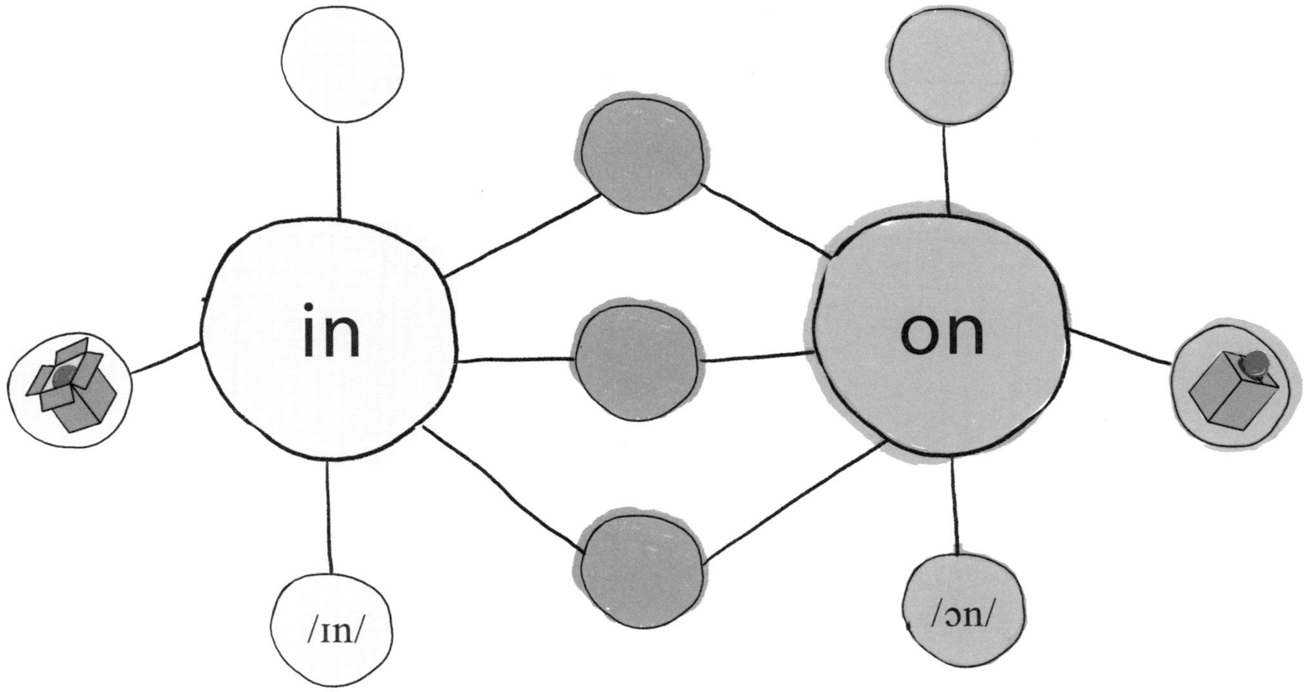

四、巧用树形图学英语

用树形图对音标进行分类

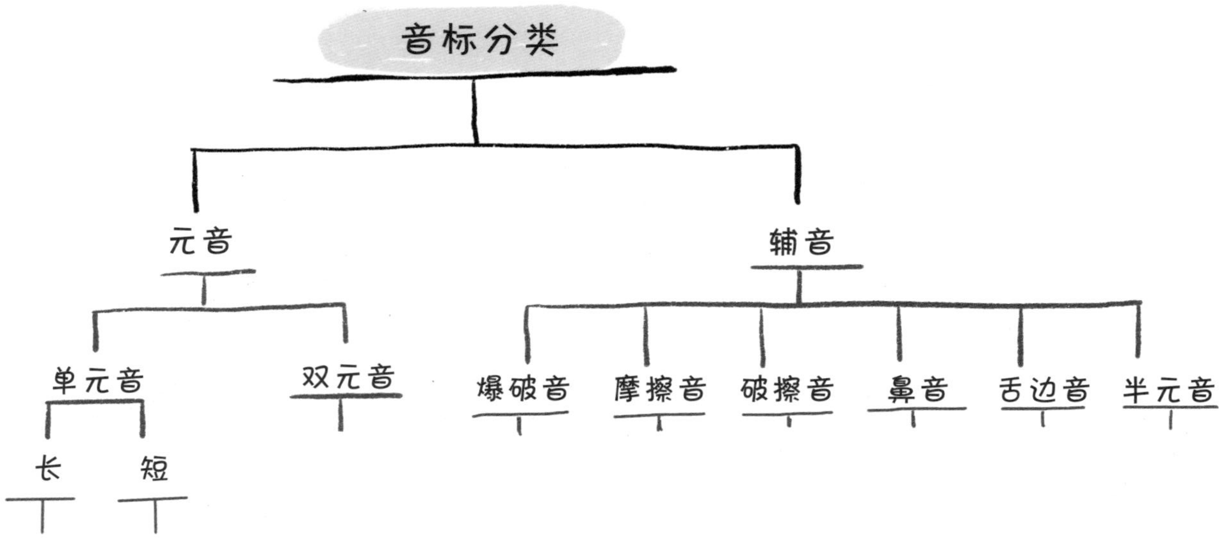

五、巧用括号图学英语

用括号图拆解单词 head（头）

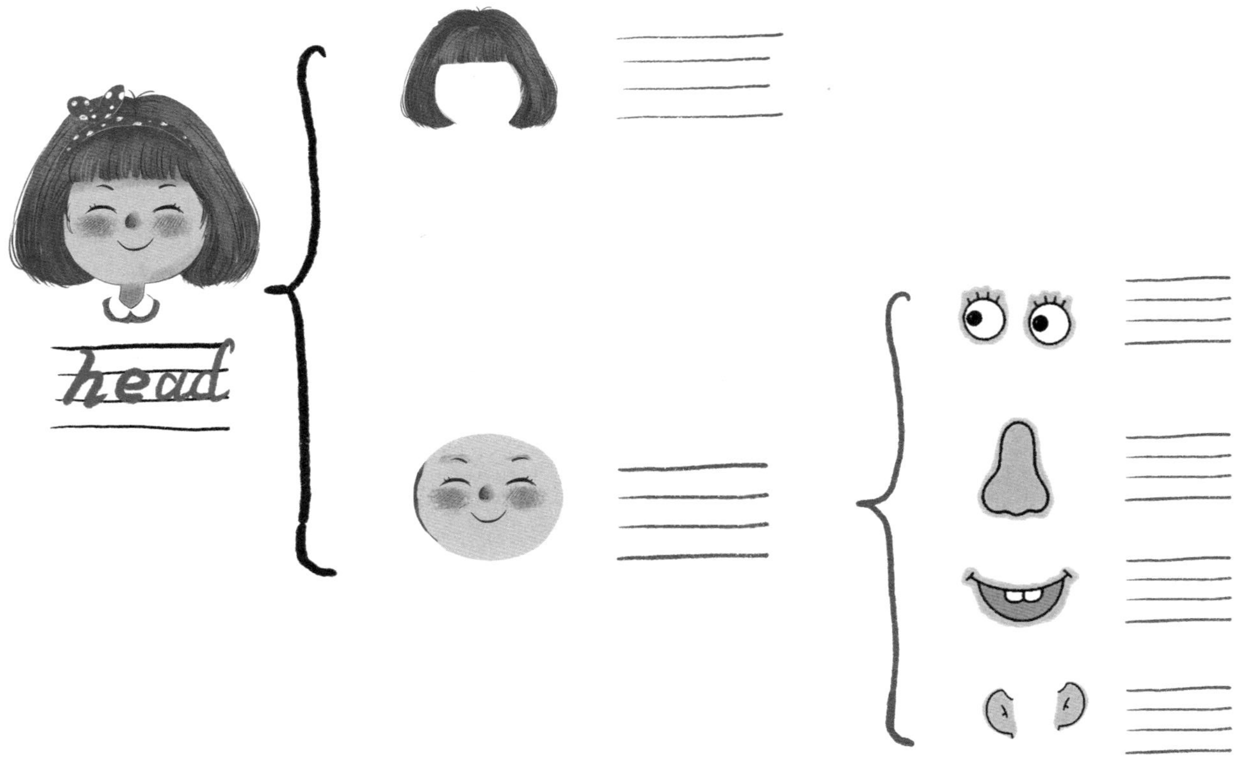

六、巧用流程图学英语

用流程图展现可数名词变复数的不规则变化

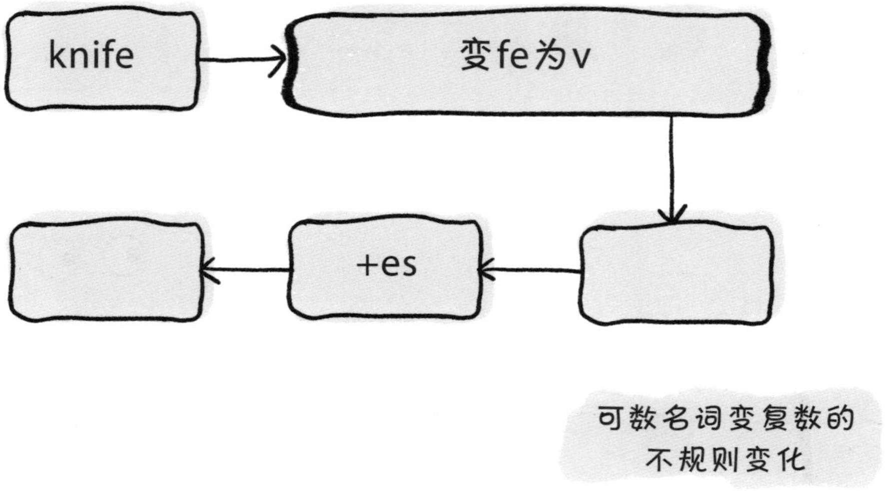

七、巧用复流程图学英语

用复流程图对单词 look 进行短语搭配

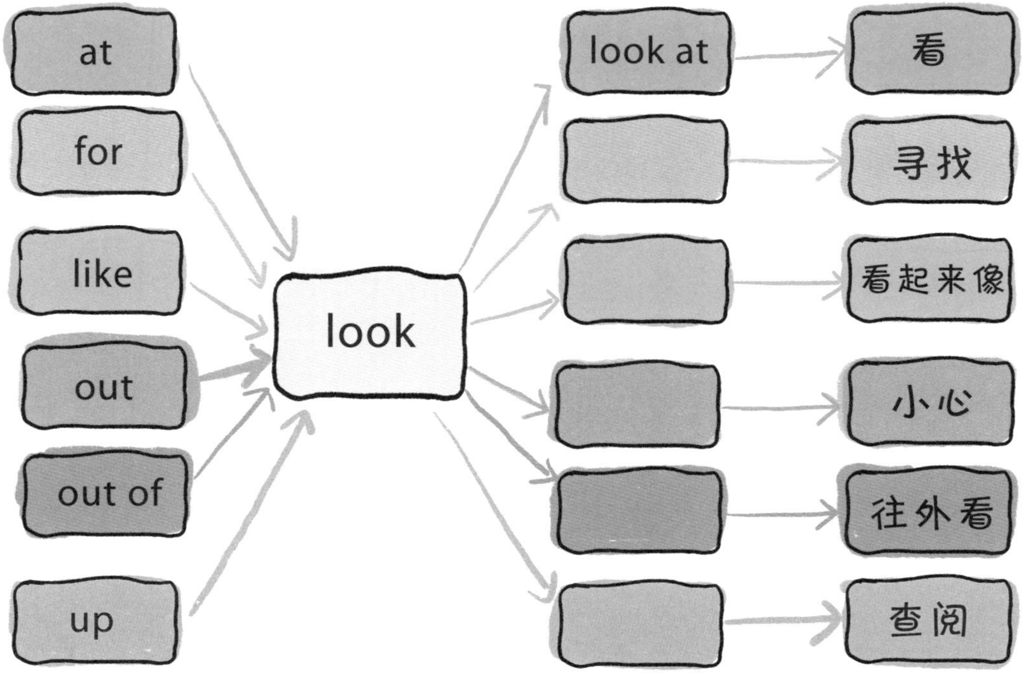

八、巧用桥形图学英语

用桥形图整理人称代词的主格和宾格

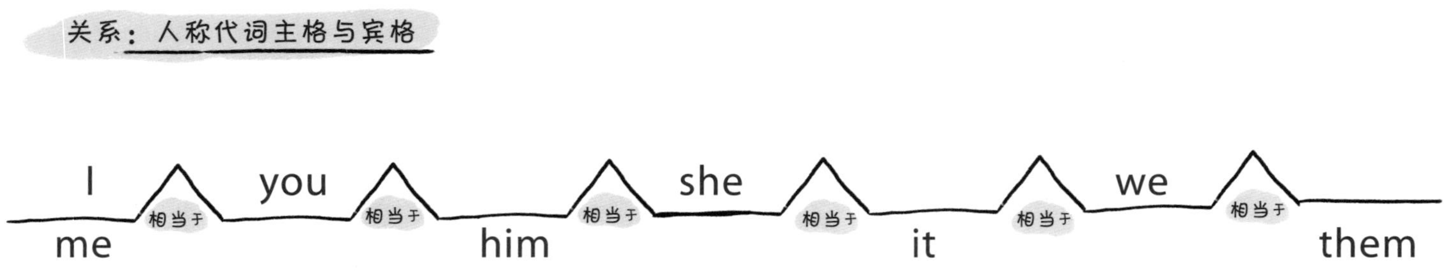

九、巧用思维导图学英语

用思维导图分类记忆有关食品的单词